Im Puff war ich die Tiffany

Hurenreport

Freier, Nutten und Zuhälter
Eine Prostituierte packt aus!

Roman von Anja Baffour

ISBN-13: 978-1492137535
ISBN-10: 1492137537

Als ich neunzehn Jahre alt war,
habe ich mich zum ersten Mal für Sex
bezahlen lassen. Es folgten einige
Jahre mit ganz unterschiedlichen Erfahrungen.
Noch vor meinem sechsundzwanzigsten Geburtstag
tat ich das einzig Richtige: Ich stieg aus.
Geblieben sind mir Erfahrungen und ich
habe tatsächlich auch einiges
für mein jetziges Leben gelernt.
Für mich waren die Jahre auf dem Strich
mit wenig Glamour oder Lifestyle verbunden.
Für mich war es vor allem Druck, Zwang, Ekel
und nur wenige Lichtblicke. Von allem werde
ich Ihnen ausführlich berichten.
Vom Geld ist mir aus dieser Zeit
natürlich nichts geblieben. Das haben
sich Zuhälter, Manager, Beschützer, »Freunde«
und Bordellbetreiber eingesteckt.
Geblieben ist mir ein tiefer Krater
auf meiner Seele.

Anja

INHALT

Nutten
nennen die Typen, die zum Ficken
in den Puff kommen, geringschätzig Freier.
Für mich sind es Kunden,
denn ich bin schließlich
Geschäftsmann.

Matthias

Mehr als ein Roman

Dieser Roman beruht auf erlebten Geschichten. Meine „ehemaligen“ Freier müssen sich aber keine Sorgen machen. Ich habe alle Namen, Orte und Zeiten so verändert, dass nichts nachvollziehbar ist und keine Rückschlüsse auf reale Personen möglich sind. Nicht zuletzt schütze ich damit auch die anderen Frauen aus dem Milieu, die in diesem Buch zu Wort kommen.

Ich selbst lege keinen Wert auf Öffentlichkeit. Ich möchte jetzt einfach ein „normales“ Leben führen.

Ich habe dieses Buch nicht geschrieben, um die große Moralkeule zu schwingen. Ich möchte Ihnen vielmehr einen authentischen Einblick in das Milieu verschaffen. Dabei geht es oft natürlich auch um Sex. Ich schildere alles detailliert und authentisch.

»Du musst wissen und verstehen, wie das Milieu funktioniert. Nur dann kannst Du auch richtig damit umgehen.«

Begleiten Sie die Autorin in die Welt des Rotlicht-Milieus. Erleben Sie Alltägliches und werfen Sie einen Blick hinter die Kulissen. Lassen Sie sich detailliert erzählen, wie die Autorin zur Prostitution kam. Hier wird nichts ausgespart. Dieses Buch überzeugt auch sprachlich und liefert Ihnen keine schummrigen Anekdoten, sondern packende Berichte.

Mit 19 Jahren stand die Autorin zum ersten Mal in einem Eroscenter und »bediente« ihre Freier. Was folgte, waren fast sieben Jahre in verschiedenen Bordellen, Clubs und bei Escort Agenturen. Mit 25 Jahren gelang ihr dann der Ausstieg.

Ihr blieb zwar kaum Geld aus dieser Zeit, dafür aber ein Schatz an Erfahrungen und vielen Erlebnissen. Das Ergebnis ist dieses einzigartige Buch. Jedes Wort stammt aus ihrem Mund und strahlt mit außergewöhnlicher Authentizität.

Was bringt eine Neunzehnjährige dazu, auf dem Strich zu arbeiten? Warum macht sie es ohne Zwang? Warum gibt sie das so verdiente Geld einem Mann? Was sind es für Männer, die ab 30 Euro aufwärts zum Ficken oder Blasen kommen? Was kommt für eine Frau so in einer Nacht zusammen? Geht es immer friedlich zu?

Dieses Buch gibt Antworten auf diese und zahlreiche weitere Fragen.

Ein wirklich außergewöhnliches Buch. Offen, einfühlsam und packend geht es Ihnen beim Lesen unter die Haut.

Erleben Sie mit der Autorin ihre Zeit im Bordell. Lassen Sie sich erzählen, wie sie in das Milieu stolperte. Gehen Sie mit ihr dann auch den Weg nach draußen.

Anja B.

Sich für das Ficken bezahlen zu lassen, empfand ich nicht als etwas moralisch Verwerfliches. Das galt umso mehr für das Blasen und natürlich die gute alte Handarbeit. Wenn es dann alles noch mit Gummi über die Bühne ging, dann war es für mich persönlich eigentlich nie ein größeres Problem. Was die Freier betraf, war ich meistens sehr tolerant und entgegenkommend. Im Puff darfst Du nicht wählerisch sein. Als Profi habe ich fast jeden auf mich raufgelassen, der bezahlte.

Eine wichtige Rolle spielte für mich anfangs die Hygiene im Zimmer und bei meinen Freiern.

Natürlich habe ich nie frischgeduschte, gutaussehende und sympathische Freier erwartet. Derartige Männer sind auch wirklich bei uns seltene Ausnahmen gewesen. Ich kam trotzdem mit den meisten Männern klar.

Die meisten Freier haben bei mir keinerlei Eindruck oder Erinnerungen hinterlassen. Für den Job interessierte mich nur, dass sie mir keine Probleme machten und dass die hygienischen Bedingungen einigermaßen erträglich waren. In der Regel reichte es mir aus, wenn ich den Schwanz und das Drumherum vorher mit einem nassen Handtuch oberflächlich reinigte. Nur wenn es zu sehr stank und die Unterhose zudem noch schmutzig war, kostete es schon ein wenig Überwindung. Meistens ging es natürlich trotzdem. Da bei mir ein Kondom immer mit zum Geschäft gehörte, blieb mir das Allerschlimmste auch erspart. Anfangs habe ich sogar ein zweites Kondom übergezogen, um wirklich ganz sicher zu gehen. Ich wollte so auf jeden Fall verhindern, dass mir einer von den Freiern auch nur einen einzigen Tropfen reinspritzte.

Als Hure habe ich gelernt, Unbehagen und sogar Ekel

zu überwinden und mich schließlich an fast alles gewöhnt. Meine ersten Freier hätte ich am liebsten vorher unter die Dusche gestellt, was ich natürlich dann nicht getan habe. Im Nachhinein ist es für mich aber eine erschreckende Erkenntnis, erlebt zu haben, wie schnell ich mich an alles gewöhnte.

Ich hatte anfangs auch meine Schwierigkeiten mit dem Verhandeln und Kassieren vor dem Job. Dabei waren das eigentlich Selbstverständlichkeiten im Puff. Schließlich hatte ich nichts zu verschenken und die meisten Freier kannten die Preise schon.

Trotzdem war es in den ersten Wochen ein merkwürdiges Gefühl, die Freier vor dem Ficken abzukassieren. Bei meinen ersten Freiern habe ich mich sogar noch höflich für den Fünfziger bedankt und das Geld verlegen weggesteckt.

Anfangs stand ich auch noch verlegen im Türrahmen meines Zimmers und wartete darauf, dass mich Freier ansprachen. Schon wenig später stand ich in Bikini und High-Heels selbstbewusst im Flur vor meinem Zimmer im Laufhaus und sprach die Freier keck an. Bei meinen ersten Freiern hatte ich auch noch die Augen geschlossen, wenn sie auf mir lagen und mich fickten. Auch damit war schnell Schluss. Schon bald guckte ich ihnen beim Ficken direkt und fordernd in die Augen und spornte sie auch noch an:

»Ja, das machst du gut. Los fick mich! Spritz ab.«

Warum man allerdings von »käuflicher Liebe« spricht und warum dieser Bums hier »Eros-Center« heißt, verstehe ich bis heute nicht. Unser Ficken und Blasen hat mit Liebe und Eros natürlich nichts zu tun. Das weiß jeder und niemand erwartet das. Probleme hatte ich jedoch mit betrunkenen oder groben Freiern. Bei betrunkenen Freiern war der Geruch für mich meistens schon unerträglich. Wurde ein Freier gewalttätig, dann habe ich gar nicht erst probiert mit der Angelegenheit alleine fertigzuwerden. Ich habe sofort einen der Zuhälter gerufen.

Überhaupt befindet sich die Prostitution in Deutschland

in einem Milieu, dass nur durch Gewalt, Rücksichtslosigkeit und Verachtung gegen Frauen zusammengehalten wird. Als Hure hatte ich also alles andere als einen normalen Job.

Ruhe im Puff!

Ich habe das Buch »Ruhe im Puff – Ein Zuhälter packt aus« gelesen und es schrie nach einer Gegendarstellung. Nicht, weil der Autor in diesem Buch gelogen hätte. Ich finde seine Erzählungen sogar sehr authentisch. Vieles kann ich sogar nachvollziehen. Einiges klingt bekannt.

Meine Geschichte ist aber eine andere. Ich erzähle aus der Perspektive einer Frau. Er war ein Zuhälter, ich war eine Hure.

Ich werde in diesem Buch offen und ehrlich sprechen. Ich werde gar nicht erst versuchen, meinen Zuhälter als den Bösen und Alleinschuldigen darzustellen. Das würde nicht stimmen, zumindest nicht vollständig.

In meinem Fall war es sogar so, dass von allen Zuhältern, die ich kennengelernt habe, er noch der »Anständigste« war. Ich kenne viele Frauen, die es mit ihren Zuhältern viel schlechter getroffen haben. Außerdem hat mein (Ex-) Zuhälter seine gerechte Strafe bereits erhalten und jetzt viel Zeit zum Sühnen.

Anja allein Zuhause

Alles fing an, als ich gerade neunzehn Jahre alt war. Prostitution war damals für mich noch kein Thema. Nie im Leben wäre ich einfach so zur »Küste« (so hieß das Rotlichtviertel in der Stadt) gegangen und hätte gefragt: »Hallo, kann ich hier arbeiten?«

Jedem Typen, der mir vorgeschlagen hätte, dort zu arbeiten, hätte ich den Vogel gezeigt. Ich hätte nur gedacht, der will mich verarschen oder vielleicht sogar beleidigen. Alles, was mit dem Milieu auch nur im Entferntesten zu tun hatte, mied ich. Für die Frauen, die dort arbeiten mussten, konnte ich nur Mitleid empfinden. Nie hätte ich damals gedacht, dass ich selbst schon bald im Puff stehen würde.

Und trotzdem bin ich jung und sehr naiv dort gelandet und sehr lange geblieben.

Eines vorab, ich bin nicht durch Gewalt, Zwang oder Drogen zur Hure geworden. Mich hat niemand mit falschen Versprechungen vom leicht verdienten Geld geködert. Ich trage die Verantwortung für alles ganz alleine. Wenn ich überhaupt jemandem eine Mitschuld an meinem Schicksal gebe, dann den Frauen, die in Büchern und Reportagen darüber berichten, wie toll das Leben als Prostituierte sei. Die schreiben, wie glücklich sie es macht, eine Hure zu sein und wie sie selbst mit dem Sex das große Geld machen.

Diese Lügengeschichten von Frauen, die sich angeblich ihre Freier aussuchen können, kotzen mich an. Diese Märchen von vielen tausend Euros, die in nur einer Nacht verdient werden, machen das Gewerbe für eine junge Frau leider interessant. Ich selbst habe Derartiges in der Realität nicht einmal im Ansatz erlebt. Aus meiner Zeit ist mir auch kein einziger derartiger Fall bekannt. Im Laufhaus oder auf dem Hof stehen bedeutete für uns Frauen immer nur harte Arbeit unter schlechten Bedingungen. Ständig bist du bei der Arbeit Willkür und Gefahr ausgesetzt. Außerdem sind gute Umsätze überhaupt nicht garantiert. Für jeden Euro musst du hart arbeiten und jeden Euro musst du teilen.

Und Sie möchten wissen, wie ich trotzdem dazu gekommen bin?

Eine Ursache waren sicherlich meine damaligen Lebensumstände. Dann kamen aber noch die Liebe zu dem falschen Mann und meine eigene Dummheit hinzu. Und so fing es an:

Es war an einem Freitagabend im Juni. Hinter mir lag eine beschissene Woche und vor mir lag eines dieser unsäglichen Wochenenden. Wie immer würde ich mich fast zu Tode langweilen und am Samstagmorgen schon wieder auf den Montag warten. Dabei wusste ich genau, dass am Montag nur eine weitere beschissene Woche vor mir lag.

An diesem Abend saß ich alleine in meinem heruntergekommenen Zimmer auf dem Bett und fühlte nur noch eine Leere in mir. Ich brauchte mich nur in diesem trostlosen Zimmer umzugucken und schon hätte ich abwechselnd heulen und kotzen können.

Nicht im Traum hätte ich zu diesem Zeitpunkt daran gedacht, dass ich noch in dieser Nacht, einem bis dato wildfremden Mann einen blasen würde und er mir dann auch noch die volle Ladung in den Mund spritzen würde. Und schon gar nicht hätte ich mir vorstellen können, dass dieser Mann dann auch noch mein ganzes Leben verändern und mich in eine völlig neue Bahn werfen würde. Genauso sollte es aber kommen!

Ich war damals 19 Jahre alt und hatte, wie man so schön sagt, das »ganze Leben noch vor mir«. Tatsächlich war mir aber ganz anders zu Mute. Ich fühlte mich nur noch beschissen und vor allem unendlich einsam. An diesem Abend wusste ich mal wieder absolut nichts mit mir und dem was an freier Zeit vor mir lag, anzufangen. So beschissen die Wochen auch waren, die einsamen Wochenenden waren schlimmer.

Ich habe einen Großteil meiner Kindheit und meine gesamte Jugend in verschiedenen Heimen verbracht. Heime sind zwar keine Orte, die ich aus eigener Erfahrung besonders empfehlen könnte, aber jetzt sehnte ich mich fast danach zurück. Was auch war, im Heim war ich zumindest so gut wie nie allein oder einsam gewesen. Ich war stets von gleichaltrigen Mädchen umgeben. Zusammen fiel uns immer irgendetwas ein, das wir machen und womit wir gemeinsam Spaß haben konnten. Das galt vor allem für Freitagabende und Wochenenden.

Überhaupt kann ich über die Zeit, die ich in den verschiedenen Heimen verbringen musste, nicht viel Schlechtes berichten. Ich hatte wohl auch viel Glück und es meistens mit netten Erzieherinnen und angenehmen Leidensgenossinnen zu tun. Nie erlebte ich in diesen Heimen Schikane, sexuelle Belästigungen oder Gewalt. Ich weiß aber auch, dass es ganz andere Fälle gibt. Ich selbst kenne junge Frauen, für die der Heimaufenthalt mit sehr unangenehmen und traumatisierenden Erfahrungen verbunden war.

Das letzte Heim, in dem ich gelebt hatte, war mehr eine Wohngemeinschaft als ein Mädchenheim im herkömmlichen Sinn.

Trotzdem war ich froh und geradezu euphorisch, als ich mit meinem achtzehnten Geburtstag das »Heim« auf nimmer Wiedersehn verlassen konnte. Auch wenn es mir in den verschiedenen Heimen nicht schlecht ergangen ist, war es natürlich weder eine schöne Kindheit noch eine interessante Jugend. Es wäre aber müßig, darauf einzugehen, denn ich hatte mir diese Heime nicht ausgesucht. Das taten meine Mutter und die Tanten vom Jugendamt für mich. Ich war schließlich ein Kind der Liebe. Und weil die Liebe meiner Mutter schnell verflogen war, landete ich im Heim. Was aus meiner Mutter wurde, kann ich noch nicht mal genau sagen. Wahrscheinlich ist sie mit einem neuen Kerl weiter auf der Suche nach dem großen Glück.

Meine Mutter steckte mich in ein Kinderheim, weil es

für mich keinen Platz in ihrem Leben gab. Außerdem schien ich sie immer an meinen Vater zu erinnern und das wollte sie wohl am wenigsten. Mich hingegen erinnerte nichts an meinen Vater, denn ich habe ihn nie kennengelernt. Ich landete also nicht im Heim, weil ich schwererziehbar, psychisch auffällig oder kriminell war. Das Gegenteil war der Fall. Als Kind war ich pflegeleicht und fügsam. Als Jugendliche bereitete ich auch keine Probleme und bewies schon frühzeitig Verantwortungsbewusstsein. Aus mir hätte vielleicht sogar wirklich etwas werden können. Stattdessen saß ich aber jahrelang in Heimen fest und schlug mich mit Ach und Krach durch dörfliche Hauptschulen bis zur neunten Klasse. Man bewerte es daher schon als Erfolg, dass ich den Hauptschulabschluss schaffte, ohne vorher schwanger oder kriminell geworden zu sein. Damit betrachtete man den Bildungs- und Erziehungsauftrag als erfüllt. Was dann folgte war eine Warteschleife bis zu meiner Volljährigkeit.

Seitdem ich nicht mehr im Heim lebte, hatte sich mein Leben aber nicht wirklich verbessert und für mich schien es keine Perspektive zu geben. Zumindest sah ich keine für mich. Eine Sozialpädagogin hatte mich zwar auf den ersten Schritten in meine »Selbstständigkeit« begleitet, aber als ich dann irgendwie »untergebracht« und alles Wesentliche organisiert war, endete auch diese Begleitung. Besonders erfolgreich war ihr Dienst nach Vorschrift für mich sowieso nicht.

Zu den anderen Mädchen aus dem Heim hatte ich keinen Kontakt mehr. Dabei hatten wir uns nach der Verabschiedung unter Tränen vorgenommen und versprochen, in Verbindung zu bleiben. Wir wollten uns auch gegenseitig besuchen. Anfangs hatte ich auch noch mit ein paar Mädchen telefoniert, aber damit war mittlerweile Schluss. Viel schneller als erwartet verloren wir uns aus den Augen. Ich wusste noch nicht einmal, ob eines der Mädchen in der Stadt lebte, in die ich gezogen war. Jede von uns musste jetzt mit ihren eigenen Problemen und Sorgen umgehen. Zusammengefasst sah mein Leben damals ungefähr so aus:

Ich lebte in einer mittelgroßen norddeutschen Stadt, die mir völlig fremd war. Ich kannte anfangs dort niemanden und hatte große Schwierigkeiten, Kontakte zu anderen Menschen zu knüpfen. Ich bewohnte ein möbliertes Zimmer in einer heruntergekommenen Altbauwohnung in der Innenstadt. Das Zimmer hatte ich über eine Hausverwaltung bekommen, deren Geschäft es war, große Wohnungen in möblierte Zimmer zu teilen und einzeln teuer zu vermieten. Das hieß für mich dann auch Gemeinschaftsküche, Gemeinschaftsbad und Gemeinschaftstoilette. Meine »Mitbewohnerinnen« kannte ich nicht. Die waren auch nicht sonderlich an Kontakt interessiert. Jeder ging in dieser Wohnung jedem aus dem Weg. Alle, auch ich, verschlossen hinter sich stets ihre Zimmertür. Nachts traute ich mich kaum aus meinem Zimmer. Einige der Gestalten, die mit mir in dieser Wohnung lebten, bekam ich überhaupt nicht zu Gesicht.

Mein Zimmer war schäbig möbliert und es gab noch nicht einmal einen Fernseher. Ich hatte auch noch nicht genug Geld, um mir einen kaufen zu können. Der einzige Luxus, den ich besaß, war mein Handy. Es gab aber niemanden, den ich anrufen konnte und mich rief auch niemand an.

Gelebt habe ich damals vom Amt. Das bedeutete aber nicht, dass ich nicht gearbeitet hätte. Man hatte mich in eine »berufsvorbereitende und qualifizierende Maßnahme« gesteckt. Ich musste von Montag bis Freitag jeweils mindestens acht Stunden am Tag hart arbeiten und außerdem jeden morgen früh aufstehen. Dazu kamen lange Busfahrten in ein entlegenes Gewerbegebiet.

Das, was sich da als »berufsvorbereitende und qualifizierende Maßnahme« bezeichnete, war in Wirklichkeit der größte Mist und hatte mit Qualifizierung nichts zu tun. Es war eine Art Großwäscherei. Meine »Qualifizierung« bestand nun darin, vom frühen Morgen bis zum späten Nachmittag hart zu arbeiten. Die Arbeiten waren allesamt stumpfsinnig und es gab keinerlei Unterweisung oder auch nur irgendetwas, das den Namen »Qualifizierung« verdient hätte. Aber nicht nur die Arbeit und das ganze Drumherum waren kaum erträglich, sondern ganz besonders die Personen, die uns zu unterweisen hatten. Das waren allesamt »Ein-Euro-Jobber«, die sich einen Spaß daraus zu machen schienen, uns auch noch zu schikanieren. Außerdem drohten sie uns dauernd mit Sanktionen. Im Umgang mit jungen Menschen waren sie ungeschickt und ungeübt. Alles in dem Laden lief planlos und ohne ein für mich erkennbares Ziel. Es ging eigentlich nur darum, uns den Tag über dort mit Arbeit zu beschäftigen. Aber immerhin war ich in der Arbeitsmarktstatistik wie gewünscht als arbeitend klassifiziert.

Die einzig akzeptable Person in diesem Verein war die Chefin. Das war eine nette und sehr aufgeschlossene Frau. Leider ließ sie sich aber nur ein- oder zweimal in der Woche kurz im Betrieb blicken. Und auch dann war sie nach wenigen Stunden wieder in ihrem Cabriolet verschwunden.

Was ich da überhaupt sollte, war mir unklar. Es gab auch niemanden, mit dem ich darüber reden konnte.

Ich hätte damals viel lieber den Realschulabschluss gemacht und auch schon eine Abendschule gefunden, auf der das möglich gewesen wäre. Meine Sozialpädagogin entschied sich aber für mich dagegen und steckte mich stattdessen in diese Maßnahme. Ich war damals noch sehr ruhig, unsicher und schüchtern. Es gelang mir überhaupt nicht, meine eigenen Wünsche angemessen zum Ausdruck zu bringen. Was ich hätte tun sollen, um meine Vorstellungen durchsetzen zu können, wusste ich ebenfalls nicht. Im Heim hatte ich lediglich gelernt, mich zu fügen. Und so blieb mir vorerst nichts anderes übrig, als diesen Unsinn mitzumachen.

Damit waren für mich zumindest Miete und Lebensunterhalt »grundgesichert«.

Zuerst konnte ich überhaupt nicht verstehen, warum meine »Betreuerin« sich damals dafür stark gemacht hatte, mich um jeden Preis in diesen üblen Laden zu stecken. Das entsprach auch überhaupt nicht dem, was die Psychologin aus dem Heim vorgeschlagen hatte. Die Psychologin hatte dazu geraten, dass ich als erstes einen höheren Schulabschluss machen und mich dann um eine Ausbildung im krankenpflegerischen Bereich bemühen sollte. Von Hauswirtschaft und Wäscherei war damals keine Rede. Meine eigenen Vorstellungen und meine beruflichen Wünsche gingen in die gleiche Richtung. Schule war damals das, was mich weiter voran gebracht hätte und etwas, das ich mit Engagement angegangen wäre.

Die Sozialpädagogin sah das aber anders. Später sah ich sie und die Chefin aus der Qualifizierungsbude mehrmals gemeinsam in dem schönen Cabrio durch die Stadt fahren. So betrachtet war das wohl das erste Mal, dass ich verkauft worden bin. Was für mich damals eine Perspektive hätte sein sollen, war für die beiden nur ein Geschäft.

Natürlich war bei allem Elend meine finanzielle Situation auch noch total beschissen. Mit dem Geld, das mir das Amt monatlich überwies, kam ich überhaupt nicht klar. Das lag zum Teil daran, dass ich mit Geld so gut wie gar nicht umgehen konnte. Meistens hatte ich schon zur Monatsmitte fast alles ausgegeben und lebte dann von Pfefferminztee und billigen Lebensmitteln. Für »Luxus« und persönliche Wüsche hatte ich nie Geld übrig. Sparen war sowieso nie mein Ding gewesen. Hatte ich mal etwas Geld, dann schmiss ich es ohne Sinn und Verstand aus dem Fenster. Zudem war ich arglos und geschäftlich völlig unerfahren. Somit waren kleinere finanzielle Probleme meine ständigen Begleiter. Über größere Wünsche, wie etwa Schmuck oder auch nur ein teureres Parfüm, brauchte ich schon gar nicht nachzudenken.

Auf absehbare Zeit war auch keine Verbesserung zu erwarten.

Das alles war aber noch nicht einmal besonders schlimm und für mich sogar noch erträglich gewesen. Was mich wirklich damals kaputtmachte, war diese ständige Einsamkeit, in der ich lebte. Ich wusste überhaupt nicht, was ich mit mir und meiner Zeit anfangen sollte.

Das letzte Heim in dem ich war, lag zwar in einem kleinen Dorf, aber was Einsamkeit bedeutet, habe ich erst lernen müssen, als ich alleine in diese Stadt zog. In dem Haus lebten in den zwölf Wohnungen bestimmt fast fünfzig Menschen, aber niemand schien seinen Nachbarn zu kennen, geschweige denn sich mit ihm zu unterhalten.

Diese ständige Einsamkeit fraß bereits merklich an meiner Seele. An diesem Abend war es wieder besonders schlimm. Ich saß in meinem Zimmer auf dem Bett, das Radio lief und ich bekam langsam das Gefühl, dass mir die Decke auf den Kopf fallen würde. Diese Leere und Einsamkeit schien mich an diesem Abend schier zu erdrücken. Es war noch schlimmer als sonst. Eins war mir klar: Ich musste hier raus und zwar sofort und wenn auch nur für diesen Abend. Ich ertrug es nicht mehr, hier in diesem Zimmer alleine zu sitzen.

Für mich war Einsamkeit damals schlimmer als Armut.

Sexismus in der Disco

Mit wenig Geld und dazu auch noch alleine hatte man an einem Freitagabend nur wenige Möglichkeiten in dieser Stadt etwas zu unternehmen. Genau gesagt blieb mir nur eine Möglichkeit, wenn ich mehr wollte, als einfach nur durch die Straßen zu gehen. In der Stadt gab es einige Diskotheken und für mich war es trotz Türstehern nie ein Problem gewesen, dort herein zu kommen. Gut und vor allem sehr sexy zurecht gemacht und dann noch alleine ging das immer.

Ich entschied mich für die Diskotheken in der Bergstraße. Dort gab es mehrere zusammenhängende Diskotheken dicht beieinander. Der Weg dorthin war kurz und ich war mir sicher, dort hineinzukommen, ohne Eintritt zahlen zu müssen. So wurde es damals dort gehalten, um dem latenten Männerüberschuss entgegen zu wirken. Blonde, rausgeputzte Frauen in High-Heels und Minirock sind schließlich auch in Diskotheken gut für`s Geschäft.

Außerdem hatte ich in den Läden schon fast eine Garantie, jemanden kennenzulernen. Als Frau wirst du dort ständig angesprochen. Leider gab es dort keine richtig guten Männer, aber das war mir an diesem Abend auch egal. Schließlich suchte ich keinen Ehemann, ich suchte noch nicht einmal einen Kerl für die Nacht, sondern nur jemanden, mit dem ich ein paar Stunden in der Disko verbringen könnte. Ich wollte einfach nur etwas Spaß haben, mich unterhalten und nicht so allein sein.

Mich für die Disco fertig zu machen, dauerte nicht lange. Nach einem kleinen Fußweg stand ich keine halbe Stunde später an der Tanzfläche im Riverboat. Die Musik war laut, das Licht farbig und ich befand mich unter Hunderten von Menschen und fühlte mich nicht mehr so alleine. Ich hatte noch nicht einmal Geld, um mir etwas zu trinken zu bestellen. Das war mir aber auch egal. Für`s erste war ich der Einsamkeit und Tristesse meines Zimmers entkommen. Mir ging es schon wesentlich besser.

Sexismus ist heutzutage zu einem unbestimmten Begriff geworden und wird ganz nach Belieben verstanden, verwendet und verleugnet. Wenn Du Sexismus in seiner reinen Form erleben möchtest, dann empfehle ich Dir einen derartigen Diskothekenbesuch. Ich kenne das bereits und habe so was schon oft erlebt und ertragen. Nur wenn ich mich sehr einsam fühlte und verzweifelt war, ließ ich mich überhaupt noch auf solche nächtlichen Ausflüge ein. So wie ich an diesem Abend rausgeputzt war und in der Disko alleine rumstand, war ich Freiwild!

Auch an diesem Abend lief es schnell wieder in genau diese Richtung. Es dauerte auch tatsächlich nicht lange und ich wurde von dem ersten Typen angesprochen.

Wenn du als gutaussehende Frau alleine in eine Disko gehst, dann passiert immer das gleiche.

Auf der einen Seite meint jeder Typ, dich ansprechen zu können. Selbst die Figuren, die eigentlich wissen müssten, dass sie chancenlos sind, werden bei hübschen Frauen, die offensichtlich alleine in der Disko sind, mutig. Meistens bleibt es bei einem harmlosen Anmachversuch.

Männer können in solchen Situationen aber auch frech, penetrant und sogar aufdringlich werden. Wenn dann auch noch Alkohol mit im Spiel ist, können einzelne Männer sogar belästigend werden.

Auf der anderen Seite bemerkst du Frauen, die dich abschätzig und erniedrigend beäugen. Ganz schlimm wird es, wenn du gut aussiehst und sexy zurecht gemacht bist. Dann gibt es viele Frauen, die dich als Konkurrentin betrachten und leichtfertig mal als Flittchen oder Schlampe titulieren. Für solche Frauen bist du dann auch nicht sexy, sondern nuttig. Mir war so was immer egal.

Es passiert leider nur sehr selten, dass gute Männer Interesse an dir haben und den Mut und die Möglichkeit finden, dich auch tatsächlich anzusprechen. Auch damals lief anfangs alles ungefähr so ab und wurde dann sogar noch schlimmer.

Bei mir fanden sich ständig angetrunkene Typen ein, die unter keinen Umständen eine echte Chance bei mir oder einer anderen halbwegs vernünftigen Frau, hatten. Die Typen gingen mir schnell auf die Nerven und was noch schlimmer war, ich wurde sie nur sehr schwer wieder los. Wenn du erst einmal von solchen Typen belagert wirst, dann sinken die eh schon geringen Möglichkeiten doch noch einen halbwegs akzeptablen Typen kennenzulernen noch einmal gewaltig.

Kaum war ich eine Stunde in der Disko, befand ich mich in genauso einer Situation. Um mich herum hatten sich drei Kerle vom Typ »Dorftrottel« zusammengerottet und schienen gar nicht daran zu denken, mich in Ruhe zu lassen. Alle Drei waren bereits bei mir, wie auch bei anderen Frauen, abgeblitzt. Das schien sie aber gar nicht zu interessieren. Kaum rückte ich ein Stück von der Tanzfläche ab, trottelten sie sofort hinterher. Selbst wenn ich auf die Toilette ging und mich anschließend in eine andere Ecke stellte, kamen alle Drei angeschissen. Dazu tranken sie, bereits stark angetrunken, ein weiteres Bier nach dem anderen. Biertrinkende Männer waren und sind für mich das reinste Grauen. Ich hasse dieses Gelalle und diesen fürchterlichen Bier- und Alkoholgeruch.

Als mich einer von den Dreien dann fragte, ob ich etwas trinken wolle, dachte ich für einen Moment, dass die Typen wohl zumindest dazu nützlich sein könnten. Ich bejahte die Frage mit einem Lächeln. Er hielt dann aber nicht nach einem Kellner Ausschau, sondern wollte mir sein angetrunkenes Bierglas reichen. Als er dann auch noch versuchte, mich in seinen Arm zu nehmen, war ich endgültig bedient. Ich wollte nur noch weg von diesen Typen.

Mir war klar, dass ich eigentlich nur noch die Möglichkeit hatte, die Disko zu verlassen, um sie loszuwerden. Nicht nur, dass ich selbstverständlich und unter keinen Umständen aus dessen Glas getrunken hätte, wusste ich auch, dass ich diese Typen hier sicher nicht mehr loswerden würde. Mit blonder Löwenmähne, Minirock und High-Heels war ich doch genau der Typ Frau, von dem die sonst nur träumten. Außerdem schienen sie durch den vielen Alkohol bereits jegliche Hemmungen verloren zu haben. Dabei stellte der Versuch mich in den Arm zu nehmen erst den Anfang dar.

Mit diesen drei Figuren im Schlepptau, dachte außerdem jeder, dass wir irgendwie zusammengehören würden und so sprach mich überhaupt niemand anderes mehr an. Es bestand also für mich keine Hoffnung mehr auf »Befreiung«.

Ich war schon fest entschlossen den Laden in den nächsten Minuten zu verlassen und hoffte, die Typen wenigstens dann los zu sein. Im schlimmsten Fall hätte es aber auch passieren können, dass mir die Typen folgen würden. So angetrunken wie die waren, traute ich denen das sogar zu. So was habe ich auch schon erlebt und wusste, dass es dann auch unangenehm oder sogar brenzlig werden kann. Geld, um mit dem Taxi zu flüchten, hatte ich natürlich nicht.

Um meine Ruhe zu haben, vermied ich es, die Drei zu beachten und schaute mich in der Disko um, als würde ich einen Bekannten oder eine Freundin suchen. Ich zählte sicher zu den bestaussehenden Frauen in diesem Schuppen und ganz deutlich spürte ich die Blicke vieler Männer. Das alles half mir für den Moment aber nicht. Für den Moment war ich damals ganz alleine mit diesen drei üblen Typen.

Ich hatte schon die ganze Zeit einen der wenigen gutaussehenden Typen, die an diesem Abend in der Disko waren, im Visier. Sein Äußeres war elegant und edel, aber nicht schleimig oder overdressed. Er trug weder teuren Anzug noch Krawatte, sondern ein weißes Hemd und eine gut sitzende, schwarze Lederjacke. Dazu wirkte er sehr gepflegt.

Er war einer von diesen Typen, die einem sogar als besonders gut aussehend auffallen, wenn sie nur Jeans und weißes T-Shirt tragen. Er war so um die dreißig Jahre alt oder vielleicht sogar ein wenig älter.

Er schien in der Diskothek fast jeden und jede, zumindest vom Personal, zu kennen. So wie ich es übersehen konnte, war er aber nicht mit einer Frau zusammen in die Disko gekommen, sondern wie ich auch alleine. Ganz unauffällig beobachtete ich ihn schon eine ganze Weile. Mal stand er an einem Tresen, mal saß er mit anderen an einem Tisch im Hintergrund. Mich schien er jedoch überhaupt nicht wahrzunehmen. Dabei bemühte ich mich schon, mich in Szene zu setzen. Ich dachte aber, die drei Penner, die ich immer noch nicht los war, vermasselten mir die Tour gewaltig.

Dazu wurde es mit ihnen auch immer schlimmer und für mich unangenehmer. Sie fingen an, mich regelrecht zu belästigen und versuchten mir auf den Po und an die Brust zu fassen oder mich wieder in den Arm zu nehmen. Ich wehrte das jedes Mal ab und wurde dabei richtig zornig.

Die Drei schien das aber noch anzuheizen. Schließlich gelang es dem Einen von den Dreien, mich mit seiner flachen Hand auf meinen Arsch zu hauen. Dann versuchte er sogar noch, seine Hand auf einer meiner Arschbacken zu lassen und zu reiben. Seine beiden Kumpels feixten und schienen sich bestens zu amüsieren.

Die anderen Besucher um uns herum taten uninteressiert oder belustigt. Keiner erweckte auch nur den Anschein mir irgendwie aus dieser Situation helfen zu wollen. Einige Frauen schien es sogar besonders zu interessieren. Sie gafften und tuschelten, während sie mich geringschätzig musterten. Für mich klang das wie:

»Die Schlampe hat es nicht anders verdient.«

Dass ich mich in einer sehr unangenehmen Situation befand, war offensichtlich. Trotzdem schritt noch nicht einmal das Personal ein. Ich hatte sogar den Eindruck, man schaute absichtlich weg. Ich wusste mir schon nicht mehr zu helfen und war schon dabei irgendwie zu »flüchten«, als dieser gutaussehende Mann hinzukam.

Er kam von der Seite, griff sich den Frechsten von den Dreien, packte ihn an der Schulter und sagte ihm etwas. Der Kerl erschrak im ersten Moment und antwortete ihm dann. Ich bekam kein einziges Wort mit und nutzte die Gelegenheit zur Flucht in Richtung des Tresens. Ich blieb aber vorerst noch in der Disko. Ich fühlte mich wieder etwas sicherer und wollte die Situation abwarten. Ich wollte außerdem vermeiden, den Dreien doch noch über den Weg zu laufen. Außerdem war ich sehr überrascht gewesen, dass ausgerechnet dieser Mann mir zur Hilfe gekommen war und jetzt auch etwas neugierig. Ich wollte wissen, wie es weitergehen würde.

Die vier Männer wechselten nur einige Worte an der Tanzfläche und gingen dann in Richtung des Ausgangs, wobei die drei Saufköpfe meinem »Retter« dicht folgten. Später erfuhr ich, dass mein Retter Matthias hieß und er die Drei aufgefordert hatte, mich nicht weiter zu belästigen. Dann bat er sie wohl auf ein kurzes »Gespräch« nach draußen.

Auf dem Weg nach draußen kamen die vier Männer zu allem Unheil auch noch an mir vorbei. Ich schaute weg, aber Matthias blieb neben mir kurz stehen und sprach mich an:

»Ich bringe deine Verehrer kurz zu ihren Mamies. Bitte warte einen Moment auf mich. Ich bin gleich wieder zurück.«

Als er dieses sagte, stellte er sich so neben mich, dass er mich mit seinem Körper wirkungsvoll gegen die drei anderen Männer abschirmte. Die hatten so keine Gelegenheit mir noch mal zu nahe zu kommen.

Ich konnte ihm noch nicht einmal richtig antworten. Ich war zu überrascht und zu schnell waren sie dann schon an mir vorbei. Ich wusste nicht, wie ich die Situation einordnen sollte, entschied mich dann aber, die Disko zu verlassen und auf dem schnellsten Weg nach Hause zu gehen. Um den Vieren nicht über den Weg zu laufen, nahm ich den Hinterausgang, der direkt vor das Parkhaus nach draußen führt.

»Das darf doch jetzt wohl nicht wahr sein«, war mein Gedanke, als ich die Vier draußen um die Ecke kommen sah. Ich blieb hinter einem Betonpfeiler stehen, um nicht entdeckt zu werden. Dann ging alles ganz schnell. Gesehen hatten die Vier mich wohl nicht und als ich mich noch fragte, in welche Richtung sie gehen würden, war es schon passiert.

Wie aus heiterem Himmel und wohl nicht nur für mich überraschend, verpasste Matthias dem Einen von den Dreien einige gezielte und sehr kräftige Schläge ins Gesicht. Der wehrte sich nicht einmal und ging fast geräuschlos zu Boden. In seinem Gesicht, rund um die Nase und den Mund, konnte ich sogar aus der Entfernung Blut sehen. Die beiden anderen machten erschrocken einige Schritte zurück. Matthias stand da, als würde er nur darauf warten, angegriffen zu werden. Das geschah aber nicht. Stattdessen schien er sogar ein paar Worte mit den Beiden zu sprechen, während der eine Typ noch immer in seinem Blut auf dem Boden lag und in Panik nach Luft rang. Schließlich nahmen die Beiden ihren blutverschmierten und immer noch röchelnden Kumpel und zogen davon. Matthias schaute ihnen noch hinterher und ging dann wieder in Richtung der Disco. Matthias ging sehr brutal vor. Seine wenigen Schläge müssen sehr kräftig und äußerst gezielt gewesen sein. Sein letzter Schlag traf seinen Gegner am Kehlkopf. Hinzu kam, dass Matthias die Drei wohl völlig überraschend angegriffen hatte.

Das klingt jetzt bestimmt nicht schön und für Sie unverständlich, aber wäre es nach mir gegangen, dann hätte Matthias ruhig noch etwas weitermachen können. Die Drei hatten mich in der Disko so genervt und waren derart aufdringlich gewesen, dass sie es nur verdient hatten, richtig verdroschen zu werden. Gnade oder Mitleid konnte ich nicht empfinden. Vielmehr empfand ich Genugtuung und Schadenfreude. Ich kann es auch als Lust an Rache bezeichnen.

»Die hatten es mehr als verdient!«

So etwas war mir noch nie passiert. Ich bin schon mehrfach, gerade in Diskotheken, von betrunkenen oder einfach nur aufdringlichen Männern genervt und belästigt worden. Ich hatte es aber noch nie erlebt, dass mir jemand in einer derartigen Situation tatsächlich geholfen hatte. Normalerweise schauen alle weg, finden es lustig oder deuten die Situation schlicht falsch. Dabei erkennen die meisten Typen schon, dass ich mich dann in einer schwierigen Lage befinde. Sie sind nur einfach zu feige.

Matthias hatte mich tief beeindruckt. Die Typen würden mich bestimmt nicht mehr belästigen. Überrascht war ich auch über die Art und Weise, mit der Matthias sich die Typen vornahm. Das da eben war keine wilde und laute Schlägerei. Wie ein Gentleman brachte er den Typ zur Strecke und ich bin mir hundert Prozent sicher, wenn die beiden anderen eingegriffen hätten, dann hätte er die auch noch bedient. Ich konnte es mir gar nicht verkneifen zu feixen und zu grinsen. Ich konnte noch gar nicht fassen, was da eben geschehen war.

Hatte sich dieser gutaussehende Mann tatsächlich für mich geprügelt? Jetzt wollte ich aber meinen »Retter« unbedingt kennenlernen und machte mich auf, möglichst schnell wieder zurück in die Disko zu kommen. Ich war dann auch vor ihm wieder an der Tanzfläche und wartete dort so, dass er mich gar nicht übersehen konnte. Ich tat so, als wäre nichts geschehen.

Er kam dann auch wenige Minuten später zu mir und wir unterhielten uns eine ganze Weile wunderbar. Er hatte die Schlägerei ohne die kleinste Blessur überstanden. Noch nicht einmal sein strahlendweißes Hemd hatte etwas abbekommen. Er sprach das Thema auch nicht an.

Ich führte mit Matthias an diesem Abend in der Disko das interessanteste Gespräch seit sehr langer Zeit. Er sah ganz aus der Nähe betrachtet außerdem sogar noch besser aus. Alles an ihm wirkte edel, stilvoll und mit viel gutem Geschmack ausgewählt. Er roch fantastisch und war bis ins kleinste Detail gepflegt. Er war etwa 1,85 Meter groß, schlank, sportlich und muskulös. Alles an ihm war stimmig und dezent. Er sprach höflich mit angenehm dunkler und fester Stimme. Er hatte eine sehr gewählte Art sich auszudrücken und wirkte auf mich gebildet und selbstbewusst, nicht aber arrogant oder überheblich. Er gab mir das Gefühl mich ernst zu nehmen und respektvoll zu behandeln. Natürlich war er nicht angetrunken. Schon in der Disko kam es zu ersten zarten und scheuen Küssen. Als er mir dann vorschlug, irgendwo hinzufahren, wo es nicht so laut und voll wäre, wusste ich so ungefähr, worauf ich mich da einließ. Ich war damit ohne mich großartig zu zieren auch sofort einverstanden.

Auf dem Weg zu seinem Wagen, der im Parkhaus stand, gingen wir an der Stelle vorbei, an der die Schlägerei stattgefunden hatte.

Anja:

»He Matthias, guck mal, hier auf dem Boden ist alles voll Blut.«

Matthias blieb kurz stehen und guckte sich den Blutfleck mehr beiläufig an:

»Blut? Du guckst dir zu viele Krimis an. Das ist Ketchup. Bestimmt hat hier einer von den Besoffenen seine Pommes rot-weiß fallen lassen.«

Anja:

»Ach so? Und wo sind denn die Pommes?«

Matthias guckte mich schelmisch an:

»Na, die haben sich bestimmt die Möwen geholt. So, und jetzt komm bitte. Hier stinkt es nach Bier und Pisse.«

Der Blow Job danach

Wir gingen dann gemeinsam ins Parkhaus zu seinem Wagen. Alleine wäre ich nachts niemals in dieses Parkhaus gegangen. Eigentlich wäre ich normalerweise auch nicht nachts mit einem fremden Mann dort hinein gegangen. Bei Matthias hatte ich aber keinerlei Befürchtungen. Mit ihm an meiner Seite fühlte ich mich sicher und vor ihm hatte ich sowieso keine Angst. Schon zu diesem Zeitpunkt damals vertraute ich ihm bereits blind.

Wie ich so neben ihm durch das dunkle Parkhaus ging, fühlte ich mich sogar stark und selbstbewusst. Mit ihm an meiner Seite würde mir nichts passieren können. Das war ein für mich fremdes, aber sehr angenehmes Gefühl. Es war, als würde ich an seiner Kraft partizipieren. Ich dachte noch mal an die drei Saufköpfe und musste grinsen.

Matthias:

»Warum bist du die ganze Zeit so frech am grinsen?«

Anja:

»Nur so!«

Matthias:

»Ach nur so. Ich hoffe du vermisst deine drei Freunde nicht.«

Anja:

»Nein. Wo die wohl geblieben sind?«

Sein Wagen war nett, aber nicht besonders auffällig. Er wirkte fast ein wenig bieder. Er war sowohl von außen wie von Innen sauber und sehr ordentlich. In dem Parkhaus, das um diese Zeit hauptsächlich von Besuchern der anliegenden Diskotheken genutzt wurde, standen einige Autos, die ich als typische Zuhälter-Kisten bezeichnet hätte. Das Auto von Matthias zählte definitiv nicht zu dieser Kategorie.

Ein bisschen war das wie in der Disko. Auch da liefen

einige Typen rum, bei deren Äußerem und Getue man schon denken konnte, dass es Zuhälter oder etwas Ähnliches gewesen waren. Aber wie das Auto passte Matthias auch nicht in dieses Schema. Nichts an ihm konnte ich mit der Zuhälterei oder dem Rotlicht-Milieu in Verbindung bringen.

Als wir zusammen im Auto fuhren, fühlte ich mich nicht nur wohl, sondern sogar fast glücklich. Was für ein Mann! In diesem Moment war es bereits mein sehnlichster Wunsch, diesen Mann zukünftig an meiner Seite zu haben. Ich dachte mir damals tatsächlich, dass sich mit Matthias an meiner Seite alles in meinem Leben zum Besseren wandeln würde. So dumm das heute auch klingen mag, empfand ich es damals genauso! Es war Liebe auf den »fast« ersten Blick und spätestens jetzt war ich ihm bereits zu einem Teil verfallen. Dieser Mann faszinierte mich. Diesen Mann wollte ich um jeden Preis haben! Jede Frau mag Männlichkeit für sich anders definieren. Für mich war Matthias mit seinem Mut und der Bereitschaft mir zu helfen und sich für mich zu schlagen die personifizierte Männlichkeit.

Wir fuhren dann gemeinsam aus dem Stadtzentrum in Richtung Norden. Mir war klar, dass es als Nächstes um Sex gehen würde und ich hatte auch überhaupt nichts dagegen. Mir war nur noch nicht klar, wie es tatsächlich weitergehen würde. Es lag in seiner Hand und ich war bereit, mich einfach überraschen zu lassen. Ich ging davon aus, dass er einen entsprechenden Plan hatte.

Wir machten einen kurzen Halt an einer Tankstelle. Ich blieb im Auto, während er tankte und dann zum Bezahlen an den Nachtschalter ging. Ein wenig aus Langeweile und ein wenig aus purer Neugier beobachtete ich Matthias sehr genau dabei.

Ich sah ihn, wie er zum Bezahlen ein Bündel Geldscheine aus der linken Hosentasche zog.

Nach wenigen Minuten kam er bepackt mit einigen Dingen, die er gekauft hatte, zurück in den Wagen und legte den ganzen Krempel auf die Rücksitzbank. Möglichst unauffällig schaute ich mir das Zeug an. Erfreulich fand ich, dass er weder Alkohol noch Zigaretten gekauft hatte. Stattdessen ein paar Dosen eines Energy-Drinks, Kaugummis, ein Politikmagazin, sowie mehrere Packungen Kondome.

Ich dachte mir nur:

»Da überschätzt sich aber jemand« und grinste dabei, ohne etwas zu sagen.

Matthias:

»Wieso bist du eigentlich den ganzen Abend am Grinsen?«

Anja:

»Ich fühle mich einfach gut.«

Natürlich war es für mich nicht das erste Mal, dass ich nachts mit jemanden zur Tankstelle gefahren bin. Das habe ich mit Freundinnen und irgendwelchen Jungs auch schon getan, als ich noch im Heim gelebt habe. Gerade auf dem Land und in kleineren Städten sind die Tankstellen die einzige Möglichkeit in der Nacht noch etwas zu kaufen. Normalerweise wird dann Dosenbier, Wodka und billiger Sekt gekauft und für zehn oder zwanzig Euro getankt. Das lief mit Matthias anders und mit ihm war schon das Tanken irgendwie angenehmer und stilvoller. Dabei waren es alles nur Kleinigkeiten.

Warum erzähle ich überhaupt von diesem kleinen Zwischenstopp an der Tankstelle? Das ist ganz leicht zu erklären. Wäre er mit zwei Flaschen Wodka zum Auto zurückgekommen, dann hätte ich mir höchstwahrscheinlich ein völlig anderes Bild von ihm gemacht und ihm nicht schon in dieser Nacht so völlig blind vertraut. Wenn er mir dann noch angeboten hätte, mitzutrinken und er selbst eine halbe Flasche Wodka getrunken hätte, wäre unsere Bekanntschaft wahrscheinlich noch in dieser Nacht beendet gewesen. So einen Typen hätte ich weder gewollt noch gebrauchen können.

Er kam aber mit einem Politikmagazin und dem anderen

Krempel zurück. Und dann gebe ich noch ehrlich zu, dass Matthias beim Tanken nicht den Eindruck machte, als würde er finanziell aus dem letzten Loch pfeifen. Von Männern, die ständig pleite waren, hatte ich nämlich auch genug und so einen Mann brauchte ich damals wirklich nicht. Natürlich wünschte ich mir damals einen gutaussehenden Millionär an meiner Seite. Das war aber eher ein Mädchentraum. Tatsächlich war ich bescheidener. Ich wollte aber keinen Mann mit finanziellen Problemen. Derartige Probleme hatte ich selbst genug.

Ich gebe ganz offen zu, dass mich die Vorstellung, mal einen Mann zu haben, der mir Geschenke machte und mich auch mal zum Essen in ein teures Restaurant einlud, schon gefiel.

Hätte Matthias damals an der Tankstelle für genau zehn Euro getankt und dann vielleicht auch noch versucht, sich bei mir Geld zu leihen, dann wäre diese Nacht ganz anders verlaufen. Wahrscheinlich wäre ich kurz und knapp aus dem Wagen gestiegen und alleine nach Hause gegangen.

Von solchen Typen hatte ich schon genügend genossen. Überhaupt schien ich Männer mit finanziellen Problemen geradezu anzuziehen wie ein Magnet. Bei Matthias schien das alles nicht der Fall zu sein. Matthias wirkte jetzt nicht steinreich, aber eben auch nicht wie ein Mann mit finanziellen Problemen. Was er auch tat, er war sicher kein »Ein-Euro-Jobber«.

Jetzt höre ich viele Leserinnen sagen:

»Typisch Hure! Denkt nur an die Kohle. Du bist doch eigentlich selber schuld.«

Da ist wahrscheinlich sogar etwas dran. Bitte seid aber mal ehrlich: Ein Mann, der mit beiden Beinen im Leben steht und Geld zu haben scheint, ist einfach viel interessanter. Wenn er dazu auch noch gut aussieht, gepflegt ist und sich gewählt ausdrückt, dann stimmt alles! Ein Mann wie Matthias kommt doch eigentlich bei fast allen Frauen gut an.

Die Fahrt dauerte dann nicht mehr lange. Wir hielten noch kurz vor einer Bar, fuhren dann aber weiter, als wir sahen, dass die Bar bereits geschlossen hatte. Ganz in der Nähe dieser Bar und auch nicht besonders weit weg von meiner Wohnung parkte er auf einem größeren Platz. Hier war an zwei Tagen in der Woche ein Wochenmarkt. Jetzt in der Nacht war der Platz aber leer und wurde lediglich von den Anwohnern als Parkplatz genutzt. Die parkenden Autos standen brav in Reih und Glied am Rand des Platzes. Matthias aber fuhr mitten auf den Platz und dort standen wir ziemlich auffällig.

Wir saßen dort eine Weile im Auto und unterhielten uns bei leiser, ruhiger Musik aus dem Radio. Dann war ich es, die sich an ihn heranmachte, indem ich meine Hand auf seinen Oberschenkel legte und ihn sanft streichelte. Auch als wir dann am knutschen waren, war ich es, die stets bedacht war, ihm möglichst nah zu kommen und die mit meinem Busen seine Brust berührte. Außerdem legte ich alles, was mir an Erotik möglich war, in die Küsse und streichelte ihn weiter und immer intensiver. Ich war diejenige, die initiativ wurde. Meine Botschaft kam an. Ich bemerkte, wie sein Glied steif wurde. Wir redeten schon nicht mehr viel und dann übernahm er endlich das Kommando.

Er packte mich zuerst sehr zärtlich, dann aber schon fester, im Nacken. Für mich war das Geknutsche und auch dass er mich jetzt fest gepackt hatte, durchweg sehr angenehm und erotisch gewesen. Es tat zwar fast etwas weh, aber sein fester und doch liebevoller Griff gefielen mir und steigerten mein Verlangen. Man könnte auch sagen, ich wurde jetzt geil und feucht. Er war nicht brutal und dosierte seinen Griff mit Bedacht sachte unter meiner Schmerzschwelle.

Ich hatte aber nicht damit gerechnet, dass er sich ausgerechnet hier von mir einen blasen lassen wollte. Ficken hielt ich hier überhaupt nicht für möglich. Für Beides war nicht nur dieses Auto ungeeignet, sondern auch unser Parkplatz in der Mitte dieses Platzes. Selbst in der Nacht herrschte hier noch Betrieb und wir standen sehr auffällig und gar nicht übersehbar. Es waren Kneipengänger, die zu dieser späten Stunde den Weg aus ihrer Kneipe über diesen Platz zur anliegenden Straße nahmen. Einige gingen dicht an unserem Wagen vorbei und schauten auch hinein. In der Stadt gab es um diese Uhrzeit wohl nur noch wenige andere Plätze, die für Sex im Auto noch ungeeigneter gewesen wären.

Ich rechnete damit, dass er die Knutscherei demnächst beenden würde und wir dann in eine ruhigere Ecke fahren würden. Ihm dann einen zu blasen, wäre für mich überhaupt kein Problem gewesen. Ich hätte mich damit auch gerne für seine Hilfe in der Diskothek erkenntlich gezeigt. Außerdem gab es Kondome und von meiner Seite keinen Mangel an erotischer Anziehung.

Ich wäre mit ihm auch in seine Wohnung oder in ein Hotel gefahren.

Matthias schien es aber anders geplant zu haben und während er mich noch im Nacken gepackt hatte, zog er sich bereits die Hose runter bis zu den Knien und stellte den Fahrersitz in eine bequeme Liegeposition. Ich hatte weder Zeit mich zu wundern noch vorzuschlagen doch woanders hinzufahren. Wir hätten auch gleich zu mir nach Hause fahren können. Auch wenn mein Zimmer beschissen war, reichte das Bett allemal für guten Sex. In jedem Fall wäre es aber besser gewesen als in diesem engen Auto rum zu kaspern. Ich kam aber nicht mehr dazu, überhaupt noch irgendetwas zu sagen. Er schien sich bereits entschieden zu haben. Auf meine Meinung legte er dabei wenig Wert.

Er drückte meinen Kopf langsam aber kraftvoll gegen seinen Schwanz. Ich konnte schnell noch mit meiner rechten Hand dazwischen gehen und packte ihn mir knapp oberhalb seines Sackes. Ich fing an, seinen Schwanz langsam und gefühlvoll zu wichsen. Dabei stöhnte ich und setzte mich seitlich so versetzt, dass mein Minirock hochrutschte. Ich ging schon mal davon aus, dass es nicht bei Wichsen bleiben würde und überlegte, wie ich an die Kondome kommen würde. Matthias hielt mich weiter fest im Nacken, drückte aber meinen Kopf nicht weiter nach unten. Ich gab mir größte Mühe.

Mit seiner linken Hand fingerte er an meiner Möse. Ich nahm meinen Tanga zur Seite und spreizte die Beine ein kleines Stück, damit er tief hereinkommen konnte. Das tat er dann auch mit zwei Fingern und rieb sehr gekonnt und erregend. Es wäre mir natürlich lieber gewesen, wenn er sich vorher die Finger gründlich mit Seife und warmen Wasser gewaschen hätte. Diese Frage stellte sich aber gar nicht. So hatte ich also seine ungewaschenen Finger in mir drin.

Ich zog mir noch das Top über die Titten, um ihm etwas für die Optik zu bieten und in der Hoffnung, dass er mir noch ein wenig die Brustwarzen massieren würde.

So richtig ging er aber nicht auf mein Angebot ein. Er schien sich jetzt viel mehr auf seinen Schwanz und meinen Mund zu konzentrieren. Jetzt wäre es wohl die letzte Möglichkeit für mich gewesen, ihm ein Kondom überzuziehen. Dazu hatte ich aber keine Möglichkeit mehr und er schien ein Kondom auch nicht in Betracht zu ziehen.

Mit Gewalt packte er mich fester im Nacken und drückte meinen Mund gegen seinen Penis. Zuerst öffnete ich meine Lippen nicht, dann aber gab ich meinen Widerstand auf. Langsam und kraftvoll drückte er mir seinen Penis tief in meine Mundhöhle.

Nun war sein Penis kein Riesending, aber weil er ihn mir ganz reindrückte, wurde es unangenehm. Ich spürte ihn bis an den hinteren Teil meines Gaumens und war kurz vor einem Brechreiz. Damit ich ihn jetzt richtig blasen und mit Zunge und Lippen massieren konnte, lockerte er seinen Nackengriff. Ich konnte den Schwanz wieder etwas nach vorne nehmen und fing an, ihn in ruhigen und langen Zügen zu blasen. Dazu massierte ich seinen Schwanz weiter mit meiner rechten Hand. Er drückte dann noch ein paar

Mal in meinem Nacken zu, aber schließlich hatte ich meine Technik seinen Wünschen entsprechend angepasst.

So ging es dann einige Minuten. Das war kein großartiger Sex. Für mich war er sogar gänzlich unerotisch. Es ging eigentlich nur um ihn. Trotzdem machte ich weiter mit.

Nach einigen Minuten stieg in mir die Befürchtung, dass er jeden Moment abspritzen könnte. Dazu stand mir aber gar nicht der Sinn. Ich wollte jetzt keine Ladung Sperma in den Mund bekommen. So etwas gefällt mir überhaupt nicht. Ich versuchte daher, seinen Schwanz irgendwie aus dem Mund zu bekommen und langsamer und nicht mehr so fest und fordernd zu blasen. Das ließ er aber nicht zu. Er hielt mich so fest im Nacken, dass ich seinen Schwanz einfach nicht mehr aus dem Mund bekam. Außerdem drückte er jetzt fester zu und ließ erst wieder etwas lockerer, als ich seinen Schwanz wieder kräftig mit meiner Zunge und den Lippen massierte.

Es kam dann zu dem, was ich befürchtete. Er bäumte sich kurz auf, drückte mir dann mit Kraft den Kopf weiter nach unten und spritzte in mehreren Schüben voll ab. Ich hatte die vordere Mundhöhle voller Sperma. Mit der Zunge versuchte ich das Zeug vorne zu halten, um es demnächst ausspucken zu können. Mit Kraft versuchte ich, meinen Kopf zu heben und seinen Schwanz aus dem Mund zu bekommen. Das ließ er aber nicht zu. Er drückte meinen Kopf weiter fest nach unten. Mir fiel das Atmen schwer und ich erkannte, dass ich überhaupt keine andere Möglichkeit hatte, als die Ladung Sperma zu schlucken, um wieder atmen zu können. Schließlich wurde die Situation für mich so unerträglich, dass ich die ganze Ladung runterschluckte. Er wartete dann noch einen kurzen Moment und ließ mich dann los.

Ich fuhr mit dem Kopf nach oben und atmete erst mal ein paar Mal tief und hektisch ein und aus. Dann guckte ich Matthias vorwurfsvoll und sauer an. Er grinste aber nur frech. Ich hätte ihm am liebsten meine Meinung gesagt. Das tat ich aber nicht. Stattdessen ließen Zorn und Verärgerung sogar schnell nach.

Matthias:

»Ja, tut mir leid. Aber mach dir keine Sorgen, du kommst auch noch auf deine Kosten.«

Mir fehlten immer noch die Worte und ich fing schon an, mir mit einem Taschentuch den verschmierten Lippenstift aus dem Gesicht zu wischen.

Matthias:

»Nun stell dich mal nicht so an.«

Ich war ihm schon nicht mehr böse und hatte auch schon wieder ein Lächeln im Gesicht.

Anja:

»Du bist mir vielleicht einer. Auf was habe ich mich da nur eingelassen.«

Eigentlich war ich gar nicht weiter überrascht. Gefallen hatte mir das zwar nicht und vor allem das Spermaschlucken war überhaupt nichts für mich. Andererseits war es schon auch erotisch. Wie er mich packte und seinen Willen durchsetzte, gefiel mir. Ich hatte auch kein Problem damit, von ihm hart angefasst zu werden. Schließlich hatte er mich weder geschlagen noch verletzt.

Ich betrachtete es daher mehr als ein Rollenspiel. Für den Abend war es auch ein guter Einstieg und außerdem hatte ich ihn für seinen Mut belohnt. Das passte schon alles.

Das war nicht der erste Blow Job meines Lebens gewesen. Ich hatte schon einige hinter mich gebracht. Bisher hatte ich aber immer auf ein Kondom bestanden und mir schon gar nicht in den Mund spritzen lassen. Überhaupt lief bisher bei mir ohne Kondom so gut wie gar nichts. Kerle, die damit nicht klarkamen, waren für mich schon vor dem ersten Fick Vergangenheit. Auf so was hatte ich mich bisher noch nicht eingelassen.

Bis zu diesem Abend hatte ich es auch noch nicht erlebt, dass mich ein Mann beim Sex derart anpackte, wie Matthias es tat. Auch so was hatte ich bei anderen Männern bisher nicht zugelassen.

Bei Matthias war das jetzt alles plötzlich anders. Ich hatte vom ersten Moment an keine Probleme, mich ihm zu fügen und unterzuordnen.

Erklären kann ich mir das alles bis heute nur teilweise.

Für diese Nacht war erst mal Schluss. Wir verabredeten uns aber für den nächsten Tag.

Hausbesuch bei Frank

Ich kannte Matthias jetzt erst einige Stunden. In dieser kurzen Zeit hatten wir aber schon eine ganze Menge miteinander erlebt. Ob es nun alles schön und interessant war, lasse ich dahingestellt. In jedem Fall war diese halbe Nacht mit ihm intensiv und spannender als mein »normales« Leben. Mit ihm war es bisher noch nicht langweilig gewesen.

Richtig kennenlernen sollte ich Matthias dann bereits am nächsten Tag. Spätestens zu diesem Zeitpunkt hätte ich mich komplett von ihm trennen sollen. Das wäre auch problemlos gegangen. Matthias hätte sich gar nicht die Mühe gemacht, mich daran zu hindern.

Ich tat es aber nicht, sondern blieb. Es war sogar so, dass ich mich bereits an diesem Tag freiwillig fest an ihn band. Schon an diesem Tag stellte ich die Weichen für mein Leben neu.

Matthias kam mittags, wie wir es verabredet hatten, zu mir in die Wohnung. Nach der Geschichte in der Disko und dem Sex in seinem Auto war ich den Rest der Nacht noch total aufgedreht gewesen. Ich konnte lange nicht einschlafen. Ich lag in meinem Bett und musste ständig an ihn denken. Ich freute mich schon auf das Wiedersehen mit ihm. Erst früh am Morgen schlief ich für wenige Stunden ein.

Nach dem Aufstehen lief ich den restlichen Vormittag nur noch grinsend herum. Einer meiner merkwürdigen Mitbewohner patzte mich dann frech an, weil ich recht lange im Bad war. Er musste wohl auf die Toilette. Noch gestern hätte ich mich in einer derartigen Situation nur brav entschuldigt. Ich hätte mich dann beeilt und wäre dann geduckt in mein Zimmer verschwunden.

An diesem Morgen war das anders. Als der Typ zum wiederholten Mal an die Tür des Bades hämmerte und pampig wurde, entschuldigte ich mich nicht, sondern gab ihm gleich eine verbale Breitseite in voller Lautstärke zurück.

Mitbewohner:

»Jetzt komm endlich aus dem Bad. Du lebst hier nicht alleine. Vielleicht hast du auch schon festgestellt, dass es hier nur ein Bad gibt. Hallo?«

Anja B.:

»Du nervst! Jetzt halt endlich deine Klappe und lass mich in Ruhe. Und wenn das dir nicht passt, dann ruf doch deine Mami.«

Ich wunderte mich schon fast selbst über mich, aber ich dachte: »Gleich kommt Matthias und der könnte sich dann ja ruhig mal um den Kerl kümmern.«

Allein der Gedanke an Matthias hatte mich und mein Verhalten bereits verändert.

Ich hatte den Typen, der mich an diesem Morgen nervte, schon beim ersten Klopfen erkannt. Es war so ein introvertierter Student. Ein schmächtiger Kerl mit Brille. Ich weiß natürlich nicht, ob ich auch so patzig gekontert hätte, wenn vor der Tür ein cholerischer Zwei-Meter-Mann gestanden hätte. Trotzdem war ich in diesem Moment sogar stolz auf mich. Normalerweise duckte ich mich immer weg und entschuldigte mich ständig für alles. Das war an diesem Morgen anders und zeigte Wirkung. Meine laute Stimme und meine hörbare Aggressivität hatten ausgereicht, um den Studiosus zu vertreiben. Das überraschte mich selbst. Den Studiosus sah ich an diesem Morgen nicht mehr. Wahrscheinlich ging er mir sogar aus dem Weg. Auf jeden Fall habe ich mich aber nicht beeilt und er wahrscheinlich in seinem Zimmer in das Waschbecken gepinkelt.

Meine Gedanken drehten sich nur noch um Matthias. Ich konnte es kaum noch erwarten, ihn wiederzusehen. Es war meine größte Sorge, dass er vielleicht nicht kommen würde. Vielleicht war die Nummer im Auto alles gewesen, was er von mir wollte. Vielleicht hatte er überhaupt kein weiteres Interesse an mir.

Was sollte ich dann machen? Ich hatte weder seine Adresse noch eine Telefonnummer. Dieser Gedanke machte mir richtig Angst.

Was wäre es für ein Pech gewesen, wenn ich ihn nicht wiedersehen würde. Wahrscheinlich wäre ich sogar noch schuld daran. War ich gestern im Auto vielleicht zu prüde? War er viel besseren Sex gewöhnt? Hatte er mehr erwartet? Ein Mann wie Matthias konnte doch so viele Frauen haben, wie er wollte.

Es wäre nur logisch, wenn er nicht kommen würde. Was sollte er denn mit mir anfangen?

Je länger ich darüber nachdachte, desto mehr verzweifelte ich. War ich bereits in ihn verliebt? Sah ich in ihm die Hoffnung auf ein interessanteres Leben? Oder würde er einfach nicht kommen und vor mir läge dann ein weiterer Abend in meiner langweiligen und einsamen Welt. Ich hatte von diesem Leben nur noch die Schnauze voll!

Ich hätte heulen können, fing mich dann aber wieder. Trotzdem war ich nahe daran, zu verzweifeln.

Eine knappe halbe Stunde später kam dann aber Matthias.

Da ich den ganzen Vormittag vertrödelt hatte, war ich noch nicht zurechtgemacht und zudem ungeschminkt. Mich störte das anfangs nicht, da ich fand, auch ungeschminkt einen guten Eindruck zu machen. Matthias sah das anders. Er sprach es zwar nicht aus, ließ es mich aber vom ersten Moment an deutlich spüren. So gefiel ich ihm nicht!

Für dieses Treffen war es aber jetzt schon zu spät. Es war mir aber klar, dass er auf das Aussehen einer Frau höchsten Wert legte und ich nahm mir vor, das unbedingt zukünftig zu beachten. Für den Moment ärgerte ich mich über mich selbst. Andererseits war ich nicht anders. Wenn er an diesem Morgen ungekämmt, schlecht riechend und in schmutzigen Klamotten zu mir gekommen wäre, hätte ich das auch nicht gut gefunden.

In meinem Zimmer unterhielten wir uns lange und wieder sehr interessant miteinander. Matthias war nicht einer dieser Typen, die ständig nur belangloses Zeug über sich selbst erzählen oder die nur an Fußball oder Autos interessiert waren. Ich hatte es schon am Vorabend in der Disko bemerkt, dass er vor allem gut zuhören konnte. Er gab mir immer das Gefühl, an mir und dem, was ich erzählte, ernsthaft und ehrlich interessiert zu sein. Auf mich wirkte er sehr gebildet und hatte ein großes Allgemeinwissen. Außerdem schien er mich ernst zu nehmen und in jedem Wort klang viel Respekt meiner Person gegenüber. Ich erzählte ihm dann auch ganz offen von meiner Zeit im Heim und wie es mir in den letzten Monaten in der Stadt ergangen war. Alles schien ihn zu interessieren und er fragte immer wieder nach. Ich redete wie ein Wasserfall und er hörte interessiert und geduldig zu. Er unterbrach mich nie und kommentierte es auch nur wenig. Vor allem gab er mir keine abgedroschenen Ratschläge. Außerdem erzählte er nur sehr wenig über sich, was aber auch daran gelegen haben konnte, dass ich ihm dazu auch überhaupt keine Möglichkeit ließ.

Ich war überglücklich, jemanden gefunden zu haben, der mir einfach nur stundenlang zuhören konnte.

Wir kamen dann auch auf Frank zu sprechen. Dabei habe ich sogar angefangen zu heulen. Ich musste damals immer weinen, wenn ich an Frank dachte. Es waren aber keine Tränen der Trauer, sondern eher Tränen der Verzweiflung und Wut. Sehr lieb und zärtlich tröstete mich Matthias und nahm mich fest in den Arm.

Ich kann nicht mehr sagen, wie wir in diesem Gespräch überhaupt auf Frank zu sprechen gekommen waren. Ich glaube schon, dass ich das Gespräch sehr gezielt drauf hingelenkt hatte. Zumindest unterbewusst kann dies der Fall gewesen sein. In jedem Fall war ich froh, alles über meine Beziehung mit Frank einmal rauslassen zu können. Ich hatte bisher noch mit niemandem über Frank reden können und alles nur in mich hinein gefressen.

Ich erzählte Matthias ausführlich und wortreich meine Leidensgeschichte mit Frank.

Frank war mein ehemaliger Freund. Er war der erste Mann, den ich in dieser Stadt kennengelernt hatte. Im Nachhinein sollte ich besser sagen: Frank war der erste Mann in dieser Stadt, auf den ich damals hereingefallen war.

Dabei hatten wir anfangs sogar eine gute Zeit. Er zeigte mir die Stadt und ich lernte einige seiner Freunde und Bekannten kennen. Außerdem war ich mit ihm nicht so alleine und hatte vor allem an den Wochenenden jemanden, mit dem ich etwas unternehmen konnte.

Der Sex mit Frank war nichts Besonderes. Er schaffte es nicht ein einziges Mal, mich zum Orgasmus zu bringen. Der Sex mit ihm verlief stets nach dem gleichen langweiligen Muster: Erst ein bisschen knutschen und fummeln. Er ist dann auf mich rauf und hat ein paar Minuten lang gestoßen. Dann atmete er schwer und spritze ab. Er ist dann von mir runter, gab mir einen letzten Kuss und drehte sich um. Das alles dauerte nie länger als eine Stunde. Selbst von dieser einen Stunde war mehr als die Hälfte der Zeit für mich langweilig und gänzlich unerotisch. Wir machten es immer nur mit Kondom und er meckerte deswegen auch nicht rum. Frank war damit zufrieden und meinte sogar noch, ein richtig guter Liebhaber zu sein. Ich ließ ihn in dem Glauben.

Für mich war das alles wenig befriedigend. Der Sex mit ihm war aber nicht die Ursache für das Scheitern der Beziehung. Dass der Sex mit Frank so beschissen war, störte mich noch nicht einmal besonders.

In erster Linie war ich damals froh, einen Freund an meiner Seite zu haben. Außerdem mochte ich Frank sehr gerne. Er war meistens lustig, freundlich und sehr unterhaltsam. Mit ihm verschwand meine permanente Langweile.

Seine Schattenseiten lernte ich dann aber auch sehr schnell kennen. Die größten Probleme mit ihm waren seine Unzuverlässigkeit und dass er häufig in finanziellen Schwierigkeiten steckte. Ständig tönte er von einem eigenem Bistro in bester Lage, aus dem er eine Goldgrube machen würde. Er hatte immer große Pläne und erzählte von seinen großartigen Geschäftsideen. Leider war das alles nur heiße Luft. Nichts packte er an und ständig war er pleite. Trotzdem ließ er immer wieder den großen Macker raushängen. Er bestellte großspurig die Drinks und bezahlte dann mit meinem Geld.

Dabei hatte ich selbst nie genug Kohle und überzog mein Konto immer weiter. Irgendwann sagte die Sparkasse dann »Schluss!« und ich saß wochenlang ohne einen einzigen Cent auf dem Trockenen. Gerade diese finanziellen Dinge gingen mir gehörig auf die Nerven und daher zog ich die Reißleine und machte Schluss. Ich dachte damals, die Sache wäre damit für mich erledigt gewesen.

Schnell merkte ich dummes Huhn aber, dass dem nicht so war. Ich hatte nämlich in meiner Verliebtheit für Frank eine Bürgschaftserklärung unterschrieben. Es ging um den Kauf einer Spielekonsole und eines Flachbildfernsehers. Unterschrieben habe ich diese Bürgschaft direkt im Elektromarkt, ohne genau zu wissen, was ich dort tat und ohne die Folgen abschätzen zu können. Frank hatte mir aber versichert, die Raten regelmäßig zu zahlen. Der Betrag war nicht besonders hoch und es gab für mich damals keinen Grund, ihm nicht zu glauben. Ich wusste gar nicht, was ich eigentlich unterschrieb, gab Frank sogar die Zweitschrift und verließ mich einfach auf ihn. Später bekam ich heraus, dass es keine Bürgschaft war, sondern dass ich mit Frank gemeinsam Kreditnehmer war.

Dann zahlte der Drecksack aber die Raten nicht und irgendwann meldeten sich dann Inkassobüros und Gerichtsvollzieher bei mir. Vor allem die Typen eines Inkassobüros setzten mich ziemlich unter Druck und ließen nicht locker. Obwohl ich eigentlich selbst nichts hatte, zahlte ich regelmäßig kleine Beträge. Durch die ganzen Zinsen und Kosten stiegen die Schulden trotzdem weiter.

In meiner Verzweiflung versuchte ich damals mit Frank über diese Sache ins Gespräch zu kommen. Der lachte mich aber nur aus. Er dachte gar nicht daran, mir irgendwie zu helfen.

Ich konnte Matthias die ganze Geschichte nicht zu Ende erzählen. Schon vorher brach ich in Tränen aus und konnte nur noch schluchzen. Matthias hörte mir geduldig zu und versuchte mich sehr liebevoll und süß zu trösten. Aber nicht nur das. Er machte mir auch klar, dass er mir helfen würde. Ich zeigte ihm die gesamte Post zu diesem Vorgang. Er nahm sich jedes Schriftstück und las gewissenhaft.

Matthias:

»Gegen die Forderung selbst kannst du wenig ausrichten. Sie ist einschließlich der Zinsen und Kosten tituliert. Zahlen musst du aber trotzdem nicht. Bei deiner Einkommenssituation kann man dir nichts pfänden. Trotzdem halte ich es für sinnvoll, ein Gespräch mit Frank zu führen. Du solltest es nicht draufankommen lassen und versuchen, die Sache mit der Bank gütlich zu regeln. Dazu sollte sich Frank aber beteiligen.«

Alles was Matthias sagte klang gescheit. Er schien richtig etwas von derartigen Dingen zu verstehen. Trotzdem musste ich schon wieder grinsen. Immer noch weinend und jetzt auch noch grinsend sagte ich:

»Ich soll mit Frank reden. Das kannst du vergessen. Der ist doch mit der Situation glücklich und zufrieden. Der gönnt mir das doch und ist schadenfroh. Frank hat überhaupt keinen Grund mir zu helfen. Außerdem scheinen die ihn ja auch in Ruhe zu lassen. Die gehen nur mir auf die Ketten.«

Matthias:

»Du siehst das viel zu pessimistisch. Wenn man sich zusammensetzt, dann findet man immer eine vernünftige Lösung für alle. Wir können gemeinsam sehen, ob es für ihn doch Gründe gibt, dir zu helfen. Gründe, die er bis jetzt nur übersehen hat.«

Anja B.:

»Das kannst du wirklich vergessen. Der redet mit mir gar nicht mehr darüber. Der lacht mich nur aus. Für ihn ist der Fall erledigt.«

Matthias:

» Ich schlage vor, dass wir ihn gemeinsam besuchen. Wenn wir ruhig reden, dann finden wir bestimmt eine Lösung.«

Ich konnte mir zwar beim besten Willen nicht vorstellen, wie so eine Lösung aussehen könnte, stimmte aber trotzdem zu. Ich war beeindruckt, dass er mir nicht nur ein paar gutgemeinte Ratschläge gab. Es schien mir, dass er mir tatsächlich helfen wollte. So was ist wirklich selten.

Matthias:

»Wo wohnt der feine Herr denn?«

Anja B.:

» Frank wohnt auf dem Ostufer.«

Matthias:

»Gut! Ich schlage vor, wir fahren gleich mal zu ihm rüber.«

Anja B.:

»Jetzt?«

Matthias:

»Ja, oder spricht etwas dagegen? Meinst du es wird besser, wenn wir warten?«

Anja B.:

»Nein, das nicht. Aber sollten wir ihn nicht besser vorher anrufen?«

Matthias:

»Warum?«

Anja B.:

»Ich denke, wenn wir unangemeldet vor seiner Tür stehen, dann lässt er mich gar nicht in die Wohnung. Und dich schon gar nicht.«

Matthias:

»Und du denkst, dass er uns in die Wohnung lässt, wenn wir vorher anrufen?«

Anja B.:

»Nein. Wie ich ihn kenne, wird er nur versuchen, mich abzuwimmeln.«

Matthias:

»Eben! Darum ist es besser, wir überraschen den großen Gastronomen einfach mal. Es gibt Dinge, die packt man am besten sofort an und da nutzt es nicht, zu warten.«

Da war sogar etwas dran. Matthias war so ganz anders. Ich verschob unangenehme Dinge stets von einem Tag auf den nächsten. Außerdem neigte ich dazu, zu zögern und mich ständig rückzuversichern. Matthias war da ganz anders. Er packte die Dinge forsch und entschlossen an.

Ich konnte mir das alles aber noch nicht so recht vorstellen. Sicher war ich mir aber, dass ein Gespräch mit Frank überhaupt nicht möglich sein würde. So wie ich ihn kannte, würde er uns nicht einmal in seine Wohnung lassen. Trotzdem war ich gespannt, wie Matthias die Sache angehen würde und wollte mich überraschen lassen.

Anja:

»Gut, dann lass uns los. Ich muss mich nur noch kurz in Schale schmeißen.«

So, wie ich aussah, konnten wir nicht losfahren. Darin sah ich dann meine Chance, mich vor Matthias so richtig in Szene zu setzen. Ich zog alle Register.

Zuerst machte ich mich komplett nackig. Dabei war ich froh, dass ich zumindest einen hübschen Tanga trug. So ganz nackt, nur mit dem Tanga, sah ich sehr sexy aus. So blieb ich auch, während ich meine Klamotten im Zimmer zusammensuchte. So bekleidet ging ich auf und ab und bückte mich mehrmals tief und langsam direkt vor seinem Gesicht.

Matthias genoss meine Show und machte es sich auf dem Bett bequem. Dann zog ich mir schwarze, halterlose

Strümpfe an und schlüpfte in High-Heels.

So stöckelte ich ein wenig durch das Zimmer und warf ihm einen Kussmund zu. Matthias zwinkerte mir zu. Nachdem ich mir einen farbigen BH angezogen hatte, fing ich an, mich zu schminken und meine Haare aufzubürsten. Auch dabei achtete ich darauf, dass mein Körper in Bewegung blieb. Besonders betonte ich dabei meinen Unterleib und meinen Hintern. Erst nachdem ich mit allem fertig war, zog ich einen Minirock und eine weiße Seidenbluse (Kunstseide) an. Die Bluse war so knapp, dass mein Busen herausquoll und ich die oberen Knöpfe nicht schließen konnte. Das alles waren billige Klamotten, die bei mir aber sexy wirkten. Als ich mit allem fertig war, stellte ich mich dicht vor Matthias.

Anja:

»Na? Geht das?«

Eigentlich hatte ich erwartet, dass er sich jeden Moment über mich hermachen würde. Zumindest stimmte meine Optik jetzt und das ließ er mich auch wissen. Mir stand der Sinn nach Sex. Hier in dem Zimmer würde es viel besser werden als in der vergangenen Nacht im Auto. Ihm schien aber der Sinn für den Moment nicht nach Sex zu stehen. Er nahm seine Jacke, stand auf und sagte nur:

»So geht´s. Deine Jacke hast du gestern in meinem Auto vergessen. So wie du aussiehst, wird Frank sich bestimmt freuen. Obwohl er diesen Anblick eigentlich nicht verdient hat. Wir fahren ja zu ihm, um mit ihm zu reden. Du sollst ihm schließlich keinen blasen.«

Ich schaute ihn fragend und verwundert an. Er grinste nur und zwinkerte dann mit dem rechten Auge.

Matthias:

»So jetzt los, bevor es draußen dunkel wird.«

Der Spruch mit Frank gefiel mir nicht besonders. Das war mir aber auch egal. Ich hielt es für seine Art von Humor. Eigentlich passte so eine Zote aber gar nicht zu ihm und stand im Widerspruch zu seiner üblichen Ausdrucksweise, die eher elegant und gewählt war. Ich wunderte mich aber nicht besonders darüber. Überhaupt hatte ich bereits angefangen, alles auszublenden, was meine Idealvorstellung von ihm hätte stören können. Ich konnte an Matthias überhaupt nichts Negatives mehr wahrnehmen. Man spricht in einem derartigen Fall wohl bereits von selektiver Wahrnehmung.

Wir fuhren dann gemeinsam durch die Stadt zu Frank. Es mag sein, dass ich zu sehr auf Kleinigkeiten achtete, die für ihn sprachen und daher wesentliche Dinge, wie beispielsweise seine gewalttätige Art, gar nicht ernst kritisch beurteilte. So ging es mir auch wieder auf dieser Autofahrt. Ich bin schon zu oft in meinem Leben mit Männern Auto gefahren, für die das Gaspedal deren Penisverlängerung war. Gerade gemeinsam mit einer Frau dachten die, in ihren billigen Autos durch Geschwindigkeitsübertretungen und aggressiven Fahrstil punkten zu können. Das ist natürlich Unsinn, aber viele Männer wollen das nicht begreifen. Matthias fuhr ganz anders. Die Fahrt war ruhig und er fuhr vorrausschauend und defensiv. Den Kavalierstart an der Ampel überließ er den anderen. Er achtete auf Fußgänger, drängelte nicht und vermied scharfes Bremsen.

Zusammen mit ihm bei guter Musik so angenehm ruhig durch die Stadt zu fahren war ein echtes Vergnügen für mich. Ich hätte noch viele Stunden so mit ihm durch die Stadt und noch weiter fahren können. Zu Frank zu fahren, hatte ich überhaupt keine Lust. Leider waren wir dann aber nach einer Viertelstunde da.

Es kam dann auch anfangs so, wie ich es vermutet hatte. Frank dachte nicht daran, uns in seine Wohnung zu lassen. Stattdessen stand er am offenen Fenster seiner Wohnung im ersten Stock und wurde auch noch frech. Obwohl Frank sogar anfing, Matthias zu beleidigen, blieb dieser ruhig und freundlich. Als dann eine ältere Dame aus dem Haus kam, nutzten wir unsere Chance und gingen ins Treppenhaus. Frank kam an die Wohnungstür und öffnete sie einen Spalt weit. Er wollte uns an der Wohnungstür vertrösten und einfach abwimmeln. Schnell merkte er aber, dass es Matthias gar nicht in den Sinn kam, sich abwimmeln zu lassen. Frank wollte kein Aufsehen hier im Hausflur erregen. Er stand hinter seiner Wohnungstür und fühlte sich sicher, weil er auch noch eine Kette vorgelegt hatte, die verhindern sollte, dass man die Tür von außen öffnen konnte.

Frank:

»Ich habe mit der ganzen Sache überhaupt nichts zu tun. Ich weiß auch gar nicht, was ihr von mir wollt. Wenn ihr jetzt hier nicht verschwindet, dann rufe ich die Polizei.«

Dann wollte Frank die Tür, die sowieso nur einen kleinen Spalt offenstand, schließen. Damit hatte Matthias aber gerechnet, stellte einen Fuß in die Tür und drückte sie dann mit einem kräftigen Stoß nach innen. Dabei riss die Halterung der Kette heraus. Frank war überrascht und konnte dem kräftigen Ruck nichts entgegensetzen. Matthias machte einen Schritt in die Wohnung, griff Frank am Kragen und verpasste ihm zwei oder drei kräftige Schläge ins Gesicht und noch einen Tritt mit dem Knie in den Unterleib. Er hielt Frank noch am ausgestreckten Arm und drückte ihn einige Meter von der Tür weg in die Wohnung. Ich stand noch auf dem Flur und war wahrscheinlich noch überraschter als Frank. Matthias drehte sich kurz zu mir um.

Matthias:

»Komm in die Wohnung und verschließ bitte die Tür. Wir sollten jetzt höflich sein und seine Einladung, in die Wohnung zu kommen, annehmen.«

Ich schaute mich kurz im Treppenhaus um und ging dann in die Wohnung. Hastig verschloss ich die Tür. Im gleichen Moment verpasste Matthias Frank noch einen Faustschlag in die Magengegend. Ich hörte ein dumpfes Geräusch. Matthias ließ Frank los und der ging wie ein Sack zu Boden und knallte laut auf. Dann war wieder Ruhe und man hörte nur noch ein leichtes Gewimmer. Frank lag gekrümmt am Bogen. Sein Gesicht und vor allem sein weißer Pullunder waren mit Blut verschmiert.

Frank unternahm nicht einmal den Versuch, sich zu wehren. Außerdem sagte er kein einziges Wort. Er muss regelrecht unter Schock gestanden haben.

Egal, wie stark Matthias auch zugeschlagen hatte, es war letztlich der Überraschungseffekt, der diesen Angriff so effizient gemacht hatte. Frank hatte höchstens mit einer Rempelei gerechnet und sich zudem hinter der Wohnungstür mit der vorgehangenen Kette sicher gefühlt. Das sollte sich jetzt für ihn schmerzhaft rächen. Zwar lag er bereits am Boden, vorbei war es für ihn aber noch lange nicht.

Die ganze Angelegenheit dauerte bisher nur wenige Minuten.

So etwas bekommt man nicht alle Tage zu sehen. Auf mich wirkte es sehr professionell und routiniert. Mir war klar, dass Matthias wohl schon einiges an Erfahrung auf diesem Gebiet hatte. Ich stand in der Wohnung, war wahrscheinlich immer noch kreidebleich und total geschockt.

Dann hatte Frank sich wieder ein wenig berappelt. Er wurde patzig und drohte sogar mit der Polizei. Daraufhin fing er sich noch einige schmerzhafte Schläge ein. Ich konnte oder musste das jetzt aus nächster Nähe mitverfolgen. Die Schläger waren ausgesprochen heftig und ich hatte Angst, dass Matthias Frank totschlagen oder zumindest stark verletzten könnte. Matthias schien die Wirkung seiner Schläge gut zu kennen und nur so stark zuzuschlagen, dass beides nicht der Fall sein würde.

Schließlich war Frank dann ruhig und gefügig. Franks Drohung, dass er die Polizei rufen würde, beeindruckte Matthias überhaupt nicht. Später sagte Matthias mir mal:

»Solche Kreaturen kenne ich zu Genüge. Die rufen nicht die Polizei. Die haben genug Dreck am Stecken. Das Letzte, was so ein Typ gebrauchen kann, sind Bullen in seiner Wohnung.«

Nachdem er Frank niedergestreckt hatte und der keinen

Pieps mehr von sich gab, schleppte Matthias Frank in das Wohnzimmer. Die beiden setzten sich dort an einen Tisch. Mich schickte Matthias zum Kaffeekochen in die Küche. Matthias erklärte Frank dann sehr ruhig und sachlich, wie er sich eine finanzielle Regelung mit mir vorstellte. Dabei bestand er darauf, dass Frank für alle Kosten und den gesamten Aufwand aufzukommen habe.

Zuerst lamentierte Frank noch rum und spielte den Mittellosen. Das interessierte Matthias aber überhaupt nicht und tatsächlich gelang es ihm sogar, das Geld aus ihm rauszuprügeln. Er bekam zwar das Geld nicht, dafür aber die EC-Karte mit Geheimnummer. (Zusammen sind wir dann später zu einem Geldautomaten gefahren und Matthias holte sich die erste Rate aus dem Automaten.)

Für den Moment ging es aber in der Wohnung noch weiter. Die beiden saßen noch am Tisch und Frank hatte es noch längst nicht hinter sich gebracht. Es schien mir, als ob Matthias längst nicht nur das Geld haben wollte. Er wollte Frank auch noch eine Lektion erteilen und sich natürlich vor mir in Szene setzen. Außerdem schien er sogar Spaß zu haben.

Matthias:

»Ich erkläre dir auch gerne, warum ich so wenig Mitleid mit dir habe. Du bist nun wirklich ein Stück Dreck. Zuerst kaufst du dir diesen ganzen Krempel hier und bringst Anja dazu für dich zu unterschreiben. Und wenn es dann um das Bezahlen geht, dann lässt du sie im Regen stehen. Das allein ist schon widerlich. Aber ich finde es kommt noch schlimmer. Der Fernseher und die Konsole haben knapp 1000 Euro gekostet, bezahlen soll Anja jetzt aber mehr als 2000 Euro. Und warum? Du hast die Korrespondenz und vor allem den Vollstreckungsbescheid zurückgehalten. Du hast Anja noch nicht mal die Chance gegeben, die Kosten im Rahmen zu halten. Anja zahlt jetzt nicht nur für deine Schulden, sondern auch für deine Dummheit. Das macht mich richtig wütend.«

Matthias stand dann auf und griff sich Frank nochmal. Er zog ihn nach oben und zu sich heran. Frank zitterte vor Angst und bettelte rum.

Frank:

»Bitte nicht. Bitte nicht. Ich will auch alles wieder gut machen.«

Matthias:

»Du willst alles wieder gut machen? Das ist ja wohl das Mindeste und überhaupt keine Frage des Wollens. Du musst alles wieder gut machen. Außerdem hast du eine Strafe verdient.«

Frank bettelte weiter nur rum. Er machte überhaupt keine Anstalten, sich wehren zu wollen, sondern hoffte nur noch auf Gnade. Was war er doch für ein erbärmlicher Waschlappen. Ich hatte nur noch Hohn und Spott für ihn übrig.

Matthias:

»Du bist so eine erbärmliche Memme. Benimm dich doch zur Abwechslung mal wie ein Kerl.«

Matthias gab Frank einen Schlag in die Magengrube und ließ ihn los. Frank sackte in sich zusammen. Damit war dann Schluss für den Moment. Frank wehrte sich zu keinem Zeitpunkt.

Auf der Fahrt zum Geldautomaten und hinterher ging es noch ein wenig weiter.

Matthias:

»Sieh das Ganze als Chance für dich. Mach so was nicht nochmal und laufe mir nicht mehr über den Weg. Du hast übrigens Glück, dass ich dir die Möglichkeit gebe, die Sache aus der Welt zu schaffen. Normalerweise bin ich bei Müllkübeln wie dir nicht so entgegenkommend. Aber noch nicht einmal das weißt du zu schätzen. Da ist kein Dankeschön. Du bist so undankbar.«

Frank:

»Doch, doch und vielen Dank.«

Was dann noch alles passierte, schildere ich hier nicht mehr. Wen es interessiert, der kann es in dem Buch von Matthias nachlesen. Seine Darstellung weicht an einigen Stellen allerdings ab. Bitte berücksichtigen Sie, dass sowohl Matthias, als auch ich die Zeiten, Personen und Orte geändert haben. Uns war nicht daran gelegen, die Dinge vollständig rekonstruierbar zu beschreiben. Außerdem möchten wir die Privatsphäre der handelnden Personen umfassend schützen.

Ein gewisses Eigeninteresse besteht aber auch unsererseits, da zahlreiche Straftaten aus dieser Zeit noch nicht verjährt sind.

Frank bedankte sich dann sogar nochmal bei Matthias. Der nahm noch den Fernseher, die Konsole und zahlreiche Spiele mit.

Nach der Fahrt zum Geldautomaten ließen wir Frank dort zurück. In den nächsten Tagen und Wochen zahlte Frank pünktlich seine Raten. Am Ende blieb ich auf keinem Cent sitzen. Franks Zeug verkauften wir noch am selben Abend zu einem Spottpreis. Den Verkaufserlös gab Matthias einem Penner am Bahnhof, der sein Glück gar nicht fassen konnte. Auch das war Genugtuung für mich.

Matthias:

»Hier, aber nicht alles versaufen. Besorg dir lieber saubere Klamotten und geh mal duschen.«

Penner:

»Ja, das mache ich und vielen Dank.«

Matthias und ich fuhren dann zurück in mein Zimmer. Unterwegs redeten wir nur sehr wenig miteinander. Matthias hatte die Auseinandersetzung mit Frank ohne eine einzige Schramme überstanden. Auch an seinen Klamotten war nichts zu erkennen. Er ließ sich nichts anmerken. Er war weder aufgeregt noch euphorisch oder aufgekratzt. Er wirkte sehr ruhig und entspannt. Bei mir sah das ganz anders auf. Mir gingen unzählige Dinge fast gleichzeitig durch den Kopf.

Auf der einen Seite war da eine riesige Freude. Ich war

meine Schulden und damit meine größten Sorgen los. Das war für mich, als würde eine Last von tausend Steinen von mir abfallen. Außerdem hatte ich meine Genugtuung erhalten. Frank hatte wirklich für alles bezahlen müssen und damit meine ich nicht nur das Geld. Wie schon gestern stand nicht ich als das Opfer da, sondern mein Widersacher. Das war ein ganz neues Gefühl für mich und bei Frank sogar noch besser als gestern nach der Disko.

Anfangs irritierte mich die Brutalität sehr, mit der Matthias vorging. Er schien öfter an derartigen Schlägereien beteiligt zu sein. Seine Art zu kämpfen wirkte sehr erprobt und fast wie einstudiert. Außerdem schien er zumindest Gestalten wie Frank gegenüber keine Skrupel zu kennen. Alles war so professionell und vor allem leise über die Bühne gegangen.

Trotzdem konnte ich ihm gar nicht böse sein. Das Gegenteil war der Fall. Schließlich hatte er mir nicht nur konkret geholfen, sondern mir auch noch Gerechtigkeit verschafft. Matthias hatte schon recht als er vorhin zu Frank sagte:

»Du bist wirklich selbst schuld an allem. Warum machst du solchen Scheiß und dann noch auf Kosten einer anderen Person.«

Die Schlussfolgerung, dass sich diese brutale und unbarmherzige Art auch einmal gegen mich richten könnte, machte ich nicht. Matthias war für mich mein Rächer und Beschützer. Matthias war jetzt mein Held!

Der Tag mit Matthias war aber noch nicht zu Ende. Es sollte auch in den nächsten Stunden nicht langweilig werden.

Mein erster Orgasmus

Der erste gemeinsame Tag mit Matthias war noch nicht vorbei. Es warteten noch einige Überraschungen auf mich. Als Nächstes stand aber erst mal mein persönlicher Höhepunkt an. Höhepunkt meine ich dabei wortwörtlich.

Bisher war der Sex mit Matthias für mich nichts Besonderes. Eigentlich konnte man noch gar nicht von Sex sprechen. Ich hatte ihm einen geblasen, aber selbst war ich noch nicht auf meine Kosten gekommen. Das war eher langweilig und nicht inspirierender Sex.

Ich konnte mit meinen neunzehn Jahren zwar schon auf einige sexuelle Erfahrungen zurückblicken, richtig guter Sex war aber bisher noch nicht dabei gewesen. Dabei war ich an gutem Sex mit dem richtigen Mann durchaus interessiert.

Das erste Mal gefickt wurde ich mit fünfzehn. Das war keine große Sache. Ich war damals mehr reingestolpert, als dass ich es mir genau überlegt hätte. Passiert ist es auf der Wache der Freiwilligen Feuerwehr. Er hieß Rocco und war mindestens zehn Jahre älter als ich. Ich war für mein Alter damals schon ziemlich reif. Außerdem kam ich aus dem Heim, was bei Rocco die Hemmschwelle deutlich senkte. Es wurde eine kurze Nummer. Er spritzte ab und ich kam nicht einmal in die Nähe eines eigenen Orgasmus. Schon damals lief bei mir ohne Kondom nichts und das behielt ich auch bei. Aus der Sache mit Rocco wurde zum Glück nichts. Die Typen, die dann kamen, waren aber auch nicht viel besser. Gemeinsam war ihnen allen, dass sie zu schnell abspritzten. Ich hatte überhaupt nie die Möglichkeit zu kommen.

Natürlich hatte ich auch einige sehr flüchtige Begegnungen, also Beziehungen für eine Nacht oder ein Wochenende. Meistens war ich diejenige, die kein Interesse an einer längeren Beziehung hatte. Irgendwie hatte ich bis dahin kein

Glück bei Männern und geriet ausschließlich an Waschlappen und Schlappschwänze. Der letzte, vor Matthias, war dann schließlich Frank. Wenn ich es mir recht überlege, dann passte er tatsächlich sehr gut in diese Tradition von Weicheiern.

Was in den nächsten Stunden passierte, änderte aber alles. Ich erlebte eine neue Welt der Sexualität, mit für mich völlig neuen Facetten. Einen ersten Eindruck davon hatte ich bereits in der letzten Nacht bekommen. Es zeichnete sich schon in dieser Nacht mit ihm ab, dass Einiges anders laufen würde.

Beim Sex gab Matthias den Ton an. Ich wurde gar nicht von ihm gefragt und er machte das, was er wollte. Dabei hatte er überhaupt kein Problem, mich mit Gewalt zu zwingen. Überhaupt schien Gewalt bei ihm zum Sex dazuzugehören.

Nun war es aber nicht so, dass ich unangenehmen Schmerz empfunden hatte. Vielmehr hatte es mich sogar stimuliert, seine gewaltige Kraft an meinem Körper zu spüren. Wie er mich unterwarf, hatte sogar mein Verlangen und meine Geilheit befördert.

Ihm seinen Schwanz zu blasen und in meinem Mund abspritzen zu lassen, holte mich aber wieder zurück auf den Boden der Tatsachen. Das war überhaupt nichts für mich. Wenn das so weitergehen würde, dann würde zumindest im Bett aus uns nichts werden. Meine diesbezüglichen Bedenken waren aber schnell verflogen.

Wir waren schnell wieder in meinem Zimmer. Matthias zog sich Jacke und Hemd aus und machte sich am Waschbecken frisch.

Matthias:

»Ich muss erst mal den Gestank von dieser Made loswerden.«

Dieses Mal lieferte er mir eine Show. Er stand mit nacktem Oberkörper vor dem Waschbecken und wusch sich mit kaltem Wasser lange und gründlich. Er trank immer wieder etwas Wasser aus seinen Händen. Ich stellte mich ganz dicht neben ihn und er ließ mich auch mehrmals aus seinen Händen trinken. Wie wunderbar einfaches Wasser aus den Händen eines Mannes schmecken kann.

Dann trocknete er sich gründlich ab. Ich hatte mich zwischenzeitlich auf das Bett gesetzt und darauf geachtet, dass sich mein kurzer Rock nach oben schob. So konnte er mir über den Saum meiner Strümpfe zwischen die Beine gucken. Das tat er auch und kam auf mich zu.

Matthias:

»Sehr nett.«

Ich ließ mich ins Kissen fallen und streckte Matthias meine offenen Arme entgegen. Er nahm das Angebot gerne an, legte sich zu mir in die Arme und küsste mich lange und leidenschaftlich. Seine Hose hatte er angelassen, aber mir reichte sein nackter Oberkörper. Er war durch und durch hart und muskulös. Er war schon der reinste Wahnsinn, ihn nur zu streicheln und zu küssen.

Dieses Mal fuhr der Zug in die andere Richtung. Matthias küsste und streichelte mich inbrünstig, leidenschaftlich und so, als hätten wir alle Zeit der Welt. Zuerst spielte er mit meinen Lippen und küsste dann minutenlang mein Gesicht, den Hals und den Nacken. Er strich mir durch meine Haare und leckte mich mit seiner Zungenspitze ganz zart hinter den Ohren. Es war wunderbar und wurde von Minute zu Minute sogar noch besser.

Mit seiner rechten Hand kümmerte mich er sich dann um meinen Busen. Erst massierte er meine Brüste sanft und dann spielte er abwechselnd mit meinen Brustwarzen. Dabei hörte er nicht auf, mich zu küssen. Dazu sagte er ab und zu ein paar zärtliche Worte.

Matthias:

»Anja, du bist eine wunderbare sinnliche Frau.«

Ich wollte antworten, aber er legte einen seiner Finger auf meine Lippen.

Matthias:

»Nicht reden, nur fühlen. Lass dich einfach fallen.«

Er kümmerte sich um meinen Oberkörper und streichelte ihn sanft, langsam und äußerst gefühlvoll. Trotzdem spürte ich mit jeder Berührung von ihm seine Kraft und Stärke. Gerade dieses Spiel von Zärtlichkeit und Kraft erotisierte mich durch und durch.

Es waren jetzt ungefähr zwanzig Minuten vergangen. Schon jetzt war das der beste Sex meines Lebens gewesen. Es sollte aber noch besser werden. Was hier passierte, war so ziemlich das Gegenteil von der Nummer gestern im Auto. Hier ging es nicht um einen schnellen Orgasmus, sondern das war das Spiel von Leidenschaft und Hingabe. Hier ging es nur um mich!

Bei allem, was Matthias in diesen Stunden mit mir tat, nahm er sich Zeit. Er streichelte mich langsam, lange und intensiv. Er küsste ausdauernd und variierend. Er spielte mit meinen Brustwarzen und brachte mich schon damit schier zum Wahnsinn.

Im Gegenzug ließ er nicht mehr zu, als dass ich seine Küsse erwidern und in streicheln konnte. Er beugte sich dann tief über mich und wanderte mit seiner linken Hand meinen Körper herunter bis zu meinen aufgespreizten Oberschenkeln. Dann glitt er langsam nach oben und zog meinen Slip herunter. Durch das Wackeln meines Beckens half ich ihm dabei und streckte dann meine Beine durch, damit er mir den String-Tanga ausziehen konnte.

Er kniete sich dann zwischen meine Schenkel und spreizte mir die Beine weit auf. Dabei hob er meine beiden Oberschenkel nach oben und versenkte zwischen ihnen seinen Kopf. Ich griff ihm in den Haarschopf. Und als das alles noch nicht genug gewesen wäre, steckte Matthias mir zuerst seine Zunge und dann noch einen Finger in die Vagina. Unfassbar gekonnt leckte und rieb er mir den Kitzler. Ich war jetzt kurz vorm Durchdrehen und dann ging alles ganz schnell:

Wie eine Explosionswelle fuhr es durch meinen Körper und entlud sich in einem langen, für mich kaum fassbaren, Moment. Es war ein Orgasmus, der wie ein Sturm über mich hineinbrach und mich für Sekunden meiner Sinne beraubte. Ich stöhnte unkontrolliert laut und in mehreren Stößen. Ich verkrampfte und krallte mich in ihm fest. Es dauerte unfassbar lange, bis diese Welle über mich herüber gezogen war. Matthias drückte währenddessen noch sanft aber kraftvoll in mich hinein.

Das war kein Orgasmus, das war ein Naturereignis von unglaublicher Gewaltigkeit. Es war wie ein Orkan, der in voller Stärke durch meinen Körper zog.

Nur sehr langsam kam ich wieder zu mir. Ich schloss meine Augen, riss sie kurz wieder auf und schloss sie wieder. Ich atmete zuerst in lauten Stößen und dann langsam wieder tief und ruhiger. Mein gesamter Körper fing jetzt an, sich wieder zu entspannen.

Ich schüttelte mich noch einmal durch, öffnete die Augen und schaute Matthias an. Der war zwischenzeitlich wieder aus mir herausgekrochen und streichelte mir Oberschenkel und Hüfte. Ich lag da noch völlig in mich zusammengesunken und war unfähig auch nur ein Wort zu sagen. Das war der erste Orgasmus in meinem Leben gewesen. Matthias saß neben mir und beobachtete mich nur lächelnd.

Alles war so ganz anders, als ich es mir vorgestellt hatte. Matthias hatte mich in dieser Stunde, und über eine Stunde hatte es gedauert, total überrascht. Da war so ziemlich das, was ich von ihm am wenigsten erwartet hatte. Er war so vollständig und total auf mich eingegangen. Seine eigenen Bedürfnisse hatte er vollständig außer Acht gelassen. Das war meine Stunde gewesen und er war in dieser Stunde mein starker Diener gewesen.

Anja:

»Matthias, das war unglaublich.«

Er lächelte mich nur an und küsste mich noch einmal auf meinen linken Oberschenkel.

Dass ich mit Matthias guten Sex haben könnte, hatte ich mir schon gedacht. Dass er mich aber hingabevoll und sehr sensitiv zum Orgasmus lecken und fingern würde, hatte ich hingegen nicht erwartet. Ich hatte eher damit gerechnet, dass er mich im Stehen von hinten durchficken würde. Das wäre auch sehr schön, aber nicht unbedingt mit einer Garantie für einen Orgasmus verbunden gewesen. Wie er mit mir umgegangen war, war unglaublich.

Ich war tief befriedigt und ihm unendlich dankbar. Sofort stieg in mir das Verlangen, ihn jetzt zu einem Orgasmus kommen zu lassen. Dazu sollte ich auch schon bald die Gelegenheit haben.

Matthias stand auf und zog sich sein Hemd an.

Matthias:

»Wie wäre es mit etwas zu Essen?«

Ich hatte mich hingesetzt und brachte meine zerwühlte Kleidung in Form.

Anja:

»Ich kann mal in der Küche schauen. Ich denke, ich habe aber nicht viel da.«

Matthias:

»Ja, lass mal. Wir lassen uns was kommen.«

Matthias nahm sein Handy und rief bei einem in der Stadt sehr bekannten Steakhaus an. Er fragte mich gar nicht erst, was ich haben wollte und bestellte für uns beide. Es wurde eine ellenlange Bestellung. Am Ende dieser Bestellung sagte Matthias dann noch:

»Dann noch eins, wenn sie sich wirklich beeilen und alle Sachen in zwanzig Minuten sind hier bei mir sind, dann gebe ich dem Fahrer 50 Euro extra. Geht das klar?«

Und dann sagte Matthias abschließend:

»Ok, ich verlasse mich auf Sie. Geben Sie sich mal richtig Mühe. Wir haben hier Hunger.«

Anja:

»Ich gehe mal in die Küche und hole Besteck, Geschirr und Gläser.«

Matthias:

»Ja, mach mal.«

Ich kramte in der Küche das Zeug zusammen und war schnell wieder im Zimmer.

Matthias:

»Anja, ich möchte dir wirklich nicht zu nahe treten, aber dein Zimmer ist ein ziemliches Loch. Die ganze Wohnung und das Haus sind eine echte Katastrophe«

Anja:

»Das weiß ich. Wenn es nach mir ginge, dann wäre ich längst hier raus.«

Matthias:

»Hast du keine CDs zum Musikhören?«

Ich hatte noch nicht einmal eine vernünftige Anlage.

Anja:

»Nein.«

Es war jetzt nicht mehr zu überhören, dass ich mich schämte und ich klang traurig. Da nahm mich Matthias lächelnd in den Arm.

Matthias:

» Das macht nichts. Ich hätte nur gerne etwas Musik gehört. Außerdem kann man es sich hier auch ganz nett machen, oder?«

Er ging zum Radio und fand auch einen Sender mit akzeptabler Musik.

Matthias:

»Sieh an. Es geht doch alles.«

Eine knappe Viertelstunde später stand der Bote vom Steakhaus vor der Tür. Matthias bezahlte mit vier Fünfzigern und ich richtete die Sachen auf dem Tisch in meinem Zimmer so gut her, wie es irgend ging.

War das vorhin der beste Sex meines Lebens, dann folgte jetzt das beste Essen meines Lebens. Matthias hatte wunderbare Dinge zusammengestellt. Alles leicht, schmackhaft und lecker. Dazu gab es verschiedene Getränke, die er gleich mitbestellt hatte. Durchgebratene Steaks,

Shrimps, jede Menge Salat und leckeres Brot. Dazu edles Mineralwasser und frisch gepressten Orangensaft.

Bei guter Musik hatten wir beide ein wunderbares Essen. Ich hatte einen riesen Hunger und war hingerissen. Mit seiner Auswahl hatte er bei mir voll ins Schwarze getroffen. So ließ es sich leben. So wollte ich leben.

Orgasmus Teil zwei

Wir ließen uns viel Zeit mit dem Essen. Ich genoss jede einzelne Minute. Wir sprachen dann noch ein wenig über Frank. Dabei machten wir uns eigentlich nur noch lustig über ihn. Bei mir kam immer noch eine riesige Freude dazu, meine Schuldenprobleme jetzt los zu sein. Ich erzählte Matthias auch noch einige Anekdoten aus dem Mädchenheim. Das Essen dauerte insgesamt so seine zwei Stunden. Am Ende brauchten wir dann noch einen Kaffee. Ich machte zwei Tassen Kaffee aus Fertigpulver. Der sah fürchterlich aus und schmeckte auch genauso. Trotzdem ließ Matthias sich das nicht anmerken.

Anja:

»Es tut mir leid. Der Kaffee ist bestimmt eine Katastrophe, aber ich habe keine Kaffeemaschine.«

Matthias nahm einen Schluck und trank dann den ganzen Kaffee aus.

Matthias:

»Es geht doch nichts über einen schwarzen Kaffee. Vielen Dank. Du kannst mir gleich noch einen machen.«

Ich freute mich, machte ihm noch einen Kaffee und wir unterhielten uns dann weiter.

Anja:

»Das Leben im Heim war insgesamt viel unproblematischer, als es sich Außenstehende vorstellen.«

Matthias:

»Man liest doch immer Geschichten und Berichte von Misshandlung und Gewalt in Heimen.«

Anja:

»Das kann alles sein. Aber davon habe ich nichts mitbekommen. Diese Geschichten stammen auch meistens aus den 60iger und 70iger Jahren. Heute ist das schon besser.

Trotzdem ist es für jedes Kind die Höchststrafe in einem Heim untergebracht zu werden. So war das auch für mich. Ich habe viele Nächte durchgeheult und konnte gar nicht verstehen, warum meine Mutti mich nicht haben wollte.«

Matthias:

»Ich meine, wenn die Eltern sterben, kann ich verstehen, dass ein Kind in ein Heim kommt. Obwohl ich Pflegefamilien natürlich besser finde. Aber dass eine Mutter ihr Kind einfach so in ein Heim abschiebt, kann ich nicht nachvollziehen.«

Natürlich hatte Matthias recht. Verstehen kann ich das auch nicht. Trotzdem gefiel es mir nicht, wie er es sagte. Er formulierte es als Vorwurf gegen meine Mutter. Obwohl meine Mutter wirklich nichts Gutes für mich getan hat, mag ich es nicht, wenn sie kritisiert wird.

Anja:

»Meine Mutter hat mich nicht einfach so ins Heim gesteckt. Dahinter gibt es eine lange und traurige Geschichte.«

Matthias spürte sofort, dass mir seine Aussage nicht gefiel und schwenkte ein.

Matthias:

»Das glaube ich. Ich habe es auch nicht als Vorwurf gemeint. Ich wollte nur zum Ausdruck bringen, dass ich es nicht verstehen kann. Mehr nicht.«

Anja:

»Das verstehe ich alles selbst nicht. Aber was soll ich mir darüber Gedanken machen. Als kleines Kind war das schon schwierig genug. Damals dachte ich immer, meine Mutti liebt mich nicht. Das habe ich nicht verstanden und das hat meine ganze Kindheit schwer belastet. Ich hatte auch nie einen Platz, wo ich Daheim war. Das alles fehlte mir sehr in dieser Zeit. Mit dem Alter bin ich dann aber härter geworden.«

Matthias:

»Das ist für ein kleines Kind auch schwer zu verstehen und schwer zu ertragen.«

Anja:

»Lass uns bitte das Thema wechseln. Es macht mich so traurig.«

Matthias nahm mich liebevoll in seine Arme und streichelte mich zärtlich. Ich war jetzt tatsächlich sehr traurig.

Anja:

»Matthias, das Heim war irgendwie erträglich. Trotzdem gab es Dinge, die ich bis heute weder verstehe noch vergessen kann. Warum befand sich dieses scheiß Heim mitten auf dem Land, total abgeschieden in einem kleinen Dorf? Allein dadurch waren wir schon isoliert und bekamen von der Welt so gut wie nichts mit. Eigentlich war dieses Heim wie eine Insel, nur eben nicht in der Südsee, sondern in einem Wald in Holstein. Die Lage brachte aber auch rein praktische Probleme mit sich. Ich war immer eine gute Schülerin. Alle Lehrerinnen haben mir stets gesagt, dass ich mindestens auf eine Realschule oder sogar ein Gymnasium gehen könnte. Stattdessen haben die mich auf die Dorfschule geschickt, wie die anderen Mädchen auch. Überhaupt haben die uns im Heim zwar ordentlich versorgt, aber um unsere Zukunft haben die sich überhaupt nicht gekümmert. Ich hätte ein Genie sein können, ich wäre trotzdem auf der Hauptschule gelandet. Bildung spielte für die überhaupt keine Rolle.«

Ich war froh, das losgeworden zu sein. Die Sache mit der Schule wurmt mich nämlich bis heute. Trotzdem haben wir dann aufgehört über das Heim zu reden. Ich wollte nicht mehr! Mir war jetzt auch nicht mehr nach Reden.

Dieser Nachmittag hätte nie zu Ende gehen müssen. Alles war rundum perfekt.

Dabei war das größte natürlich der Sex mit Matthias. So gut ging es mir nach Sex noch nie. So hatte sich ein Mann noch nie um mich gekümmert. So wurde ich noch nie verwöhnt.

Mir war aber auch klar, dass das Thema für den Tag noch nicht durch war. Matthias hatte noch nicht abgespritzt. Ich hätte ihm natürlich sofort wieder einen geblasen, wenn er es gewollt hätte. Ein Kondom wäre auch kein Thema gewesen und außerdem hätte ich mich noch mehr angestrengt als in der vergangenen Nacht im Auto. Obwohl ich ihn anmachte, zeigte er aber hierfür kein Interesse. Ich persönlich hätte es jetzt auch viel lieber gehabt, wenn er mich ordentlich durchgefickt hätte. Fingern, Lecken und Blasen sind zwar schöne Dinge, aber erst das Ficken macht die Sache rund. Ich hätte mir sogar vorstellen können, noch mal einen Orgasmus zu bekommen. So wie ich sensibilisiert war, hätte es gleich weitergehen können.

Nach dem Essen lagen wir noch eine Weile einfach auf dem Bett und hörten Musik. Matthias suchte dann einen anderen Sender im Radio, weil uns die ständigen Werbeunterbrechungen langsam auf den Geist gingen. Er fand dann einen Sender mit klassischer Musik und drehte die Lautstärke etwas auf.

Matthias:

»Mahler! Wunderbar.«

Es war schöne Musik. Ich kannte sie aber nicht und wollte es mir nicht anmerken lassen.

Matthias:

»Eine Symphonie von Gustav Mahler. Wunderbar. Es ist auch die Filmmusik zu dem Film »Tod in Venedig«. Ich habe zu Hause die DVD. Wir können uns den Film ja mal ansehen.«

Anja;

»Oh ja. Das wäre schön.«

Klassische Musik war für mich Neuland. Von Mahler hatte ich noch nie etwas gehört und auch den Film »Tod in Venedig« kannte ich nicht.

Die Musik gefiel mir aber sehr. Ich hörte mit geschlossenen Augen zu. Wir schwiegen und ich streichelte Matthias intensiv. Auch er ließ sich fallen. Ich wollte mich jetzt um ihn kümmern. Ich fasste unter sein Hemd und küsste seinen Bauch. Das passte jetzt wirklich alles zueinander. Bessere

Musik für den Sex hätte ich mir gar nicht vorstellen können.

Ich küsste Matthias und leckte ihm über die Bauchdecke. Sein Bauch, wie auch sein gesamter Körper, war muskulös und fest. Ich öffnete seine Hose und nahm mir seinen Penis. Wir redeten jetzt nicht mehr. Ich kroch ihm zwischen die Beine und nahm seinen Penis in den Mund. Mit allem, was ich an Erotik und Emotion zu geben hatte, ließ ich sein Glied im Mund hin und her gleiten. Es dauerte nicht lange, da packte er mich aber im Nacken

Das kannte ich ja bereits. Es hätte mir auch wirklich etwas gefehlt!

Wie letzte Nacht im Auto griff er mich fest, so dass ich einen ganz zarten und leichten Schmerz spürte. Anders als im Auto war ich aber weder überrascht noch verängstigt. Denn auch wenn ich es hier noch nicht so geschrieben habe, empfand ich letzte Nacht, als er mich so hart packte, auch eine Spur Angst.

Jetzt war das aber anders. Keine Angst, kein Schreck, aber dafür ein sanfter Schmerz, der mich durch und durch erotisierte. Matthias dosierte seine Kraft gut und ich fing an, es zu lieben, dass er mich hart anpackte. Es machte mich geil und ich vertraute ihm vollständig. Er konnte jetzt mit mir machen, was er wollte und das tat er dann auch.

Matthias packte mich mit voller Kraft und drückte mich fest ins Bett. Ich lag auf dem Bauch und er kam vom hinten auf mich rauf. Er schob meine Bluse nach oben und zog den Minirock hoch. Den String riss er mir vom Leib. An meinen Arschbacken spürte ich seinen harten Schwanz. Ich nahm die Beine ein kleines Stück auseinander und hob den Unterleib leicht an. Er sollte es leicht haben, in mich reinzukommen, denn ich ging davon aus, dass er mich ficken wollte.

Das hatte er auch vor, aber anders als ich es mir gedacht hatte. Ich rieb mit meinem Arsch gegen seinen Penis, um ihn noch geiler zu machen. Er hatte meinen Körper jetzt fest gepackt und drückte mich tief ins Bett. Ich hatte fast schon Probleme, vernünftig zu atmen. Ich erwartete jeden Moment seinen Penis. Mit den Fingern meiner rechten Hand rieb ich mir ein wenig die Schleimhaut meiner Möse, um sie geschmeidiger zu machen. Sie war etwas verklebt und ich war nicht mehr feucht genug. Ich wollte die Öffnung vergrößern, damit sein Penis besser und vor allem schmerzfrei eindringen konnte.

Matthias stand der Sinn aber nicht nach Ficken, zumindest nicht in dem Sinne, wie ich es dachte. Mit einem Ruck packte mich Matthias fest und schmerzhaft im Nacken und presste mich nieder. Er griff nach seinem Schwanz, um ihn dann an mein Arschloch zu führen. Jetzt konnte ich mir so ungefähr vorstellen, was gleich passieren würde und mir lief die Angst kalt den Rücken runter.

Ich war noch nie in den Arsch gefickt worden und stellte es mir unangenehm und schmerzhaft vor. Ich konnte aber nichts machen. Selbst meine reflexmäßigen Schreie erstickten im Kissen. Dazu verspannte sich ungewollt mein gesamter Körper. Ich geriet beinahe in Panik und atmete nur noch flach und hektisch. Er blieb einen Moment so auf mir liegen.

Gerade als ich mich wieder entspannte, verstärkte er noch einmal seinen Griff und rammte mir dann seinen Penis in voller Länge in den Arsch. Ich schrie laut, aber kaum hörbar in das Kissen. Mein gesamter Körper verspannte sich ruckartig. Es war als hätte mich eine Pistolenkugel in den Unterleib getroffen. Ich spürte seinen Schwanz in mir, als wäre er ein Kanonenrohr. Dann zog er ihn ein Stück zurück, um ihn gleich wieder mit voller Kraft reinzustoßen. Mein Körper schien explodieren zu wollen. Die Schmerzen waren unerträglich und stechend. Das alles war einfach nur fürchterlich. Das geschah gegen meinen Willen! Ich konnte aber gar nichts machen. Er lag so auf mir drauf und hatte mich so gegriffen, dass ich gar nicht entweichen konnte. Er stieß immer wieder zu und der Schmerz ließ nicht nach. Nach einem guten Dutzend tiefer und kraftvoller Stößer, setzte er noch mal mit ganzer Kraft an. Er drückte mich noch einmal fester im Nacken und stieß mir seinen Schwanz mit voller Wucht ganz tief rein. Dann verharrte er kurz tief in meinem Arsch und spritzte in mehreren Schüben sein Sperma tief rein. So verharrte er noch einen Moment und nahm dann seinen Schwanz zurück. Langsam löste Matthias auch den Griff in meinem Nacken. Ich nahm meinen Kopf ein Stück nach oben. Eigentlich hätte ich gleich wütend losschreien können. Im Gesicht war ich knallrot vor Wut und Schmerz. Meine Backen waren nass von den vielen Tränen, die ich vergossen hatte.

Ich schrie aber nicht. Stattdessen versuchte ich meine Atmung zu beruhigen. Mir schmerzte der gesamte Unterleib und ich traute mich nicht, mich zu bewegen. Matthias war aufgestanden und holte ein sauberes Handtuch. Er hielt ein Ende des Handtuchs kurz unter fließendes Wasser und kam dann damit zurück zu mir.

Matthias:

»Das Wasser ist leider kalt.«

Ich lag auf dem Bett, wie angeschossen. Matthias setzte sich neben mich. Ich hätte auf ihn einschlagen können, so wütend und verletzt war ich. Ich tat es aber nicht. Stattdessen war da nur ein ersticktes »Aua« und Tränen des Schmerzes.

Matthias wischte mir mit dem Handtuch meinen Po und legte es mir dann zwischen die Beine und schlug es um. Es sah aus wie ein Verband. Langsam traute ich mich wieder, mich vorsichtig zu bewegen. Die Schmerzen waren immer noch unangenehm. Ich war aber nicht mehr so wütend. Ich schaute Matthias an, wusste aber nicht, was ich sagen sollte.

Matthias:

»Anja, ich mach dir jetzt mal einen Vorschlag. Wir packen hier jetzt das Nötigste zusammen und dann nehme ich dich mit aus diesem Drecksloch in meine Wohnung. Da lässt du dich von mir verwöhnen und ich melde dich am Montag für zwei Wochen krank. Dir soll es mal richtig gutgehen. Dann sehen wir mal weiter.«

Ich wusste nicht, was ich antworten sollte.

Matthias:

»Möchtest du das?«

Ich nickte mehrmals mit dem Kopf.

Anja:

»Ja.«

Matthias stand auf und stellte sich vor mich.

Matthias:

»Gut, dann wollen wir keine Zeit verlieren. Nimm nur das Nötigste mit. Ich kaufe dir alles, was du brauchst und haben möchtest, neu. Es wird Zeit, dass du aus diesem Loch rauskommst.«

Anja:

»Ja.«

Wir packten wirklich nicht viel ein. Nur ein paar Klamotten und einige persönliche Unterlagen. Der Rest war entweder Müll oder gehörte zum Inventar des Zimmers. Alles, was ich in meinem Zimmer hinterließ, packten wir in Müllsäcke, die Matthias dann gleich in der Mülltonne auf dem Hof entsorgte. So verließ ich mein Zimmer übergabefertig. Ich hatte gar nicht die Absicht, in dieses Zimmer zurückzukehren. Ich wusste aber auch nicht, wohin die Reise gehen sollte. Es war mir aber egal. Hier hatte ich wirklich nichts mehr zu verlieren. Hier ließ ich wirklich nichts zurück, was ich vermissen würde.

Ich kannte Matthias jetzt noch keine vierundzwanzig Stunden und war schon dabei, mein Schicksal in seine Hände zu legen. Ich war ihm bereits verfallen. Dabei gab es so viele Warnsignale. Ich hätte ihm niemals in seine Wohnung folgen dürfen. Ich tat es aber und von diesem Tag an nahm mein Leben eine völlig neue Wendung. Ich entschied mich damals gegen mein altes Leben und für die Ungewissheit. Damals erschien es mir ein guter Tausch zu sein und ich dachte nicht weiter darüber nach.

Die ersten Wochen mit Matthias

Wir sind noch am gleichen Abend in seine Wohnung gefahren. Alles, was ich mitgenommen hatte, passte in zwei Plastiktüten. Matthias wohnte etwas außerhalb der Stadt in einem ruhigen, sauberen Wohngebiet am Kanal. Hier war auf den Straßen an diesem Samstagabend nicht mehr viel los. Dafür war aber alles sauber, ordentlich und gepflegt. Zwischen den Häusern gab es viel Grün. Seine Wohnung befand sich im ersten Stock eines kleineren Mehrfamilienhauses.

Im Gegensatz zu dem Teil der Innenstadt, in dem sich mein damaliges Zimmer befand, war das hier geradezu ein Stückchen heile Welt. Hier wohnten die Besserverdiener und Spießer.

Wir parkten auf dem Hof und gingen dann gemeinsam in die Wohnung. Während der Autofahrt hatten wir wenig miteinander geredet. Außerdem tat mir mein Hintern noch weh. Auf den letzten Metern zur Wohnung nahm mich Matthias zärtlich in den Arm. Mir fehlten immer noch die Worte. Ich fühlte mich wie ein angeschossenes Rehkitz und lag dabei in den Armen meines eigenen Jägers.

Ich war ihm aber schon nicht mehr böse. Mir ging in diesen Minuten Vieles durch den Kopf. Beim Sex zeigte Matthias seine zwei Gesichter. Das eine Gesicht war das eines zärtlichen Liebhabers, der sich vollständig auf mich einließ. Das war etwas, das ich bei einem Mann so noch nie erlebt hatte.

Das andere Gesicht war das eines Grobians, für den Sex und Schmerz zusammenzugehören schienen. Und auch so was hatte ich noch nie erlebt. Das hatte sich bei mir noch kein Mann getraut. Das hätte ich auch bei keinem anderen Mann zugelassen.

Eigentlich hätte mich das nachdenklich und vorsichtig

machen sollen. Männer mit einer derartig gewalttätigen Seite sollte man meiden. Aber meine innere Stimme meldete sich schon längst nicht mehr.

Matthias bewohnte damals eine schöne Wohnung in einem sehr gepflegten Haus. Sie bestand aus drei Zimmern, einer schönen Küche und einem modernen Bad mit großer Wanne. Es war kein Luxusapartment in einem Villenviertel, sondern eine schöne und sehr ordentliche Wohnung in einer gehobenen und ruhigen Wohngegend. Die Wohnung gefiel mir sehr. Sie war hell, freundlich und sehr sauber. Es gab einen großen Fernseher, eine edle Stereoanlage, sowie eine tolle Einbauküche. Die Möbel waren entweder neu oder Antiquitäten. Das alles wirkte nicht pompös oder teuer, sondern gemütlich und modern.

Matthias:

»Was hältst du davon, wenn du ein Bad nimmst? Ich räume dir im Schlafzimmer einen Schrank leer und bereite alles für dich vor.«

Nichts hätte ich jetzt lieber machen wollen als ein heißes Bad zu nehmen. Eine Badewanne war für mich damals der pure Luxus. Nach allem wäre jetzt ein Vollbad genau das Richtige gewesen.

Anja:

»Ja.«

Matthias ging mit mir in das Bad. Das Bad war blitzblank und roch gut. Die Wanne war groß und strahlend weiß. Es gab sogar Lautsprecher im Bad und ich hörte die Blues-CD, die Matthias für mich im Wohnzimmer eingelegt hatte. Er ließ das Wasser ins Bad.

Matthias:

»Du kannst deine Wäsche hier hinlegen. Ich bringe dir gleich neue Sachen. Zumindest für den heutigen Abend sollte ich etwas finden. Am Montag gehen wir dann shoppen und kleiden dich neu ein.«

Matthias zeigte mir noch, wo die Handtücher lagen, gab mir noch einige Duftbäder zur Auswahl und dimmte dann das Licht im Bad. Später brachte er mir noch einen heißen Kakao und einen seiner Schlafanzüge.

Matthias:

»Der ist wahrscheinlich ein wenig zu groß. Du kannst ja einfach die Ärmel und die Beine hochkrempeln. Auf jeden Fall sollte er bequem und gemütlich für den Abend sein.«

Dann ließ mich Matthias eine ganze Weile im Bad alleine. Ich blieb lange im Bad und genoss es in vollen Zügen. Draußen tauschte Matthias die CD und es ging dann mit ganz sanfter Musik weiter.

In der riesigen Wanne fühlte ich mich wie im Himmel. Das Schaumbad roch wunderbar, das Licht war warm und die Musik ließ mich träumen. Was für ein Bad! Was für ein Leben!

Ich habe diese Formulierung in diesem Buch bereits mehrfach verwendet und muss es hier einfach wieder tun: Das war das beste Bad meines Lebens!

Später am Abend lümmelten wir uns noch auf dem großen Sofa und guckten Fernsehen. Die Nacht verbrachte ich dann mit ihm im Bett. Es passierte aber nichts mehr. Ich war geschafft und schlief so fest und gut wie schon lange nicht mehr.

Ich kannte Mattias jetzt erst einen Tag und war quasi bereits bei ihm eingezogen. So viel, wie in diesen vierundzwanzig Stunden hatte ich in meinem bisherigen Leben noch nicht erlebt. Ich konnte das alles noch gar nicht fassen!

Für mich begann jetzt eine wirklich gute Zeit. Es wurden die besten Wochen meines Lebens (ich muss es leider schon wieder so schreiben). Das sehe ich sogar jetzt, nachdem alles schon längst vorbei ist, immer noch so. Heute ordne ich natürlich alles anders ein, aber damals lebte ich für einige Wochen wie im Paradies. Alles in meinem Leben hatte sich zum Positiven verändert. Alle meine Sorgen und mein Kummer schienen in dieser Zeit wie verschwunden. Das kann man aber überhaupt nur verstehen, wenn man eine so beschissene Zeit wie ich hinter sich hatte.

In mein altes Zimmer bin ich nicht mehr zurückgegangen. Matthias kümmerte sich um die Kündigung und die Übergabe meines Zimmers. Auch mit diesem scheiß Job in der verfickten Wäscherei war Schluss. Auch das machte Matthias für mich klar. Ich wurde natürlich sofort mit einer Sanktion belegt, aber das interessierte mich schon überhaupt nicht mehr.

Ich hätte aber noch einmal in die Wäscherei gemusst, um Schlüssel abzugeben. Dazu hatte ich aber keine Lust. Matthias meinte aber, dass das zu erledigen sei und fuhr alleine dort hin, um die Schlüssel abzugeben. Dort musste er wohl an einen meiner ehemaligen »Vorgesetzten«, Herrn Neumann, geraten sein. Das war auch so ein kleiner, versoffener Ein-Euro-Jobber, mit dem ich schon mehrfach Ärger gehabt hatte. Herr Neumann war Alkoholiker und meistens schon mittags stark angetrunken. Dann benahm er sich besonders schikanös uns gegenüber.

Ich hatte Matthias von ihm erzählt und ihn gebeten einen kurzen Gruß von mir zu übermitteln.

Die beiden wurden aber nie richtige Freunde. Matthias besuchte ihn wohl am gleichen Abend noch mal, als er Dienstschluss hatte und mit seinem Auto auf dem Weg nach Hause war. Wie mir später eine ehemalige Kollegin aus dem Laden berichtete, war der Typ im Anschluss an das Gespräch mit Matthias zwei Wochen arbeitsunfähig. So wie es mir erzählt wurde, war wohl Folgendes vorgefallen:

Nach Feierabend war Herr Neumann wie immer in seinen Wagen gestiegen, um nach Hause zu fahren. Wie meistens war er dabei wieder leicht angetrunken gewesen. Das musste Matthias wohl schon am Mittag bei seinem ersten Besuch bemerkt haben. Als Herr Neumann dann vom Hof der Wäscherei fuhr, donnerte ihm Matthias voll und ungebremst in die linke Seite. Matthias passierte dabei selbst nichts, nur sein Wagen hatte ordentlich was mitbekommen. Mit Herrn Neumann sah es schon etwas schlimmer aus. Er musste sofort ins Krankenhaus. Für die Polizei war die Sache aber klar: Herr Neumann hatte Matthias die Vorfahrt genommen und war zudem alkoholisiert gewesen. Noch am Unfallort nahm ein Arzt bei ihm eine Blutprobe für einen Ankohltest.

Matthias nahm sich später einen Anwalt und verklagte Herrn Neumann. So kam er zu der Anzahlung für seinen neuen Wagen. Für Herrn Neumann hatte das alles noch ein gerichtliches Nachspiel. Zukünftig fuhr er dann mit dem Bus zur Arbeit.

Die Tage mit Matthias waren für mich wunderbar. Wir schliefen jeden Tag aus und standen nie vor Mittag auf. Meistens frühstückten wir dann im Bett und guckten Fernsehen. Nachmittags fuhren wir in die Stadt und gingen einkaufen. Oder wir gingen zusammen ins Fitnessstudio. Matthias hatte mich dort angemeldet.

An den Wochenenden unternahmen wir gemeinsame Ausflüge und blieben auch mal über Nacht in einer anderen Stadt. Es waren stets schöne Hotels, die Matthias aussuchte.

In den ersten zwei Wochen kaufte Matthias mir so viele Klamotten, dass im Schrank der Platz knapp wurde.

Hier wollte ich nicht mehr weg und Matthias half mir, mich hier richtig einzurichten. Wir fuhren auch gemeinsam zum Rathaus, wo ich mich ganz offiziell ummeldete.

Kochen musste ich auch nicht. Wenn wir Hunger hatten, gingen wir Essen oder Matthias bestellte etwas. Ich musste auch keine Hausarbeit machen. Drei Mal in der Woche kam eine ältere Putzfrau für mehrere Stunden und machte die Wohnung gründlich sauber. Außerdem war Matthias selber sehr ordentlich. Sogar die Wäsche ließ Matthias waschen und bügeln.

Es gab auch immer genug Geld in der Wohnung und Matthias gab mir oft unaufgefordert mal einen Fünfziger oder auch mehr. Das wollte ich eigentlich nicht, aber er ließ es nicht zu, dass ich nein sagte. Überhaupt zahlte er alles. Ich musste mich um nichts kümmern.

Außerdem schien er mir 100 Prozent zu vertrauen.

Der Sex war nicht mehr so anstrengend wie am ersten Tag. Matthias verschaffte mir fast jede Nacht einen Orgasmus. Es wurde sogar von Tag zu Tag zu besser. Ihm selbst schien der Sex mit mir gar nicht so besonders wichtig gewesen zu sein. Hauptsächlich kümmerte er sich jedes Mal darum, dass ich auf meine Kosten kam. Er hat mich auch nicht mehr in den Arsch gefickt. Matthias führte sich im Bett nicht auf wie ein testosterongesteuerter Stier, sondern wie ein leidenschaftlicher oder zärtlicher Liebhaber. Trotzdem hatte ich manchmal sogar den Eindruck, dass ihn der Sex mit mir gar nicht sonderlich interessierte. Darum gab ich mir immer besondere Mühe und tat für ihn alles, um nicht langweilig oder prüde zu wirken.

Alles in allem betrachtet lebte ich, seitdem ich Matthias kannte, in einer anderen Welt. In dieser Welt gab es keine finanziellen Sorgen, keine Einsamkeit und keine Monotonie. Ich lebte im Luxus, musste mich weder schikanieren lassen noch musste ich früh aufstehen und Arbeiten verrichten, die ich hasste. Ich musste nicht mehr allein ausgehen, sondern Matthias war immer an meiner Seite. Ich stand nicht einsam und ängstlich an einer Tanzfläche, sondern mit Matthias von anderen Frauen beneidet im Zentrum des Interesses.

Diese Welt wollte ich nie wieder verlassen. Ich wollte nie wieder allein in meinem Zimmer sitzen. Ich wollte nie wieder früh am Morgen mit dem Bus zur Wäscherei fahren. Ich wollte nie wieder ohne Matthias sein.

Es war für mich wie in einem Märchen!

Liebe macht blind

Ich lebte jetzt schon einige Wochen mit Matthias zusammen und hatte meine Sehkraft bereits zum größten Teil verloren. Das meine ich nicht wortwörtlich, sondern im übertragenen Sinn. Ich meine damit, dass ich zu diesem Zeitpunkt Matthias gegenüber völlig unkritisch war und so viele Dinge übersah, die eigentlich wie Alarmsignale hätten wirken müssen.

Dazu kam es nicht nur aus reiner Liebe zu ihm, sondern auch, weil das Leben mit Matthias um Vieles schöner, bequemer und komfortabler für mich war. Mir ging es rundum gut und ich hatte überhaupt kein Interesse mehr an meinem alten Leben.

Bei allen Vorteilen, die ich in vollen Zügen genoss, war Matthias in erster Linie für mich ein wunderbarer Liebhaber und ein scheinbar echter Freund. Ich hatte noch nie einen Menschen für mich gehabt, der mir einfach nur stundenlang zuhörte und an allem von mir interessiert zu sein schien. Wir verbrachten ganze Abende mit Reden. Ich erzählte ihm von meiner Zeit im Heim und allen anderen Dingen, die ich bereits erlebt hatte. So wusste Matthias nach diesen paar Wochen schon praktisch alles über mich. Nach einigen Wochen hatte ich sogar Schwierigkeiten Neues zu erzählen. Ich hatte wirklich schon fast alles einmal erzählt. Dabei war ich immer total offen und ehrlich. Für Matthias war ich schnell ein offenes Buch.

Ich hingegen wusste von Matthias so gut wie gar nichts. Das lag nicht daran, dass er nicht bereit gewesen wäre, mir alles zu erzählen. Es war sogar so, dass er mir jede Frage, die ich ihm stellte, ausführlich und wahrscheinlich auch sehr ehrlich beantworte. Das Problem war nur, dass ich einfach zu wenig Fragen stellte. Ich denke, ich hätte ihn alles fragen können. Ich tat es aber nicht. Vielleicht wollte ich viele

Dinge über ihn einfach nicht wissen. Außerdem hatte ich so einen riesigen, aufgestauten Bedarf daran, über mich zu erzählen, dass er mir fast ausschließlich als Zuhörer diente.

Trotzdem bekam ich Einiges von ihm mit. Mir war damals schnell klar, dass er kein Beamter von Beruf war. Trotzdem habe ich ihn nie ausdrücklich gefragt, was er eigentlich beruflich machte. Dabei machte er mir gegenüber daraus kein Geheimnis. Er schien überhaupt keinen Grund zu sehen, etwas vor mir zu verschleiern oder geheim zu halten.

Damals in der Diskothek hatte ich schon den Eindruck, dass er irgendetwas im Club-Bereich machen würde. In der Zeit, die ich jetzt in seiner Wohnung lebte, stand er nicht etwa morgens auf und ging zur Arbeit. Er fuhr in der Regel spät am Abend los und blieb dann auch bis tief in die Nacht.

Ich bekam auch schnell mit, dass es bei dem, was er tat, um viel Geld ging. In der Wohnung befanden sich immer größere Summen Bargeld. Meistens brachte er auch einen Stapel Geld mit von seiner Arbeit. Er schien mir in dieser Hinsicht übrigens vollkommen zu vertrauen. Das Geld lag offen herum und er ließ mich wie selbstverständlich häufig allein in der Wohnung. Thematisiert hat er das alles niemals. Ich habe ihn aber auch nie nach der Herkunft des Geldes gefragt. Überhaupt stellte ich keine Fragen.

Auch seine Freunde und Kollegen hätten mich stutzig machen müssen. Besonders einer seiner engsten Freunde sah aus wie ein Zuhälter aus dem Bilderbuch. Er hieß David und passte wirklich in jedes Zuhälterklischee. So wie David auftrat und redete, gab es eigentlich überhaupt keinen Zweifel. Trotzdem übersah ich auch das. Ich hatte sogar einen ganz guten Draht zu David und er schien mich auch zu mögen.

Wenn es um Frauen ging, war Davids Ton meistens geringschätzig und herablassend. Mir gegenüber war er aber ausnahmslos freundlich und sogar höflich.

Matthias machte sich auch beim Telefonieren überhaupt keine Mühe, etwas vor mir geheim zu halten. Natürlich belauschte ich ihn nicht, aber er schien auch kein Problem damit zu haben, dass ich alles mitbekam. Damals schien ich aber nicht nur schon blind vor Liebe gewesen zu sein, sondern auch taub. Einige Telefonate, die ich zufällig mithörte, ließen überhaupt keinen Zweifel mehr daran zu, was Matthias beruflich machte. Trotz meiner Anwesenheit sprach er mit seinen Leuten am Telefon völlig offen und überhaupt nicht verklausuliert. Bei der Vielzahl von Indizien hätte bei mir alles längst klar sein müssen.

Es gab sogar Abende, da nahm er mich mit zur Küste. Ich wartete zwar immer im Auto und er blieb auch meistens nur einige Minuten, trotzdem bestand eigentlich überhaupt kein Zweifel mehr an seiner beruflichen Tätigkeit. Wie die anderen Zuhälter fuhr er mit seinem Auto direkt auf den Kontakthof hinter die Absperrung und parkte dort. Er schien dort alle, auch die Frauen, zu kennen.

Natürlich dachte ich darüber nach und versuchte mir einen Reim zu machen. Damals dachte ich, oder redete mir zumindest ein, dass Matthias so etwas wie ein Manager oder vielleicht Bordellbetreiber sein könnte. Er sah und wirkte nicht wie die anderen Zuhälter und schien dort auch der Boss zu sein.

Hinterfragt habe ich das aber nicht und mit ihm darüber gesprochen habe ich natürlich auch nicht. Ich bin mir aber sicher, dass er mir schon damals die Wahrheit gesagt hätte. Matthias verstand sich wirklich darauf, mit Schweigen oder der Wahrheit zu lügen. Das war sein Geheimnis und das machte ihn für mich so gefährlich. Da ich aber noch über der Erde schwebte, übersah ich das alles und machte mir keine weiteren Gedanken.

Ich fühlte mich Matthias gegenüber schon längst verpflichtet. Er kümmerte sich immer um alles und sorgte dafür, dass ich dieses wunderbare Leben führen konnte. Niemals verlangte er dafür eine Gegenleistung von mir. So wuchs in mir schon fast das Verlangen, auch einmal etwas für ihn zu tun.

Zur Erläuterung muss ich hier noch auf meinen damaligen Lebensstil mit Matthias eingehen. Es war nicht so, dass er mich mit Diamanten und Schmuck überhäufte. Wir lebten auch nicht im Jetset und flogen über die Wochenenden nach New York oder Sydney. Alles war eine Nummer kleiner. Er schenkte mir Klamotten und teure Parfüms. Wie gingen in die guten Restaurants der Stadt, die alle keine Sterne hatten und unsere Ausflüge am Wochenende gingen nach Travemünde oder Hamburg. Trotzdem war das alles für mich wie ein großer Traum. Ich hätte damals mit keiner Frau der Welt tauschen wollen.

Aus einigen von Matthias geführten Telefonaten hatte ich rausgehört, dass er wohl personelle Probleme in seinem Geschäft hatte. Es schien ihm an der Küste Personal zu fehlen. Natürlich wusste ich nicht, dass es sich dabei um Huren handelte, von denen er noch einige suchte. Ich dachte vielmehr an Tresenkräfte oder auch Bardamen. Ich bot ihm daher an, ihn zu unterstützen. Das wollte ich damals sogar sehr gerne tun. Ich wollte Matthias auch einmal helfen können. Ich wollte ihm etwas zurückgeben und damit auch meine Verbundenheit und Loyalität zum Ausdruck bringen.

Er ging nicht sofort auf mein Angebot ein und zeigte sich nicht sonderlich interessiert, aber ich bohrte nach und ließ nicht mehr locker.

Wohlgemerkt und damit keine Missverständnisse entstehen: Ich war es, die ihn auf einen Job an der Küste ansprach und nicht etwa umgekehrt. Gleichwohl war mir zu diesem Zeitpunkt natürlich noch nicht klar, um was es dabei gehen würde. Angeboten habe ich es trotzdem, ohne vorher einmal zu fragen.

Anja:

»Also Matthias, hast du dir es überlegt, wegen des Jobs an der Küste für mich?«

Matthias:

»Weißt du überhaupt, was die Frauen bei mir an der Küste arbeiten?«

Anja:

»Naja, so ganz genau weiß ich das nicht. Es gibt dort Nachtclubs, Bars und Ähnliches. Ich kann es mir ungefähr vorstellen.«

Matthias:

»Ach wirklich?«

Anja:

»Ja, so ungefähr. Außerdem würde ich alles für dich tun.«

Matthias:

»Alles?«

Anja:

»Alles!«

Matthias:

»Sag bitte Dinge nur so, wie du sie auch meinst.«

Anja:

»Für dich würde ich alles tun. Außerdem möchte ich wieder arbeiten und mein eignes Geld verdienen. Und wenn ich das sage, dann meine ich es auch.«

Seinen Einwand empfand ich ein wenig wie eine Zurückweisung. Ich fühlte mich verletzt, weil ich den Eindruck hatte, er würde an meiner Hingabe für ihn zweifeln. Das wollte ich auf keinen Fall. Ich wollte damals nicht, dass etwas zwischen uns stand.

Ich dachte immer noch, es ginge um einen Job hinterm Tresen. Dass ich mich gerade bei Matthias um eine Tätigkeit als Hure bewarb, war mir überhaupt nicht klar. Ich habe daran auch nicht im Entferntesten gedacht. Überhaupt hätte ich nicht vermutet, dass Matthias mich auf den Strich schicken würde. Ich hielt ihn damals für meinen Freund und dachte mir, dass er es gar nicht zulassen würde, dass mich andere Männer ficken würden. Für mich war Matthias der einzige Mann in meinem Leben und ich ging davon aus, dass es Matthias mit mir genauso ging. Ich hatte bis dahin auch noch nie einen Grund gesehen, daran zu zweifeln.

Dass das für ihn überhaupt kein Problem war und dass er es sogar darauf angelegt hatte, mich auf den Strich zu schicken, war mir nicht klar.

An diesem Abend sprachen wir nicht weiter über dieses Thema. Ich war es dann wieder, die Matthias am nächsten Abend darauf ansprach.

Anja:

»Hast du es dir noch mal überlegt?«

Matthias:

»Was?«

Anja:

»Naja das mit dem Job für mich an der Küste?«

Matthias schaute mich intensiv an und zögerte kurz mit einer Antwort.

Matthias:

»Also ich bräuchte wirklich, zumindest vorübergehend, eine gute Frau für das Laufhaus.«

Anja:

»Laufhaus? Und was soll ich da machen.«

Matthias:

»Das Laufhaus ist der Teil des Bordells, wo die Frauen ihre Kunden empfangen.«

Ich musste schlucken. Damit hatte ich natürlich nicht gerechnet. Ich wusste jetzt natürlich sofort um was es ging und erschrak. Trotzdem wollte ich nicht sofort einen Rückzieher machen. Schließlich hatte ich es ihm gestern bereits versprochen. Ich wollte ihn jetzt nicht gleich bei seinem ersten Wunsch an mich enttäuschen. Es könnte schließlich auch nichts schaden, dass ich es mir einmal anhören würde. Trotzdem fehlten mir zuerst die Worte. Dann antworte ich und versuchte dabei mir nichts anmerken zu lassen.

Anja:

»Und wie sieht das aus? Ich meine, was soll das bedeuten, dass die Frauen dort ihre Kunden empfangen? Meinst du die Nutten?«

Matthias:

»Nutten ist eine beschissene Bezeichnung. So möchten die Frauen nicht genannt werden und die Bezeichnung Nutte trifft die Sache auch nicht so. Wenn du möchtest, dann kann ich es dir aber genau erklären.«

Ich war schon ziemlich neugierig. Außerdem hatte ich noch nicht zugesagt. Ich hatte vom Thema überhaupt keine Ahnung und auch keinerlei Erfahrungen damit. Das, was ich wusste, hatte ich aus dem Fernsehen und von Erzählungen. Brauchbare Informationen waren das aber natürlich nicht. Das waren vielmehr die üblichen Klischeevorstellungen.

Anja:

»Ja, erzähl mir mal, was sich im Laufhaus so abspielt. Und erzähl mir bitte auch, was du da eigentlich genau machst. Und ich will natürlich wissen, was genau ich dort machen sollte.«

Matthias:

»Das Laufhaus ist ein Bordell im klassischen Sinn. Dort haben die Frauen ihre Zimmer und dort empfangen sie ihre Gäste. Das ist dann eigentlich schon alles.«

Anja:

»Und was soll das genau bedeuten?«

Matthias:

»Was denkst du dir denn?«

Anja:

»Die Frauen sind Prostituierte, das ist mir schon klar. Jeder weiß doch, was sich an der Küste abspielt. Naja, und die Kunden bedienen, das kann ich mir auch lebhaft vorstellen.«

Matthias:

»Also, die Frauen machen da einen Job wie jeden anderen Job. Der Unterschied ist viel kleiner als man denkt. Das hat wenig mit dem zu tun, was man in einschlägigen Büchern und Illustrierten lesen kann. Es ist ein Geschäft wie jedes andere auch.«

Anja:

»Ich kann mir das alles überhaupt nicht vorstellen. Die Frauen stehen da und müssen mit jedem Mann, der bezahlt, schlafen? Also ich könnte das nie!«

Matthias:

»Also miteinander schlafen müssen ist wirklich totaler Unsinn. Die Frauen schlafen nicht mit ihren Kunden. Da wird noch nicht einmal geküsst oder geknutscht. Das ist ein ganz normales Geschäft. Eine Dienstleistung. Es ist nicht mehr und nicht weniger als eine sexuelle Dienstleistung am Kunden.«

Anja:

»Und wie sieht sie aus, diese sexuelle Dienstleistung?«

Matthias erzählte mir ausführlich von der Arbeit der »Damen« im Laufhaus. Er schilderte alles aus seiner Sicht und alles klang gar nicht so schlecht. Mit der Wahrheit hatte das meiste nicht viel zu tun. Das wusste ich damals aber noch nicht. Er fing auch nicht an, die Dinge in Rosarot zu beschreiben. Vielmehr klang alles sehr nüchtern, geschäftsmäßig und normal. Gerade, dass er den Job so in den Bereich des völlig Normalen rückte, führte dazu, dass ich anfing, darüber nachzudenken. So, wie es Matthias darstelle, war es ein ganz normaler Job.

Matthias:

»Das alles hat mit Liebe und Erotik nichts zu tun. Die meisten Kunden wollen noch nicht einmal ficken. Da reicht Blasen oder Wichsen meistens aus. Außerdem läuft da nichts ohne Gummi. Also wirklich ein fast ganz normaler Job. Eine sexuelle Dienstleistung.«

Als ich wenig später anfing, im Laufhaus zu arbeiten, wurde mir schnell klar, dass das eine riesige Lüge war. Ohne Ficken kommst du im Rotlicht zu nichts. Die meisten Freier, bestimmt mehr als 80 Prozent, wollen ficken. Ohne Ficken bekommst du nicht mal die Miete für das Zimmer zusammen. Kein Zuhälter lässt es zu, dass seine Frau sich nicht ficken lässt. Ohne Ficken ist das Geschäft gar nicht zu betreiben.

Matthias setzte mich damals nicht unter Druck oder deutete auch nicht nur im Ansatz an, mich irgendwie zwingen zu wollen. Wir redeten dann oft über dieses Thema, aber er erwartete von mir keine Entscheidung und drängelte auch nicht. Stattdessen beantwortete er mir alle meine Fragen.

Über die Schattenseiten erfuhr ich natürlich von Matthias nichts. Ich muss mir aber auch vorhalten lassen, ihn dazu gar nicht befragt zu haben. Ich war damals viel zu unerfahren, dumm und was am Schlimmsten war, ihm gegenüber völlig arglos. Noch war es aber nicht so weit. Ich war aber schon zu diesem Zeitpunkt viel dichter dran, als es mir bewusst war und als ich es mir eingestanden hätte.

Während ich noch am Nachdenken und Grübeln war, hatte er bestimmt schon den richtigen Stellplatz im Laufhaus für mich ausgesucht und reserviert.

Mein Weg in den Puff

Es ist fast immer ein Mann, der dir den Weg in die Prostitution zeigt. Ein Mann, der Dich mal mehr, mal weniger dazu motiviert und/oder zwingt. Es ist dann letztlich eine Mischung aus Verliebtheit, Versprechungen und Zwang, der Dich ins Milieu bringt. Zumindest war das in meinem Fall so gewesen.

Mir ganz persönlich wurde zum Verhängnis, dass Matthias meinem Ideal von einem Mann damals schon sehr nahe kam, und ich so auf ihn hereinfiel.

Ich stehe sogar heute noch auf starke und gewaltsame Männer. Ich liebe Männer, die nicht Quatschen oder versuchen, in der Disko den Macho für Arme zu geben. Ich liebe Typen wie Matthias, die ihren Weg konsequent gehen und dafür auch in Kauf nehmen, selbst einmal einstecken zu müssen. Schließlich riskierte Matthias bei den beiden Schlägereien, von denen ich berichtete, jedes Mal Einiges. Was wäre gewesen, wenn einer von den Typen vor der Disko ein Messer gezogen hätte?

Matthias war kompromisslos und durchsetzungsstark und das war bei ihm kein Gerede. Überhaupt schien er ein Leben zu führen, dass nicht nur interessant, sondern auch gefährlich und abenteuerlich war. Dass ich ausgerechnet in seine Hände fiel, war daher auch nur zum Teil ein Zufall. Tatsächlich war ich immer auf der Suche nach genauso einem Mann. Dass Matthias dann auch noch klug und eloquent war, verschlimmerte für mich die Angelegenheit sogar noch. Ich war ihm verfallen und konnte mich gar nicht dauerhaft widersetzten. Er war für mich einfach viel zu stark und dominant.

Das heißt aber nicht, dass nicht auch mein eigener Wille eine gewisse Rolle spielte. Auch wenn ich es anfangs nicht wahrhaben wollte, so fiel das Angebot bei mir auf fruchtbaren Boden. Ich war damals einfach der Typ Frau, die für derartige Dinge zu gebrauchen sind.

Wenn ich ganz ehrlich zu mir bin, dann war ich damals keine strebsame und fleißige Frau, sondern eher bequem und faul. Die Vorstellung, ausschlafen zu können und anschließend einem bequemen und gut bezahlten Job nachzugehen, schreckte mich nicht gerade ab. Das sich später alles als völlig anders herausstellen sollte, war mir damals natürlich nicht bewusst. Ich habe überhaupt das Talent, die unangenehmen Dinge immer auszublenden.

Matthias übte noch nicht einmal direkten Druck auf mich aus. Er wurde mir gegenüber damals auch (noch) nicht gewalttätig. Von Zwang spürte ich auch nichts.

Matthias war ein brutaler Schläger, aber er war eben auch ein begnadeter »Psychologe«. Er verstand sich darauf, mich zu manipulieren und ich bemerkte das nicht einmal.

Ich befand mich schon zu diesem Zeitpunkt in einer Zwickmühle und er war seinem Ziel schon ein großes Stück näher gekommen.

Ich lebte jetzt schon einige Wochen bei Matthias in seiner Wohnung und auf seine Kosten. Das war natürlich kein Dauerzustand. Irgendwann müsste ich mal wieder anfangen, mich um mich selbst zu kümmern, das war mir klar. Andererseits wollte ich aber auf keinen Fall in mein altes Leben zurück. Mein altes Zimmer, mein widerwärtiger Job in der Wäscherei, die ständigen Geldsorgen und die Einsamkeit waren für mich eine Horrorvorstellung. Außerdem hatte ich mich sehr schnell daran gewöhnt, viel Geld zu benötigen. Auf keinen Fall wollte ich darauf in Zukunft wieder verzichten.

Es kam hinzu, dass ich Matthias es ja selbst angeboten hatte, für ihn zu arbeiten. Ich habe damals zwar nicht so genau gewusst, um welche Art von Arbeit es ging, aber dass es nicht um einen Job im Büro gehen konnte, war mir natürlich klar gewesen. Ich war ihm noch eine Antwort schuldig. Er setzte mich aber nicht unter Druck. Zumindest tat er es nicht offensichtlich.

Hätte mich Matthias damals ganz klipp und klar gefragt: » Anja, möchtest du als Prostituierte an der Küste arbeiten?«, dann hätte ich spontan und ohne zu überlegen »nein« gesagt. Er hätte mich dann auch nicht überreden können. Es wäre auf jeden Fall bei meinem Nein geblieben und ich wäre auch bereit gewesen, die Konsequenzen zu tragen.

Damals fragte er mich aber nicht. Er hatte es mir damals nur angeboten. Ich hatte es offen gelassen und mich noch nicht entschieden. Ich hatte ihm aber auch keine klare Absage gegeben.

Dabei war der Gedanke, dort zu arbeiten, für mich schon längst nicht mehr völlig ausgeschlossen. Ich hatte schon darüber nachgedacht und war schon so weit, dass ich nicht mehr nur noch Gründe fand, die dagegen sprachen. Es war Matthias bereits gelungen, mir die Arbeit an der Küste als etwas ganz Normales darzustellen. In seinen Erzählungen hatte er die Arbeit der Frauen aus der Schmuddel-Ecke herausgeholt und scheinbar in das Licht »beruflicher Normalität« gerückt. Zu einem Teil bin ich dem sogar gefolgt. Ich wusste einfach viel zu wenig über das Milieu.

Leider hatte ich damals noch keine Möglichkeit mit den Frauen aus dem Laufhaus zu sprechen. Es ergab sich einfach keine Möglichkeit dazu. Es kann aber auch sein, dass Matthias dieses für mich unbemerkt zu verhindern wusste.

Über finanzielle Dinge hatten wir noch gar nicht gesprochen. Ich hatte noch nicht gewagt, das Thema anzusprechen. Ich wollte nicht, dass Matthias denken würde, ich hätte mich bereits entschieden und wollte jetzt nur noch über die Konditionen sprechen. Auch Matthias sprach mit mir noch nicht über Geld. Vor allem versuchte er nicht, mich mit einem angeblich hohen Verdienst zu ködern. Dabei wäre ich dafür sogar sehr zugänglich gewesen. Ich war schon ziemlich hinter Geld her.

Überhaupt veränderte er sich in dieser Zeit mir gegenüber überhaupt nicht. Während mir das Thema dauernd im

Kopf rumschwirrte, tat er so, als wäre das alles nichts Besonderes.

Da es mir aber keine Ruhe ließ, sprach ich das Thema immer wieder an. Insgeheim hatte ich wohl gehofft, dass er einen Rückzieher machen würde. So etwa wie: »Das war nur so eine Idee. Die kannst du schnell wieder vergessen. Ich habe es gar nicht so ernst gemeint. Ich will doch lieber, dass alles so weiter läuft wie bisher.«

Genau das passierte aber nicht.

Anja:

»Matthias, ich habe mir das alles in den letzten Tagen überlegt und ich weiß überhaupt nicht, was ich machen soll. Auf der einen Seite klingt das alles gar nicht schlecht. Auf der anderen Seite kann ich mir das so gar nicht vorstellen. Ich meine, ich wüsste gar nicht, wie das wäre, wenn ich im Laufhaus arbeiten würde. Geht das alles denn einfach so? Brauche ich da nicht irgendwelche Papiere? Bekomme ich keinen Ärger mit der Polizei?«

Matthias:

»Also, Papiere brauchst du keine. Das ist alles total legal und du brauchst keine Anmeldung oder Ähnliches. Das gibt es schon seit Jahren nicht mehr. Strafbar ist das alles natürlich auch nicht. Warum solltest du Ärger mit der Polizei bekommen? Um das Organisatorische werde ich mich kümmern. Also ich sorge dafür, dass alles mit der Krankenversicherung klappt und mit den Steuern. Was aber deine Entscheidung anbetrifft, dazu kann ich nichts sagen. Das tut mir wirklich leid, Anja, aber diese Entscheidung kann ich dir nicht abnehmen. Du musst schließlich selbst wissen, was du möchtest. Du musst wissen, was du von deinem Leben erwartest.«

Anja:

»Was ich von meinem Leben erwarte? Also bestimmt nicht, im Puff zu stehen und mich von jedem Kerl ficken zu lassen. Da kann ich mir wirklich Besseres vorstellen.«

Ich sagte das ganz spontan und durchaus in einem patzigen Ton. Es war das erste Mal, dass ich in einem derartigen Ton mit ihm sprach. Matthias blieb aber ganz ruhig und ließ sich gar nicht provozieren.

Matthias:

»Dein Problem ist es, dass du überhaupt nicht weißt, was du tatsächlich willst. Du erzählst mir immer, wie beschissen dein früheres Leben war und dass du auf keinen Fall wieder dahin zurück möchtest. Das finde ich richtig und das kann ich nachvollziehen. Dann erzählst du mir, dass du etwas aus deinem Leben machen willst. Das finde ich auch richtig. Dann musst du aber auch bereit sein, etwas dafür zu tun. Dann kannst du hier nicht rumsitzen und den ganzen Tag Fernsehen gucken. So kommst du keinen Schritt weiter.«

Anja:

»Das hatte ich auch nicht vor. Das sollte nur vorübergehend so sein. Ich wollte demnächst sowieso wieder loslegen.«

Matthias:

»Wirklich? Und wie? Ich biete dir eine gute Möglichkeit schnell viel Geld zu verdienen. Ich biete dir eine Arbeit an, die nicht besonders schwierig ist und wo du sofort einsteigen könntest. Und was machst du? Du zeigst mir die kalte Schulter.«

Anja:

»Nein, so meine ich das doch nicht. Ich kann mir das alles nur schlecht vorstellen.«

Matthias:

»Du solltest es doch eigentlich am besten wissen. Im Leben wird einem nirgendwo etwas geschenkt. Wenn du etwas erreichen willst, dann musst du dich auch dafür einsetzen. Und du hast natürlich recht, das kann auch mal unbequem und anstrengend sein.

Anja:

»Das will ich ja auch. Ich möchte auch was tun, aber

ausgerechnet das?«

Matthias:

»Sei doch mal ehrlich zu dir. Keinen vernünftigen Schulabschluss und keine Berufsausbildung. Welche Möglichkeiten stehen dir da denn offen? Irgendeine Maßnahme vom Arbeitsamt oder ein Aushilfsjob beim Discounter oder in einem Imbiss. Ist es das, was du willst? Ist das wirklich die bessere Alternative?«

Anja:

»Nein, das natürlich nicht. Aber ich habe dir doch erzählt, dass ich wieder in die Schule will. Ich möchte noch mindestens den Realschulabschluss machen und dann natürlich eine vernünftige Ausbildung.«

Matthias:

»Ja, das weiß ich und das finde ich auch sehr gut. Dabei möchte ich dich auch unterstützen. Dazu hast du auch das Potential. Aber überlege doch, du steigst jetzt erst mal für ein paar Monate bei uns an der Küste ein. Dann hast du im nächsten Jahr Einiges an Geld zusammen und kannst dann ganz in Ruhe überlegen, wie es weitergehen soll. Dann, wenn du finanziell ganz anders dastehst, hast du auch ganz andere Möglichkeiten. Das ist doch der schnellste Weg, deine Ziele zu erreichen. Das ist doch der einfachste Weg, um aus dir etwas zu machen. Du bist jung, du hast dann doch alle Möglichkeiten.«

Wenn ich mir das Geschwätz von Matthias heute so durch den Kopf gehen lasse, dann kann ich mir nur noch an den Kopf fassen. Das war damals aber anders. Damals klang alles sogar irgendwie logisch und nachvollziehbar für mich. Er hatte wirklich einen guten Köder ausgelegt.

Es ist doch so, dass viele Frauen auf die Geschichten vom großen Geld reinfallen. Allzu gerne glauben andere die Lüge, dass sie später einmal beim Film oder als Modell groß rauskommen. Andere Frauen glauben an Geschichten von einem Modeladen in ferner Zukunft oder auch einer glücklichen Familie. Jede Frau hat so ihre eigenen Wünsche und

Vorstellungen und es ist dann ihr Zuhälter, der ihr sagt, wie sie diese Träume angeblich verwirklichen kann. Die Lösung heißt dann immer ungefähr so:

»Du arbeitest jetzt ein paar Monate, maximal ein Jahr, hier. Ich pass gut auf dich auf und kümmere mich auch um das Geld. Und dann ist für uns beide Schluss damit und wir fangen woanders ganz von vorne an und verwirklichen unsere Träume.«

Geködert wird dabei mit den unterschiedlichsten Dingen. Das können auch mal Schulden sein oder wie in meinem Fall der Traum von einer großen, beruflichen Karriere.

Man soll es gar nicht glauben, aber die Masche funktioniert so oder so ähnlich immer noch. Auch ich bin darauf reingefallen. Natürlich wurden aus den paar Monaten viele Jahre. Warum sollte Dich ein Zuhälter auch da rausholen, wenn Du jung bist und die Kasse stimmt. Zuhälter sägen schließlich nicht an dem Ast, auf dem sie sitzen. Bei mir was das doch eigentlich klar: Ich war neunzehn Jahre alt, gesund und gutaussehend. Matthias konnte mit mir für die nächsten mindestens zehn Jahre mit guten Einnahmen rechnen. Er wäre doch blöd gewesen, mich vorher da wieder raus zu lassen.

Das alles konnte ich damals noch überhaupt nicht überschauen. Und so stolperte ich langsam in das Milieu, ohne es zu bemerken und immer noch davon ausgehend, dass es, wenn überhaupt, nur um ein paar Monate ginge.

Gewalt und Psychologie

David:
»Es gibt eben Frauen, die verstehen nur die Knute. Das ist so und daran kann man nix ändern. Wenn du denen nicht dauernd an der Fotze klebst, dann läuft gar nix.«

So und so ähnlich sprach David schon damals in meiner Anwesenheit, wenn er mal von der Küste und seinen Frauen erzählte. Damit meinte er ausdrücklich nie mich. Ich hätte mir trotzdem meinen Teil denken können und daraus meine Schlüsse ziehen sollen. Das tat ich aber nicht. Auf die Idee, dass ich vielleicht doch damit gemeint sein konnte, kam ich in meiner Naivität nicht. Ich fühlte mich nicht wie eine Frau, die für einen Zuhälter anschaffen gehen soll. Selbst wenn ich später vielleicht mal im Laufhaus vorübergehend aushelfen würde, würde sich das nicht ändern. Ich wäre keine der Prostituierten mit einem Zuhälter, sondern die Freundin von Matthias, die für ein paar Monate an der Küste aushilft.

Das habe ich damals wirklich so geglaubt.

Ohne dass ich es bemerkte steuerte mich Matthias mit jedem weiteren Gespräch schon direkt in Richtung Puff. Das alles lief bei mir ohne Zwang, Druck und Gewalt ab und ohne, dass ich seine Absichten erkannte. Das tat ich erst, als es schon viel zu spät war. Für mich war und blieb Matthias auch erst mal mein Freund, meine große Liebe. Auf die Idee, dass er mir etwas Böses wollte, kam ich nicht.

Ich kann nicht sagen, ob das ein typischer Werdegang ist. Ich kann auch nicht sagen, ob das der klassische Weg ist, wie Frauen in den Puff gebracht werden.

Natürlich habe ich in den folgenden Jahren viele Gespräche zum Thema »Einstieg in das Milieu« mit anderen Frauen im Milieu geführt. Gerade bei neuen Frauen hat es mich interessiert, wie sie ins Milieu geraten waren.

Die Geschichten waren sehr unterschiedlich, aber praktisch immer stand ein Mann, ein Zuhälter, dahinter. Und praktisch immer gingen die Frauen davon aus, nur vorübergehend im Milieu zu arbeiten.

Natürlich war es im Laufhaus nicht so, dass jede der Frauen mir ihre Geschichte frei, unbenommen und vor allem ehrlich erzählte. Eigentlich war das Gegenteil der Fall. Wir Frauen haben uns alle, auch gegeneinander, eher bedeckt gehalten. Einige der Frauen standen auch ziemlich unter dem Druck ihrer Zuhälter und die waren dann meistens besonders wortkarg. Es gab aber auch Frauen, die andere Frauen bei den Zuhältern verpfiffen und anschwärzten. Das alles war also nicht dazu geeignet, eine vertrauensvolle Stimmung untereinander aufkommen zu lassen. Ich selbst habe den anderen Frauen auch so gut wie gar nichts erzählt. Auch wenn es sehr gemein klingt, muss ich noch erwähnen, dass die Frauen im Haus auch dazu neigten, irgendwelche Mistgeschichten zu erfinden, zu fantasieren oder einfach zu lügen. Das ist im Milieu ganz normal und dient wahrscheinlich auch als Ventil. Obwohl im Laufhaus zwischen den Frauen viel Neid, Missgunst und auch Hass herrschte, gab es doch einige Frauen, mit denen ich mich sehr gut verstand. Es entstanden sogar mit einigen wenigen Frauen freundschaftliche Beziehungen. Die Zuhälter sahen das aber nicht so gerne. Vor allem bei Frauen aus Osteuropa waren die Zuhälter sehr streng.

Ich habe Frauen kennengelernt, vor allem aus Osteuropa, die wurden mit falschen Versprechungen ins Milieu gelockt und dann mit Zwang, Druck und sogar Gewalt dort gehalten. Die Masche mit dem gutbezahlten, leichten Job im Westen scheint immer noch zu funktionieren. Einige von den Frauen aus Osteuropa, die ich kennenlernte, hatten ihre Jugend auch in Heimen verbracht. Mädchenheime scheinen in manchen Ländern Osteuropas von Zuhältern regelrecht nach gutaussehenden Frauen abgegrast zu werden. Natürlich gab es auch Frauen aus Osteuropa, die dort schon auf dem Strich gearbeitet hatten, aber gerade die ganz jungen Frauen ohne irgendwelche Bindungen schienen für die Zuhälter besonders interessant und lukrativ zu sein. Zumindest waren an der Küste ausnahmslos alle Frauen volljährig.

Viel kann ich aber über die genauen Zusammenhänge nicht berichten. In den Bordellen, in denen ich gearbeitet habe, gab es fast ausschließlich deutsche Frauen. Die befanden sich nicht in den Händen von Zuhälterbanden, sondern von Zuhältern, die alleine arbeiteten.

Bei uns arbeiteten auch ein paar Polinnen. Die lebten aber alle schon viele Jahre in Deutschland und hatten mit diesen Banden auch wenig zu tun.

Auch bei uns im Laufhaus hatte jede der Frauen ihre ganz eigene Geschichte. Das waren Geschichten von Zwang, Druck und Gewalt. Das alleine reichte aber nicht aus, hinzu kam in den meisten Fällen die Psychologie der Manipulation von Gefühlen, Wünschen und Motiven. Darin sind Zuhälter oft echte Meister.

Tatsächlich ist es in der Realität häufig eine diffuse Mischung aus alledem. Und genauso ist es mir letztlich auch gegangen. Ich wurde schließlich nicht von Matthias in den Puff geprügelt. Er wusste einfach, welche Knöpfe er bei mir drücken musste. Zwang und Gewalt kamen erst später dazu. Bei David und dessen Frauen lief das schon anders ab. Bei seinen neuen Frauen legte er schon frühzeitig einmal Hand an. Überhaupt neigte David dazu, seine Frauen regelmäßig durchzuprügeln. Matthias war da anders. Er war Frauen gegenüber weniger der Schläger als der Psychologe. Darauf fiel ich letztlich selbst rein.

Zum Verhängnis wurde mir außerdem, dass ich ein völlig falsches Bild von einem Zuhälter im Kopf hatte und auch dass ich mir über das wahre Gesicht der Prostitution vorab überhaupt kein realistisches Bild machen konnte. Heute sage ich ganz klipp und klar:

»Wenn ich damals das Wissen über das Milieu gehabt

hätte, das ich heute habe, dann wäre ich dort nie gelandet.«

Leider hatte ich damals ein total verzerrtes Bild. Das lag hauptsächlich daran, dass ich fast meine gesamten Informationen hierzu aus dem Fernsehen oder Zeitschriften hatte.

Matthias passte so überhaupt nicht in das mir im Kopf herumschwirrende Bild eines Zuhälters. Da stimmte äußerlich und auch charakterlich nichts mit dem überein, was ich mir so unter einem Zuhälter vorstellte. Um mich zum Anschaffen zu bringen, musste er daher keine riesen Show aufziehen.

Mein Weg in die Prostitution war viel trivialer als man es vermuten sollte und schon gar nicht so, wie man es im Fernsehen sieht oder in einschlägigen Zeitungen lesen kann. Matthias war kein »Loverboy«. Zu keinem Zeitpunkt hat er sich verstellt oder versucht einen falschen, harmlosen Eindruck zu erwecken. Es war auch nicht einer, der vor Schulen rumlungerte und sich an sechzehnjährige Mädchen ranmachte, um sie dann zur Prostitution zu zwingen.

Bei Matthias war das alles anders und genau das wurde mir letztlich zum Verhängnis. Den richtigen Nährboden hierfür lieferten ihm die Bedingungen, in denen ich damals lebte. Diese Mischung aus wenig Geld, viel Einsamkeit, einem Mangel an Anerkennung spielten seinen Plänen mit mir in die Hände. Die von mir selbst empfundene eigene Schwäche war ein weiterer Grund, der in mir nach einer großen Veränderung in meinem Leben schrie. Selbstbewusstsein, bezogen auf meine Person, kannte ich damals nicht. Ich war brav, schüchtern und fügsam.

Und dann war da Matthias mit diesem Angebot. Auch wenn es am Anfang nicht verlockend klang, gelang es ihm doch, meine Bedenken Stück für Stück auszuräumen, ohne mich dabei unter Druck zu setzen.

Je mehr wir darüber redeten, umso positiver fing ich an, die Dinge zu betrachten. Hatte ich anfangs Angst und Schrecken vor einem Leben als Hure, so nahm er mir beides. So wie er es mir darstellte, war es ein ganz normaler

Job und für eine junge und gutaussehende Frau eine Möglichkeit, mit leichter Arbeit viel Geld zu verdienen.

Mit dem Tag, an dem Matthias in mein Leben trat, veränderte sich für mich einfach alles. Ich wurde zu einem neuen Menschen in einem neuen Leben. Das fing schon an dem Abend in der Disko an. War ich bis dahin eine hübsche, aber einsame Frau, für die sich niemand ernsthaft zu interessieren schien, gab es mit Matthias jetzt jemand an meiner Seite, der mich zu »beschützen« schien und sich für mich einsetzte. Bis zu diesem Zeitpunkt hatten mich Männer doch nur verarscht. Die meisten Kerle, die mir über den Weg liefen, waren doch eh nur an einem One-night-stand interessiert und eben an Sex und sonst nichts. Diese Typen haben mir vielleicht mal einen Drink spendiert und sich ein bisschen für mich und mit mir aufgespielt. Ich hatte bei keinem Mann vorher je das Gefühl, dass er sich wirklich einmal für mich einsetzen würde. Das war bei Matthias von Beginn an anders. Schon, als er sich um die drei Suffköpfe in der Disko kümmerte, war ich ihm vollständig verfallen! Damals kam er mir vor wie ein Prinz auf einem weißen Pferd. So hatte sich noch niemand für mich eingesetzt. Ich kann es auch anders und ganz offen sagen:

» Matthias sah mich in Bedrängnis. Er schaute nicht weg und versuchte auch gar nicht erst, die Situation mit Worten zu regeln. Stattdessen schaltete er meine Bedränger mit roher Gewalt aus. Ich sah, wie er auf den einen der Typen einschlug und hatte dabei und vor allem kurz danach nicht nur ein Gefühl von tiefer Genugtuung, sondern war regelrecht erotisiert. Wenn Matthias nach der Schlägerei vor dem Parkhaus direkt zu mir hinter den Pfeiler gekommen wäre, dann hätte er mich ohne ein weiteres Wort sofort von hinten und vorne und ohne Gummi ficken können. Ich hätte nichts dagegen gehabt, sondern wahrscheinlich schon nach den ersten Stößen einen hammerhaften Orgasmus bekommen.«

Ich hasse diese Typen, die ängstlich wegschauen oder

versuchen, Probleme mit Worten und gutzureden zu lösen wollen.

Dann schaffte mir Matthias auch noch meine Probleme mit Frank aus dem Weg. Oder ich könnte auch sagen, dann schuf er mir Frank aus dem Weg und erniedrigte ihn vor meinen Augen bis ins Bodenlose. Spätestens danach, hatte ich überhaupt keine Wahl mehr. Diesen Mann würde ich freiwillig nie wieder loslassen. Mit Matthias an meiner Seite fühlte ich mich stark, wehrhaft, selbstbewusst und unangreifbar. Mit Matthias änderte sich mein Leben von einem Tag auf den anderen und in der ersten Zeit veränderte sich alles zum Besseren.

Das Wichtigste war aber, dass ich Matthias vom ersten Abend an schier grenzenlos liebte. Ich liebte ihn so, wie nur eine Frau lieben kann, kompromisslos und völlig uneingeschränkt. Ich liebte ihn in einer Form, wie er sie gar nicht erwidern konnte und wahrscheinlich auch zu keinem Zeitpunkt erwidern wollte.

Man sagt so zu seinem Partner, »für Dich würde ich alles tun«. Das dachte ich auch bei Matthias und das tat ich auch für Matthias. Genau das war damals mein Gemütszustand. Mir wurde diese Liebe zum Verhängnis und vor allem, dass ich mich derart in Matthias täuschte. Obwohl er sich gar nicht die Mühe gab, sich zu verstellen, erkannte ich weder seine wahren Absichten mit mir, noch seinen widerwärtigen Charakter

So dauerte es auch nicht mehr lange und ich stand im Laufhaus.

Das erste Mal

Heute frage ich mich manchmal, ob Matthias nicht bereits vom ersten Zusammentreffen an den festen Plan hatte, mich auf den Strich zu schicken. Ich habe ihn das niemals gefragt. Heute ist es mir völlig egal. Das Kapitel ist für mich abgeharkt.

Das Thema Puff stand bei uns damals schon seit ungefähr drei Wochen auf der Tagesordnung. Dabei setzte er mich nicht unter Druck. Ich war es vielmehr, der das Thema immer wieder zur Sprache brachte. Und irgendwann war ich dann soweit.

Es war dann auch nicht Matthias, der mir vorschlug, auf den Strich zu gehen. Der Vorschlag kam von mir selbst. Anfangs schien er auch nicht besonders begeistert davon zu sein. Zumindest tat er mir gegenüber eher gleichgültig.

Anja:

»Ich habe mir alles reichlich überlegt. Begeistert bin ich nicht, aber ich kann mir schon vorstellen, es einmal auszuprobieren.«

Matthias:

»Was willst du ausprobieren?«

Anja:

»Naja, im Laufhaus arbeiten, oder besteht das Angebot nicht mehr?«

Matthias:

»Doch, das Angebot steht noch. Ich wundere mich nur. Wie kommt es zu deinem Sinneswandel? Ich hatte eher den Eindruck, dass du überhaupt keinen Bock hast, irgendetwas zu tun.«

Anja:

»Doch, ich weiß nicht, ob das für mich was ist und ich weiß auch nicht wie lange ich das machen kann, aber ich würde es ausprobieren wollen.«

Matthias musterte mich erst eine Weile. Dann lächelte er kurz und sagte:

»Ich hatte schon nicht mehr damit gerechnet. Aber ich finde, es ist eine gute Entscheidung. Probiere es einfach mal aus. Vielleicht ist es ja was für dich. Zumindest für ein paar Monate kann es durchaus interessant und sehr lukrativ sein.«

So leicht ging das. Es waren nur wenige Sätze, deren Reichweite und Bedeutung ich damals aber nicht einmal ansatzweise überblicken konnte. Diese paar Sätze sollten mein Schicksal für die nächsten Jahre besiegeln.

Wir besprachen an diesem Abend noch einige Details. In den folgenden Tagen klärte Matthias das Organisatorische. Über einen befreundeten Wirt verschaffte er mir zum Schein eine Tätigkeit als Küchenhilfe. Matthias zahlte ihm damals monatlich 400 Euro. Dafür schloss er mit mir einen sozialversicherungspflichtigen Arbeitsvertrag und erstellte mir monatlich eine Gehaltsabrechnung. Er führte die Sozialversicherungsbeiträge ab, und so war ich kranken- und sogar arbeitslosen- und rentenversichert. Das alles natürlich nur zu einem sehr geringen Gehalt und auch das nur auf dem Papier. Gearbeitet habe ich in dem Schuppen natürlich nie, aber es gab auch nie Probleme. Ich hatte meine Chipkarte von der Krankenkasse und zahlte sogar Lohnsteuer. Das Finanzamt wurde ich aber auch im Laufhaus nicht los. Aber auch darum kümmerte sich Matthias. Später, als sich abzeichnete, dass ich doch länger als nur ein paar Monate im Laufhaus arbeiten würde, änderte Matthias meinen Beschäftigungsstatus noch einmal. Er beendete meine Tätigkeit als Angestellte. Wir beantragten einen Gewerbeschein für mich und ich meldete damit ein Gewerbe als Foto- und Filmpromotionsagentin an. Tatsächlich ging ich nach wie vor ausschließlich auf den Strich. Ich hatte aber einige Vorteile durch diesen neuen Status. So war ich fortan sogar privat krankenversichert, was sich für mich später noch als Segen erweisen sollte. Matthias arrangierte auch das alles für mich. Damit ging es mir wesentlich besser als einigen der anderen Frauen aus dem Laufhaus. Um Geld zu sparen oder auch nur aus Dummheit kümmerten die sich nämlich um gar nichts. Dementsprechend hatten die dann auch laufend irgendwelche Probleme und Verbindlichkeiten.

Natürlich kümmerte sich Matthias auch um die Formalitäten im Laufhaus und versicherte mir zumindest in den ersten Tagen, in meiner Nähe zu bleiben. Er erklärte mir auch die Hausordnung, die Preise und die sonstigen Regeln.

Matthias:

»Die Preise sind 100 Prozent verbindlich. Du darfst die in keinem Fall unterbieten. Wenn du das machst, dann bist du bei den anderen Frauen zum Abschuss freigegeben. Nach oben kannst du natürlich machen, was du willst.«

Anja:

»Ok, ich wäre ja auch dumm, wenn ich das machen würde.«

Matthias:

»Trotzdem merk es dir gut. Lass uns noch mal die Preise durchgehen.«

Anja:

»Nichts unter dreißig Euro.«

Matthias:

»Unter dreißig Euro spielt sich absolut nichts ab. Auch nicht für 29,99 Euro. Das ist das wichtigste Gesetz. Auch wenn der Typ sagt, auf der Straße bekommt er für 20 Euro einen geblasen. Du lässt dich auf nichts unter 30 Euro ein. Klar? Gefickt wird erst ab 50 Euro und alle Extras kosten zusätzlich. Es gibt keinen Rabatt und es wird nichts verschenkt.«

Ich antwortete nicht, sondern nickte kurz.

Matthias:

»Die zweite Regel ist: Du machst nichts ohne Gummi! Das ist ganz wichtig. Ich weiß auch, dass es einige der Frauen damit nicht so genau nehmen. Das soll mir egal sein. Bei mir gibt es so was aber nicht. Egal was du machst, zuerst kommt ein Gummi rauf. Das gilt auch für das Wichsen. Fürs Blasen und Ficken sowieso auch hier gibt es keine Ausnahme. Wenn ein Kunde deswegen Stress macht, dann ruf an. Ich lass das nicht durchgehen. Wenn einige von den alten Hühnern und den Bulgarinnen das ohne Gummi machen, dann ist das deren Sache. Du machst das auf keinen Fall.«

Das hätte mir Matthias wirklich nicht sagen müssen. Ohne Gummi einen fremden Schwanz in den Mund oder zwischen die Beine zu nehmen war für mich unvorstellbar. Aber wie ich später lernen sollte, war das gar nicht so außergewöhnlich. Ich selbst habe fast in jeder Schicht mehrere Angebote bekommen, es gegen Aufgeld ohne Gummi zu machen. Ich habe mich aber wirklich nie und in keinem Fall darauf eingelassen. Die Typen im Puff, die es ohne Gummi wollten, haben es aber auch bei den anderen Frauen probiert. Oft sind die auch fündig geworden. Vor allem die etwas älteren Frauen haben sich auf solche Typen eingelassen, wenn die Nächte schlecht liefen und wenig los war. Solche Typen waren dann für diese Frauen die einzige Möglichkeit den Umsatz noch irgendwie zu retten.

Auch einige von den Zuhältern hatten nichts dagegen, wenn deren Frauen ohne Gummi gefickt wurden. Es gab so sogar einige, die ihre Frauen regelrecht dazu nötigten, damit das Geld stimmte. So einer war Matthias nicht. Das Gummi gehörte bei ihm zu seinen Geschäftsprinzipien.

Wir gingen mehrmals gemeinsam die Preise durch und Matthias gab mir noch einige Tipps für die tägliche Arbeit.

Dann rückte mein erster Arbeitstag näher und schließlich war es so weit. Mein erster Arbeitstag war ein Freitag.

Matthias:

»Du hast diesen Freitag deinen ersten Tag. Wir fangen mal mit einer leichten Schicht an. Freitag ist ein ganz guter Tag. Da haben wir immer genug Kundschaft im Haus und du stehst nicht so lange untätig rum. Außerdem machst du die Mittelschicht. Dann musst du nicht die ganze Nacht im

Laufhaus stehen. Nachmittags anfangen ist auch gemütlicher. Da ist die Kundschaft überwiegend stressfrei. Meistens ältere Kerle, die sich ein bisschen verwöhnen lassen wollen.«

Natürlich konnte ich die Nacht vorher lange nicht einschlafen. Matthias gab mir schließlich eine Beruhigungstablette. Die Tablette wirkte wie ein Hammer. Ich schlief rasch ein und wachte erst gegen Freitagmittag wieder auf. Wir frühstückten noch ausgiebig gemeinsam und dann wurde Matthias langsam hektisch.

Wir gingen die wichtigsten Verhaltensregeln noch einmal durch. Er fragte die Preise ab und dann wurde es auch langsam Zeit, aufzubrechen.

Matthias:

»Zieh dich einfach an, als wolltest du in die Disco gehen. Das kommt bei den meisten Kunden am besten an. Besser du siehst aus wie die Hübsche von nebenan als wie´ ne typische Bahnhofsnutte. Spar aber nicht mit der Schminke und pack dir noch reichlich ein, damit du nachlegen kannst.«

An meinem ersten Abend brachte mich Matthias an die Küste. Ich hatte mich schon zu Hause entsprechend zurecht gemacht und mir noch Schminke, High-Heels und einen schwarzen, sehr knapp geschnittenen Badeanzug in einen Koffer gepackt. Zukünftig habe ich mich dann nicht mehr zu Hause fertig gemacht, sondern direkt vor Schichtbeginn auf meinem Zimmer.

Matthias parkte seinen Wagen auf dem Hof, nahm meinen Koffer und ging mit mir zuerst in die Bauernstube.

Die Bauernstube war der Aufenthaltsraum der Zuhälter. Hier arbeitete auch der Wirtschafter des Hauses und die Frauen konnten hier Pause machen, rauchen und etwas essen.

Es wäre wohl das Beste gewesen, wenn ich damals zum nächsten Taxi gegangen, eingestiegen und weggefahren wäre, ohne mich umzudrehen. Genau das tat ich aber gerade nicht. Ich blieb an diesem Abend und dann auch für die nächsten fast sieben Jahre. Erst nach diesen fast sieben Jahren ging ich dann und drehte mich tatsächlich nicht mehr um. Jetzt lag aber meine erste Nacht vor mir.

In der Bauernstube herrschte, wie immer bei Schichtwechsel, Hochbetrieb. Gemeinsam mit dem diensthabenden Wirtschafter machten wir die Zimmerübergabe und besprachen noch einige praktische Einzelheiten. Mir wurde erklärt, wie es mit den Handtüchern, den Kondomen und anderen Artikeln für die Arbeit gehandhabt wurde. Mir wurde gesagt, wie es mit den Pausen, Getränken und dem Essen lief. Ich versuchte mir möglichst viel zu merken. Das Meiste hatte mir Matthias aber bereits vorher erzählt.

Ich lernte auch noch einige von den anderen Zuhältern kurz kennen. Alle waren freundlich zu mir und wünschten mir Glück oder zumindest gutes Gelingen. So freundlich wie an diesem Abend lernte ich die Zuhälter aus der Bauernstube nie wieder kennen. Im Normalfall war der Umgangston eher rau. Zu uns Frauen waren sie meistens sogar schroff und zumindest verbal auch aggressiv. Matthias kümmerte sich um das Finanzelle, nahm die Schlüssel und meinen rosa Koffer und begleitete mich dann auf mein Zimmer, das im ersten Stock des selben Gebäudes lag.

Matthias:

»Du hast von der Lage her eines der besten Zimmer. Erwarte aber trotzdem bitte nicht zu viel. Du sollst hier schließlich keinen fünf-Sterne-Wellnessurlaub machen, sondern arbeiten.«

Für mich begannen dann zehn fast endlose Stunden in der Hölle. Es waren die längsten zehn Stunden meines Lebens und ihnen sollten meine sieben verlorenen Jahre folgen.

Schon der erste Gang durch das Haus war wie ein Spießrutenlauf. Ich hatte das Gefühl, dass mich die anderen Frauen böse musterten. Später bemerkte ich jedoch, dass ich mir das nur eingebildet hatte. Die Frauen im Haus und auch die vom Hof waren nett und freundlich. Zumindest war das meistens der Fall. Es gab zwar auch ganz andere Frauen, denen ging ich aber stets aus dem Weg. Überhaupt vermied ich es, während meiner Zeit im Milieu generell, mich in Streitigkeiten verwickeln zu lassen. Ich ging dem Ärger aus dem Weg. An meinem ersten Abend waren das aber alles Gedanken, die mir noch nicht durch den Kopf gingen. An diesem Abend wirkten die anderen Frauen feindselig auf mich, wie sie mich geringschätzig anglotzten und musterten. Matthias bemerkte mein Unbehagen auf dem Gang.

Matthias:

»Mach dir nix aus den anderen Frauen. Am besten du gehst denen aus dem Weg. In deinem Zimmer hast du deine Ruhe. Außerdem ist es sowieso viel besser für das Geschäft, wenn du alleine auf Kundschaft wartest und nicht die halbe Nacht mit den anderen Frauen schnatterst. Ich möchte, dass du während der Schicht auf deinem Zimmer bleibst. Stell dich am besten in den Türrahmen und kümmere dich um die Kundschaft. Hast du mich verstanden? Die Kunden mögen es nicht, wenn die Frauen in Gruppen zusammenstehen. Das schreckt die ab und verdirbt dir das Geschäft.«

Matthias war im Treppenhaus stehengeblieben und hatte mich fest am Oberarm gepackt.

Matthias:

»Hast du das verstanden?«

Anja:

»Ja.«

Ich war völlig verängstigt und sprach ganz leise. Ich versuchte ein trauriges Gesicht zu machen, um bei Matthias Mitleid zu erzeugen. Das klappte aber nicht. Das Gegenteil war der Fall, er wurde sogar noch schroffer.

Matthias:

»Dann ist ja gut. Ich komme alle zwei Stunden zu dir hoch und schau nach dem Rechten. Wenn es Probleme gibt, dann weißt du ja, wie der Notruf funktioniert. So und jetzt weiter.«

Er ließ mich los und schubste mich leicht nach vorne. Wie das Notrufsystem funktionierte, gebe ich hier nicht preis. So viel sei aber gesagt, es war äußerst effektiv. Wenn eine Frau einen Alarm auslöste, wozu sie mehrere Möglichkeiten hatte, dann war Hilfe in weniger als einer Minute auf dem Zimmer. Bei jedem Alarm rückten gleich alle Zuhälter, die in der Bauernstube saßen, aus und kümmerten sich um die Sache. Jeder, der hier Probleme machte, hatte überhaupt keine Chance zu entkommen und alle Frauen fühlten sich zumindest vor wirklich gefährlichen Freiern dadurch sicher. Von Sicherheit verstanden die Zuhälter wirklich was. In meiner Zeit gab es keinen ernsthaften Übergriff eines Freiers auf eine der Frauen. Ich habe aber zahlreiche Alarme mitbekommen. Jedes Mal wurde schnell eingegriffen und jedes Mal ging die Sache für die Verursacher sehr schmerzhaft aus. Meistens waren es aber nur Kleinigkeiten, die sich um die Bezahlung drehten.

Die Freier, die an diesem Nachmittag durch das Haus schlichen, wirkten auf mich ebenfalls suspekt, finster und dubios. Der eine oder andere musterte mich und tauchte später bei mir vor dem Zimmer wieder auf. Ich versuchte Blickkontakt zu vermeiden.

Matthias:

»He, am besten, du lächelst nett. Das sind alles potentielle Kunden. Die meisten von den Typen schleichen sogar die halbe Nacht hier rum und sind immer auf der Suche nach frischen Frauen. Es könnte also auch etwas für dich dabei sein. Naja, ich beobachte das nachher mal auf den Monitoren in der Bauernstube. Die Kerle, die hier stundenlang rumschleichen, sind meistens sogar Stammkunden. Du tust gut daran, dir auch einige von denen rauszupicken. Hier gibt's auch einige Spanner. Das lass aber unsere Sorge sein. Die bedienen wir höchstpersönlich.«

Ich hatte wirklich schon genug, bevor ich noch in meinem Zimmer war. Alles wirkte so abschreckend auf mich, dass ich später im Zimmer als Erstes ins Klo gekotzt habe.

Insgeheim hoffte ich aber noch, dass Matthias bemerken würde, wie schlecht es mir ging. Ich dachte, er würde mich jeden Moment in den Arm nehmen, mich trösten und mit mir nach Hause fahren. Damit lag ich aber total falsch. Matthias hatte nur noch die Dollarzeichen in den Augen.

Als Matthias das Zimmer aufschloss und ich hereintrat, bekam ich erst mal einen richtigen Schock.

Mein Zimmer war ein widerwärtiges und heruntergekommenes Loch.

Das Licht im Zimmer hatte einen rötlichen Ton und der Geruch, der in der Luft lag, war widerwärtig. Erst später fand ich noch eine zweite Lampe mit weißem Licht. Es gab ein Fenster zum Hof hin. Das war mit einer roten Folie zugeklebt. Vor dem Fenster hing eine schmutzige, schwere Gardine. Ich traute mich nicht, das Teil anzufassen, obwohl ich es samt dem Fenster am liebsten aufgerissen hätte, um zu lüften.

In der Mitte des Zimmers stand ein Bett mit einem - na raten sie mal - roten Betttuch. Über dem Bett und an allen Wänden befanden sich verdreckte Spiegel. Dann gab es noch einige alte Möbelstücke. Zu dem Zimmer gehörten außerdem ein kleines Bad mit WC, Waschbecken und Dusche.

Matthias zeigte mir zuerst das Bad, in dem ich noch über der Kloschüssel hing und kotzte, bis mir die Galle rauskam.

Matthias:

»Schmeiß die vollgespritzten Kondome und Papiertücher auf keinen Fall in das Klo. Wenn ich dich dabei erwische, dann gibt es richtig Ärger. Verstanden? Bevor es losgeht, machst du noch deine Lippen und etwas mehr Farbe ins Gesicht.«

Ich wischte mir die restliche Kotze aus dem Mund.

Anja:

»Ja.«

Matthias:

»Hier sind ein paar Handtücher. Geh sparsam damit um. Du legst immer erst eines der Handtücher auf das Bett und du und deine Kunden bleibt beim Ficken und Blasen auf diesen Handtüchern sitzen oder liegen, je nachdem. Ich möchte nicht, dass ihr es direkt auf dem Bettlaken macht. Das Bettlaken soll nicht jede Schicht ausgetauscht werden und ein paar Tage halten. Wenn doch mal was raufkommt, dann wasch die Spuren ab. Flecken auf dem Bettlaken sind nicht gut für das Geschäft.

Du benutzt aber nicht für jeden Kunden ein neues Handtuch. Damit der Kunde denkt, er bekäme ein frisches Handtuch, musst du sie nach jeder Nummer wieder ordentlich zusammenfalten. Ist das klar?«

Anja:

»Ja.«

Matthias:

»Was am wichtigsten ist. Du musst immer vorher kassieren und das Geld dann hierhin legen«

Matthias zeigte mir einige Orte im Zimmer, die für die Deponierung des Geldes präpariert waren. Auch dieses »System« möchte ich hier nicht offenlegen.

Matthias:

»Mit Geld musst du hier aufpassen! Die klauen hier alle wie die Raben. Ich meine nicht nur die Kunden, sondern auch die anderen Frauen. Wenn du die nur einen Moment unbeaufsichtigt in deinem Zimmer lässt, dann klauen die dir den letzten Cent. Ich sehe ja auf dem Monitor, wie das Geschäft bei dir läuft und hol das Geld zwischendurch ab. Ich möchte nicht, dass hier so viel Geld rumliegt. Das mache ich nur zu deiner Sicherheit. Ich habe überhaupt keinen Bock auf einen Raub.«

Er zeigte mir dann noch das Nachtschränkchen.

Matthias:

»Hier ist ein Vorrat an Kondomen und Papiertüchern. Du arbeitest nur mit Kondomen. Mit den Papiertüchern bist du aber sparsam. Außerdem hast du selbst für den Naschschub zu sorgen. Das ist hier kein fünf-Sterne-Hotel. Hier gibt es keinen Roomservice. Und hier steht das Telefon. Wenn du es abhebst, klingelt es in der Bauernstube und jemand geht ran. Verstanden?«

Anja:

»Ja.«

Matthias:

»Hier ist noch der Fernseher. Auf einem Kanal haben wir nonstop Pornovideos eingespeist. Es gibt Kunden, die das brauchen. Ich möchte aber sonst nicht, dass du den Fernseher benutzt. Du sollst dich nicht auf dem Bett lümmeln und glotzen. Das ist nicht gut für´s Geschäft. Wenn du einen Kunden hast, dann kümmere dich gefälligst um ihn und lass dich nicht ablenken. Und wenn du keinen Kunden hast, dann will ich dich in der Tür stehen sehen. Mach jeden Mann an und geil, der vorbei kommt. Ich will nicht, dass dir einer durch die Lappen geht. Haben wir uns verstanden?«

Ich war völlig verschüchtert und piepste nur noch leise und weinerlich ein Ja. Da packte mich Matthias fest am Arm und riss mich zu sich heran.

Matthias:

»Hör mir mal zu, feine Dame. Ich erzähle das hier nicht zum Spaß, sondern zu deiner Sicherheit und zu deinem Nutzen. Und fang jetzt bloß nicht an zu flennen. Gleicht geht's hier los und ich will, dass du dann wie aus dem Ei gepellt hier in der Tür stehst und deine Kunden es gar nicht mehr abwarten können, dich zu besteigen. Haben wir uns verstanden?

Anja:

»Ja.«

Matthias

»Gut, und jetzt pack deine Klamotten aus. Hier beginnt gleich die Showtime.«

Er ließ mich los und streichelte mir über die Wangen.

Matthias:

»Du bist doch mein gutes Mädchen. Übrigens, ab heute Nacht ist dein Name Tiffany. Also Tiffany zumindest hier an der Küste und bei deinen Freiern, du stellst dich nach dem Kassieren bei jedem deiner Kunden namentlich vor. Das gehört zwingend zum Geschäft. Aber du stellst dich nie mit deinem richtigen Namen vor. Hier bist du die Tiffany. Das ist wichtig. Das musst du dir unbedingt merken. Tiffany!«

Ich nickte zustimmend. Ich hielt mich tatsächlich auch strikt daran. Für die nächsten Jahre war ich im Puff die Tiffany.

Er blieb noch einen Moment, bis ich mich zurecht gemacht hatte und alle Klamotten verstaut waren. Dann ging er, ohne die Tür zu schließen.

Matthias:

»Ich wünsch dir alles Gute. Ich behalte dich den ganzen Abend gut im Auge, du brauchst keine Angst zu haben. Und jetzt komm und stell dich schon mal an die Tür. Du wirst sehen, das hier ist alles nur halb so schlimm.«

Dann ging Matthias in die Bauernstube und ließ mich alleine und völlig verstört zurück. Jetzt war ich für mich alleine und der Horror nahm seinen Lauf. Ich hätte nur noch laut heulen und davon laufen können. Ich hatte aber Angst, dann mit Matthias Ärger zu bekommen. Darum blieb ich und unterdrückte sogar erfolgreich meine Tränen.

Kaum war Matthias weg, kam auch schon der erste Interessent und fragte die Preise ab. Bevor ich meinen ersten Kunden auf dem Zimmer hatte, dauerte es aber noch eine halbe Stunde. Ich war ganz starr vor Angst und jetzt, wo Matthias weg war, wurde es sogar noch schlimmer. Ich kam mir völlig hilflos vor.

Dabei hatte ich mit meinem ersten Kunden in dieser Nacht sogar noch Glück. Das blieb auch bis zum Ende der Schicht so. Es waren insgesamt acht Männer. Keiner von ihnen wollte etwas Besonderes. Keiner von ihnen war etwas

Besonderes.

Trotzdem kostete mir jeder von ihnen ein unglaubliches Maß an Überwindung. Es war für mich kaum erträglich. Zwischendurch musste ich auch immer wieder heulen und mich schnell frisch schminken. Ich wollte nicht, dass Matthias mich so verheult sah. Ich wollte ihn nicht verärgern, denn eine flennende Hure war sicherlich nicht gut für das Geschäft.

Auch um das Ficken kam ich in der ersten Nacht nicht herum. Die meisten meiner Kunden wollten ficken. Hätte ich es nicht zugelassen, dann hätte ich in dieser Nacht nur einen ganz beschissenen Umsatz gemacht. Ich will gar nicht wissen, was Matthias dann mit mir gemacht hätte.

Im Großen und Ganzen kam ich aber gut mit meinen ersten Freiern klar und auch gut an.

Es waren dann auch in der ersten Nacht eher die Nebensächlichkeiten, die mir diese Stunden zu einem Höllentrip werden ließen.

Meinen ersten Albtraum erlebte ich nach ungefähr einer Stunde. Am Ende des Gangs hatte eine kleine, dunkelhaarige Frau ihr Zimmer. Sie war wohl an diesem Abend nicht besonders gut drauf und außerdem angetrunken. Zumindest hielt es sie nichts in ihrem Zimmer und sie ging auf dem Gang ständig von einem Zimmer zum anderen und unterhielt sich mit den anderen Frauen. Zu mir kam sie übrigens in dieser Nacht nicht. Außerdem kümmerte sie sich überhaupt nicht um ihr Geschäft. Mit ihrer aufdringlichen Art schien sie sogar einige willige Freier zu vergraulen.

Sie rauchte eine Zigarette nach der anderen und fing dann auch noch an zu singen. Sie muss total blau gewesen sein. Einige der anderen Frauen versuchten mäßigend auf sie einzuwirken. Einerseits fing sie nämlich an, den anderen Frauen das Geschäft zu versauen, andererseits wussten alle auf dem Gang, dass sie von den Zuhältern in der Bauernstube beobachtet wurden. So wollte sie die Kleine schützen, den jede der Frauen schien zu wissen, was sonst passieren würde. Es nutzte aber nichts, die Kleine machte ungebremst weiter.

Es dauerte dann auch nicht lange und einer der Zuhälter, wahrscheinlich ihr Zuhälter, erschien auf dem Flur. Sie lief natürlich sofort barfuß, wie sie war, zurück in Richtung ihres Zimmers. Leider war ihr Kerl schneller. Er packte sie noch auf dem Gang. Die meisten Frauen machten jetzt schnell die Türen zu ihren Zimmern zu und verschwanden von der Bildfläche. Freier waren gerade keine auf dem Gang.

Der Zuhälter hatte das junge Ding im Arm und sie fing an zu kreischen und zu weinen. Das schien ihn nur noch wütender zu machen. Er holte aus und klatschte ihr mit der flachen Hand voll ins Gesicht. Anschließend griff er sie am Haarschopf und zog sie an den Haaren hinter sich her durch den Gang zum Zimmer. Dabei bemerkte er, dass meine Tür noch offen stand und ich die Szene sprachlos verfolgte. Er drehte sich zu mir um und schrie mich an:

»Du verfickte Mistfotze. Sieh zu, dass du in dein Zimmer verschwindest, sonst hau ich dich zu Brei.«

Ich erschrak zu Tode und schloss schnell die Tür. Mein Herz schlug so stark, dass ich es bis in den Hals spürte. Ich hörte noch die Schreie der Kleinen und dann, wie die Tür zu ihrem Zimmer zugeschlagen wurde. Ich stand an der Tür und guckte ängstlich durch das kleine Guckloch. Ich konnte nur den Abschnitt des Gangs direkt vor meiner Tür sehen und wartete darauf, dass der Typ wieder vorbei kam. Nach weniger als zehn Minuten kam er dann vorbei und ging ins Treppenhaus. Ich blieb noch hinter meiner verschlossenen Tür und wartete einige Minuten. Draußen war langsam wieder Betrieb. Ich sah einige Freier an meiner Tür vorbeigehen. Dann klingelte das Telefon. Ich ging ran. Es war Matthias. Ich war froh und erleichtert seine Stimme zu hören. Ich wollte ihm gleich alles erzählen. Dazu ließ er mir aber keine Gelegenheit.

Noch bevor ich ansetzen konnte, fragte er:

»Warum ist deine Tür zu?«

Ich erzählte ihm kurz, was vorgefallen war.

Matthias:

»Na und? Und du nimmst das zum Anlass gleich mal Ferien zu machen? Du machst jetzt sofort deinen Bauchladen auf. Ich will dich in der Tür stehen sehen. Und wehe, du lässt dir weiter die Kunden durch die Lappen gehen.«

Dann knallte er den Telefonhörer auf. Ich schminkte mich schnell nach, öffnete die Tür und stand dann wieder da und wartete auf einen Freier. Die anderen Frauen waren auch wieder bei der Arbeit. Nur die Tür der Kleinen war noch verschlossen. Es dauerte aber nicht lange, dann war die Tür auch wieder auf und sie stieg wieder in das Geschäft ein. Sie hatte sich eine fette Sonnenbrille aufgesetzt, sah aber im Gesicht total ramponiert aus. Das schien die Freier aber nicht zu stören. Sie machte in dieser Nacht sogar noch ein besseres Geschäft als ich. Es schien, als säße ihr die Angst und ihr Zuhälter im Nacken. Sie versuchte wirklich jeden Mann, der sich ihr näherte, hereinzubekommen. Dabei musste sie aufpassen, dass sie nicht ins Gehege ihrer Nachbarin kam, die sie bereits mehrfach in ihre Schranken gewiesen hatte. Die Situation schien schnell vergessen und die Frauen gingen in aller Ruhe ihren Geschäften nach. Bei mir saß der Schock aber noch tief. Ich hatte zumindest zu einem Teil mitangesehen, wie sich der Zuhälter an der Kleinen ausgelassen hatte und hatte dabei selbst nicht eingreifen können. Allein , wie er sie an ihren Haaren durch den Gang schleifte, musste ihr starke Schmerzen bereitet haben. Was dann noch hinter der verschlossenen Tür im Zimmer geschah, konnte ich mir nur vorstellen. Dann war da noch der Zuhälter, wie er mir drohte. Das hatte mir richtig Angst gemacht. Trost und Hilfe hatte ich dann von Matthias erwartet und wurde enttäuscht.

Ich musste mich aber schon bald wieder auf andere Dinge konzentrieren. Ich hatte keine andere Wahl und schon bald hatte ich es mit einem Freier zu tun, der auf mir einfach nicht abspritzen konnte. Ich versuchte einiges und ließ ihn sogar die Stellung wechseln. Es nutzte aber alles nicht und ich war damals noch so dumm und kassierte noch nicht mal nach. Schließlich habe ich bei ihm das Kondom getauscht und ihm einen geblasen. Auch das dauerte noch eine Weile, aber schließlich spritze er ab. Ein Stellungswechsel, dann noch mal blasen und das alles für fünfzig Euro. Dass das ein schlechtes Geschäft war, bemerkte sogar ich damals.

Ich versuchte den Zwischenfall mit der Kleinen zu verdrängen und konzentrierte mich voll auf das Geschäft. Matthias kam dann nochmal auf mein Zimmer.

Matthias:

»Ich habe das alles auf dem Monitor gesehen. Das mit Nayla war nicht schön, aber wenn die so richtig blau ist, dann macht die nur Mist. Außerdem sah alles schlimmer aus, als es war.«

Ich wollte noch darauf eingehen, ließ es aber. Ich bemerkte bei Matthias einen genervten Unterton und hatte kein Interesse, ihn jetzt zu verärgern. Matthias fragte mich dann ein bisschen aus und wollte wissen, wie es denn mit den Freiern gelaufen war.

Anja:

»Naja, es ging. Keiner hat mir besondere Schwierigkeiten gemacht. Trotzdem musste ich mich ziemlich überwinden.«

Matthias:

»Das habe ich dir doch gesagt. Das geht hier alles ganz normal über die Bühne. Das ist alles nichts Besonderes. Stressig wird es an den Wochenenden erst nach Mitternacht. Dann kommen die Angetrunkenen und die Typen von der Marine, die hier mal den Stier geben wollen. Für dich ist dann aber Schluss.«

Meine weiteren Freier in dieser Nacht machten mir dann keine Probleme mehr. Es war tatsächlich ein wenig, wie

Matthias es mir erzählt hatte. Ich hielt das alles nicht mehr für Sex, sondern für eine Dienstleistung, die ich stoisch ablieferte. Zumindest bildete ich mir das ein, um mit dem allen irgendwie klar zu kommen. Es gab dann noch einen kleineren Zwischenfall mit einem Kerl, der auf unseren Gang kotzte. Auch um den kümmerten sich die Zuhälter. Zu dritt packten sie ihn und schleppten ihn auf den Hof. Dann bezog er Dresche und wurde noch zusammengetreten, als er schon gekrümmt auf dem Boden lag und nur noch wimmerte. Die Frauen standen am Fenster des Treppenhauses und schauten es sich belustigt an. Alle amüsierten sich dabei köstlich. Dieser kleine Zwischenfall hob die Stimmung beträchtlich. Zwei von den Frauen mussten dann noch die Kotze wegmachen. Der Gestank blieb aber für den Abend. Kurz nach ein Uhr in dieser Nacht kam dann Matthias wieder zu mir auf´s Zimmer. Der letzte Kunde war gerade raus. Er kam ins Zimmer und schloss hinter sich die Tür. Er schaute sich im Zimmer um und blieb vor dem Bett stehen. Er trat gegen den kleinen Mülleimer, der neben dem Nachtschränkchen stand.

Matthias

»Der scheiß Eimer ist ja randvoll. Und das bei acht Kunden. Was hast du denn mit denen angestellt. Hast du jedem einzelnen mit Papiertüchern den gesamten Körper geputzt oder was. Ich habe dir doch gesagt, du sollst mit dem Zeug sparsam umgehen. So, jetzt nimm die Plastiktüte aus dem Eimer, knote sie zusammen und nimm sie gleich mit nach unten. Draußen steht ein Müllcontainer, da kommt die dann rein. Pack dann gleich eine neue Tüte in den Eimer. Wenn du die Wichse nicht jeden Tag entsorgst, dann stinkt das hier bald unerträglich.«

Anschließend machten wir noch die Kasse. Bisher hatten wir noch nicht darüber geredet, was mit dem Geld passieren sollte. Es war mir natürlich klar, dass Matthias mir nicht alles geben würde, schließlich hatte er ja alle Kosten verauslagt.

Matthias:

»Du hattest in der Schicht acht Kunden. Das macht einen Umsatz von 300 Euro. Was war das denn genau?«

Anja:

» Das war dreimal Ficken und Blasen zu 50 Euro und fünfmal nur blasen für 30 Euro.«

Ich war schon ziemlich kleinlaut, denn ich merkte selbst, dass es Matthias viel zu wenig war.

Matthias:

»Das ist keine tolle Ausbeute. Du hast noch viel zu lernen. Wenn du dich hier dauernd für kleines Geld durchficken lässt, dann ist deine Fotze bald wundgefickt und die Kasse trotzdem leer. Von der Kundschaft her war das eigentlich eine ganz gute Schicht. Du kommst auch ziemlich gut an. Du verstehst es nur noch nicht, richtig abzuschöpfen, aber das kommt noch.«

Anja:

»Aber was soll ich dann machen? Die wollten einfach nicht mehr.«

Matthias:

»Die wollten nicht mehr, wenn ich das schon höre. Du gehst das falsch an. Du musst die Kerle richtig geil machen und dann ausnehmen. Sonst kommst du hier zu gar nichts. Aber das wirst du noch lernen.«

Natürlich hatte Matthias damit recht, zumindest wenn man es aus seiner Sicht und rein geschäftlich betrachtete. Für acht Freier war das wirklich keine üppige Ausbeute. Bevor wir noch zu Matthias in die Wohnung fuhren, machten wir noch die Kasse und Matthias erklärte mir dann auch die Verteilung.

Matthias:

»Also du hast300 Euro Umsatz gemacht. Das ist nun kein Spitzenwert und einige der anderen Frauen haben in der Schicht 500 Euro und mehr gemacht. Eigentlich sollten deine Umsätze auch ungefähr in diesem Bereich liegen. Auf der anderen Seite war das deine erste Schicht und da ist das schon ok. Außerdem hast du keinen Ärger gemacht. Also lassen wir es mal gut sein für die Nacht. Also von den 300 Euro bekommst du ein Drittel. Ich behalte den Rest und bezahle für dich alle Kosten. Hier ist dein Geld. Er reichte mir zwei Fünfziger rüber und ich nahm sie an und steckte sie in die Handtasche.

Anja:

»Danke.«

Man soll es nicht glauben, aber ich bedankte mich sogar noch bei meinem Zuhälter. Was war ich damals für ein dummes Huhn.

Auf der Fahrt in die Wohnung redeten wir kein einziges Wort, obwohl mir so viel auf der Zunge lag. In der Wohnung angekommen war ich noch total aufgedreht und lief rastlos hin und her. Dann duschte ich erst mal heiß und lange. Ich seifte mich gründlich ab und schmiss alles, was ich getragen hatte, in die Wäsche. Ich war noch so aufgeregt und wollte unbedingt mit Matthias reden. Da war noch so viel, was ich loswerden musste. Eigentlich wollte ich ihm sagen, dass ich wieder aussteigen wollte. Ich konnte mir gar nicht vorstellen, nochmal in das Laufhaus zu gehen. Lieber würde ich putzen gehen und mich halb tot schuften, als das nochmal ertragen zu müssen.

Matthias gab mir dann noch eine Tablette zur Beruhigung, noch bevor ich anfangen konnte zu reden. Die Tablette wirkte schnell und wieder wie ein Hammer. Ich schlief noch auf der Couch im Wohnzimmer ein.

In dieser Nacht kam es nicht mehr zu einer Aussprache.

Die ersten Monate

Am nächsten Morgen sah alles schon ganz anders aus. Der tiefe Schlaf hatte das Geschehene verblassen lassen und alles hatte an Schrecken verloren. Ich sah die Sache jetzt wesentlich nüchterner. Ich setzte mich bei einem späten Frühstück mit Matthias zusammen und wir besprachen alles noch einmal. Er war jetzt wieder freundlicher und zugänglicher. Er brauchte mich dann auch nicht mehr besonders zu beschwatzen, ich war schon wieder gewillt, zurück ins Laufhaus zu gehen. Ich wollte es diese Nacht noch mal probieren und sehen, ob ich nicht auch einen größeren Umsatz hinbekommen würde.

In den ersten Wochen machte ich vieles falsch. Ich lernte aber schnell dazu und wurde von Tag zu Tag besser. Das hieß in erster Linie, dass es mir gelang, zunehmend problemloser die Freier ins Zimmer zu bekommen. Außerdem wurde ich schneller und achtete stets darauf, die Freier nicht länger im Zimmer zu haben als unbedingt nötig. Kurze Preisverhandlungen, ein Gespräch aus wenigen Worten mit namentlicher Vorstellung und schon nach knapp fünf Minuten hatte ich den Schwanz zwischen den Fingern, im Mund oder den Freier auf mir drauf. Vorher wurde mit einem nassen Handtuch etwas abgewaschen und eine Nummer ohne Kondom war überhaupt nicht denkbar für mich gewesen.

Ich optimierte vor allem meine Art zu blasen um auch hier Zeit zu gewinnen. In den ersten Tagen nahm ich die Schwänze immer tief in den Mund und bearbeitete sie intensiv mit meiner Zunge. Damit war aber schon nach wenigen Wochen Schluss. Ich lernte, dass es völlig ausreichte und die meisten Freier sogar noch schneller abspritzten, wenn ich den Schwanz beim Blasen intensiv weiter mit der Hand bearbeitete und nur den vorderen Teil des Schwanzes zwischen den Lippen hatte und umschloss. Außerdem spritzten die meisten Kunden schneller ab, wenn ich meine High-Heels beim Blasen anbehielt und mich so setzte, dass sie sie sehen konnten, während ich am Blasen war.

Bei den Freiern musste es immer schnell, schnell gehen und trotzdem blieb ich meistens freundlich und lächelte.

Im Nachhinein erscheint es mir erschreckend, wie schnell ich mich im Puff zurechtfand und wie ich mich einfügte. Ich machte Matthias vom ersten Tag an so gut wie keine Probleme. Ich kam schnell auf gute Umsätze und konnte sie kontinuierlich auf hohem Niveau halten. Die ersten Monate hatte ich auch keine ernsten Probleme mit den Freiern. Ich machte die Mittelschicht von16:00 Uhr bis circa 1:30 Uhr dreißig in der Nacht. An Wochenenden ging es meistens noch eine oder auch zwei Stunden später und gerade die letzten Stunden lohnten sich am meisten. zehn bis zwölf Stunden waren von Beginn an keine Seltenheit.

Ich lernte es auch schnell, aus meinen Freiern mehr Geld rauszuholen. Es war gar nicht zu übersehen, dass ich gut ankam. Ich hatte schon bald einige Stammkunden und auch von der Laufkundschaft bekam ich stets ein großes Stück des Kuchens ab. So konnte ich auch an der Preisschraube drehen. Ich hielt mich zwar grundsätzlich an die vorgeschriebene Preisstruktur, konnte aber zunehmend höhere Preise für mich durchsetzten. Für 30 Euro ließ ich Freier eigentlich nur noch aufs Zimmer, wenn im Laufhaus Totentanz herrschte oder außerhalb der Stoßzeiten. Bei mir ging es mit 50 Euro los und wenn der Freier ficken wollte, was die meisten wollten, dann war für Extras ein Aufpreis fällig. Ein Stellungswechsel kostete ein Aufgeld, genauso wie diverse andere Wünsche. Soweit es möglich war, brachte ich die Freier auch dazu, nochmal nachzulösen, wenn es sich ergab. Außerdem hatte ich es schnell raus, die Freier richtig zu taxieren und das Maximale aus ihnen herauszuholen.

Ich tat das aber nicht wie einige andere Frauen mit vulgärem Gehabe, sondern in erster Linie mit Freundlichkeit. Ich erreichte am meisten bei den Freiern, wenn ich sympathisch rüberkam und der Freier sich wohlfühlte. Ich war für viele Freier das hübsche Mädchen von nebenan, das sie gerne mal ficken lies und sich über die Bezahlung freute. Das war natürlich alles nur eine Rolle, die ich spielte.

Ich hatte bald überhaupt keine Probleme mehr, mich mit meinen Freiern völlig ungezwungen zu unterhalten. Das war ein riesiger Vorteil und machte sich ebenfalls bei meinen Umsätzen bemerkbar.

Ich kann zwar nicht sagen, dass der Job anfing mir zu gefallen, es war jedoch so, dass mir die Dinge von Monat zu Monat leichter fielen. Besonders mit den Rahmenbedingungen konnte ich mich zunehmend besser arrangieren. Ich arbeitete zwar jede Woche an vier oder fünf Tagen, musste aber morgens nicht mehr so früh aufstehen. Ich schlief bis Mittag, schaute dann Fernsehen bis um 15:00 Uhr und fuhr dann mit Matthias an die Küste.

Täglich wurde abgerechnet. Mir blieb stets ein Drittel des Umsatzes. Das klingt zwar wenig und ungerecht, war aber im Vergleich zu meiner Harz- IV-Kohle geradezu gigantisch viel. Ich hatte immer Geld und konnte mir oft Klamotten und anderes Zeug nur so zum Spaß kaufen.

Ich musste mich um nichts kümmern. Ich zahlte keine Miete, die meisten Einkäufe bezahlte Matthias und auch Steuern, Krankenversicherung und sonstigen finanziellen Krempel erledigte Matthias für mich. Und wie sich später zeigen sollte machte er das sogar ziemlich zuverlässig und gut.

Ich lebte so nicht nur in geordneten, sondern auch guten finanziellen Verhältnissen.

Ich lernte sogar, mit Geld umzugehen und weniger auszugeben, als ich verdiente. So gelang es mir auch, zum ersten Mal in meinem Leben etwas Geld zu sparen. Dabei kam auch schnell einiges zusammen. Leider geriet aber Matthias mehrmals durch seine kopflosen Aktiengeschäfte tief in die roten Zahlen. Jedes Mal half ich ihm dann mit größeren Geldbeträgen aus und so floss mein mühsam Erspartes dahin. Trotzdem war es jedes Mal für mich überhaupt keine Frage, dass ich ihm helfen musste. Ich fühlte mich dazu verpflichtet.

Die Beziehung zu Matthias veränderte sich zwar, wurde aber nicht unbedingt schlechter. Wie ich schnell herausbekam, war ich nicht die einzige Frau, die für Matthias anschaffen ging. Es gab stets mindestens zwei weitere Frauen, die für ihn im Laufhaus standen. Ich hatte aber eine besondere Stellung. (Ich weiß, dass an dieser Stelle viele Frauen laut lachen werden und denken: Wie doof und naiv ist die denn?) Trotzdem war es in meinem Fall genauso. Ich war in der ersten Zeit nicht nur die Frau, die für ihn anschaffen ging, sondern auch die Frau – und zwar die einzige – mit der er zusammenlebte. Die anderen Frauen bekamen von Matthias auch ein Drittel des Umsatzes und auch bei denen kümmerte er sich um alles, was organisatorisch zu erledigen war. Im Vergleich zu seinen anderen Frauen und zu den anderen Frauen im Laufhaus war ich wirklich privilegiert. Mir ging es viel besser als den meisten anderen Frauen. So betrachtet waren die ersten Monate im Milieu gar nicht so schlecht gewesen. Die schlimme Zeit sollte erst noch kommen.

Ich muss aber auch erwähnen, dass ich, seit ich im Laufhaus arbeitete, angefangen hatte, sehr oft und regelmäßig Tabletten zu nehmen. Ich wusste anfangs gar nicht, was ich einnahm. Ich bekam die Tabletten von Matthias und auch er schluckte sie regelmäßig. Das waren starke Mittel gegen Unruhe, Mittel zur Entspannung und zum Einschlafen und vor allem Tabletten, die man am besten als Glücklichmacher bezeichnen konnte. Matthias hatte ständig die passenden Privatrezepte und holte alles aus der Apotheke. Weil es so viel war, wechselte er ständig die Apotheken.

Alkohol tranken wir überhaupt keinen und auch um illegale Drogen machten wir einen weiten Bogen.

Heute weiß ich, dass ich schon nach wenigen Monaten hochgradig Medikamentenabhängig war. Überhaupt nur durch diesen exzessiven Medikamentenkonsum war es mir möglich gewesen, die Zeit zu überstehen. Ich bekam zu einem guten Teil überhaupt nicht mit, was um mich herum und mit mir geschah. Trotzdem wirkte ich nach außen nie wie ein Junky. Mit Matthias war es nicht viel anders. Auch er konsumierte regelmäßig verschiedene Tabletten und in der Summe sogar noch mehr als ich. Er tat es auch schon eine ganze Weile und war ein ausgewiesener Fachmann auf diesem Gebiet. Damit will ich sagen, er wusste, mit welchen Tabletten man die beste Wirkung erzielen konnte. Anfangs machte ich alles mit.

Die Hoffnung stirbt zuerst

Der Puff ist wirklich ein Platz der Hoffnungslosigkeit für uns Frauen. Hier gibt es wirklich keine Perspektive und mit jeden Tag, den du hier verbringst, wirst du nicht nur älter, sondern noch resignierter. Natürlich denken die meisten Frauen, Hoffnungen auf ein besseres Leben danach zu haben. Das sind aber in der Realität keine Hoffnungen, sondern Märchengeschichten und haltlose Träume. Im Puff kannst du aber überhaupt nur mit diesen Märchengeschichten und Träumen überleben. Seit meiner ersten Nacht im Laufhaus hatte der Begriff Hoffnung für mich eine völlig neue Bedeutung.

Auch wenn du, gerade zu Beginn, davon ausgehst, dass du hier nur vorübergehend stehst und dass auf dich noch eine große, glückliche Zukunft wartet, sieht die Realität ganz anders aus. Denn selbst wenn du dich nach außen optimistisch und zuversichtlich gibst, sieht es in dir ganz anders aus. So war es zumindest bei mir. Ich fing schon sehr früh an mich mit dem allem abzufinden und mich entsprechend einzurichten. Schnell trat bei mir in den Vordergrund, mich mit allem zu arrangieren und mit den Schwierigkeiten und Unwegsamkeiten klar zu kommen. Ich war so damit beschäftigt, von Tag zu Tag im Laufhaus zu »überleben«, dass mir keine Zeit und vor allem keine Kraft blieb, meine Gesamtsituation wirklich kritisch zu reflektieren. Dieser ständige »Überlebenskampf« raubte mir jede Energie.

Ihr könnt euch das vielleicht gar nicht so vorstellen, was das damals für mich bedeutete. Aber tatsächlich war es so, dass ich ständig Gefahren und Anfeindungen ausgesetzt war. Diese Gefahren und Anfeindungen kamen aus unterschiedlichen Richtungen. Das war das Risiko, das ich mit jedem Freier mit in mein Zimmer nahm. Denn obwohl das

Sicherheitssystem im Haus vorbildlich war, blieb ein wenig kalkulierbares Restrisiko. Später in diesem Buch berichte ich noch von einigen gefährlichen oder zumindest sehr unangenehmen Situationen. Ausblenden möchte ich auch nicht die Gefahren für die Gesundheit, die weit über HIV hinausgingen.

Auch der Umgang mit Matthias und den Zuhältern war nicht gefahrlos. Solange der Umsatz stimmte und ich funktionierte, hatte ich nichts zu befürchten. Hatte ich aber mal eine schlechte Zeit oder war einfach nicht gut drauf, dann bekam ich den Druck schnell zu spüren. Und dabei handelte es sich um Druck, der schnell auch zur körperlichen Gewalt eskalieren konnte. Gerade in solchen Situationen war ich völlig hilf- und schutzlos.

Außerdem waren wir Frauen im Laufhaus alles andere als ein Club von guten Freundinnen. Mit den Frauen aus den anderen Bordellen herrschte teilweise sogar offene Feindschaft und es kam sogar zu gewaltsamen Auseinandersetzungen Letztere waren aber die Ausnahme.

Trotzdem verhielt ich mich allen anderen Frauen gegenüber stets vorsichtig und äußerst bedeckt und tat gut daran.

Nicht zu unterschätzen waren auch die Gefahren und Unannehmlichkeiten, die von der Außenwelt auf mich zukamen und mit denen ich gar nicht so gerechnet hatte. Trotz allem, was sich in unserer toleranten Zeit bestimmt verbessert hat, spürst du als Prostituierte ständig die Verachtung der anderen, wenn du dich außerhalb des Milieus bewegst oder du im Milieu mit der Außenwelt konfrontiert wirst. Da können schon Kleinigkeiten ausreichen.

Dabei habe ich sehr schnell gelernt, meine Tätigkeit als Prostituierte nach außen nicht offen zu legen und zu verleugnen. Ich lebte permanent mit der Lüge. Dabei war das genau das Richtige. Ich kann wirklich jeder Frau nur empfehlen, es genauso zu tun. Vor allem nach einem Ausstieg aus dem Milieu sollte man sich in eine Identität fügen, die mit dem Milieu nichts mehr zu tun hat.

Trotz allem ging es mir im Vergleich zu vielen der anderen Frauen im Milieu sogar noch wesentlich besser. Bei mir liefen zudem die ersten Monate gar nicht so schlecht.

Die wirklich schlimmen Situationen und Zeiten hatte ich damals aber noch vor mir. Probleme mit Freiern, Zuhältern und selbst mit den anderen Frauen sollten schon bald geballt auf mich zu kommen. Viel stärker als in den ersten Monaten war mein Leben im Laufhaus dann auch geprägt von Gewalt, gesellschaftlicher Ächtung, Hilflosigkeit und Krankheit. Es gab aber auch komische und nette Situationen, und auch die werde ich in diesem Buch erzählen.

Im Nachhinein muss ich ganz deutlich sagen, dass das Laufhaus sogar noch ein verhältnismäßig angenehmer Ort war und es im Milieu Plätze gab, wo es für die Frauen wesentlich rauer, gefährlicher und riskanter zuging. Zudem hatte ich persönlich viel bessere Voraussetzungen und Rahmenbedingungen als viele der anderen Frauen.

Es war zwar so, dass auch bei uns die Polizei für uns Frauen keine wirkliche Hilfe war, aber sie sorgte zumindest dafür, dass sich an der Küste das Schwerverbrechen sich nicht einnisten konnte. So gab es an der Küste beispielsweise keine minderjährigen Prostituierten. Das wäre für die Beteiligten viel zu gefährlich gewesen, obwohl viele der Zuhälter deswegen wohl keinerlei Skrupel gehabt hätten. Die Prostitution mit Minderjährigen fand in der Stadt an anderen Plätzen statt und hatte mit dem Milieu an der Küste nichts zu tun.

Die Polizei behielt auch die Situation mit den ausländischen Frauen im Auge. Wirklich viel konnten die zwar auch nicht ausrichten, aber sie versuchten zumindest Exzesse zu unterbinden. Dabei war das aber stets ein »Katz und Maus Spiel« und die Zuhälterbanden und Schlepper waren stets einen Schritt voraus. Den Grund hierfür sehe ich persönlich in der bis heute gültigen Gesetzeslage. Zuhälter und Menschenhändler werden durch diese geradezu privilegiert und müssen fast keine Strafverfolgung befürchten. Der Polizei sind doch die Hände gebunden.

Mit am schlimmsten geht es den Frauen, die an der Straße arbeiten. Das fängt schon mit so was Banalem wie den Temperaturen an, wie den Temperaturen. Außer im Sommer sind die Arbeitsbedingungen für die Frauen schon wegen des Wetters katastrophal. Dabei sind natürlich frostige und windige Winterabende das schlimmste. Aber selbst dann stehen die armen Hühner bis tief in die Nacht frierend an der Straße. Sie haben dann noch nicht mal die Möglichkeit sich vernünftig anzuziehen. Passende Winterkleidung verbieten die Zuhälter, weil die sich schlecht auf die Umsätze auswirkt. Die Frauen versuchen dann, sich trotzdem mit allen möglichen Tricks einigermaßen warm zu halten. Ich habe Frauen in Minirock bei tiefen Minusgraden nachts an der Straße stehen sehen. Die hatten zwar dicke Jacken und mehrere Strumpfhosen übereinander an, aber ausreichend war das trotzdem bestimmt nicht. Ich will gar nicht wissen, was die Zuhälter denen einflößen, damit sie die Nächte durchstehen.

Hinzu kommen die hygienischen Bedingungen und, dass sich dic Frauen draußen viel größeren Gefahren ausgesetzt sehen. Zwar werden die Straßen rund um den Strich engmaschig von Zuhälterbanden kontrolliert und überwacht, trotzdem ist es für eine Frau im Einzelfall wesentlich komplizierter, Hilfe zu bekommen, wenn es in einem Auto mit einem Freier brenzlig oder sogar gefährlich wird. Es kommt zwar nur selten zu lebensgefährlichen Situationen, aber kleinere Handgreiflichkeiten den Frauen gegenüber sind an der Tagesordnung.

Den Straßenstrich hatte in unserer Stadt die Polizei nur sehr schlecht im Griff. Darum arbeiteten dort sehr viele Ausländerinnen und das nicht immer freiwillig. Die Zuhälterbanden, die dort das Sagen hatten, waren wesentlich brutaler als die an der Küste. Darunter litten vor allem die Frauen. Auch kam es immer wieder mal vor, dass die Zuhälter dort minderjährige Frauen an die Straße stellten. Da dort aber ein ständiges Kommen und Gehen herrschte, konnte die Polizei nur wenig ausrichten. Zudem hatten die Zuhälterbanden ein effektives Frühwarnsystem etabliert. Überhaupt sind neben Pistolen und Messern, Mobiltelefone und das Internet zu wichtigen Waffen und Werkzeugen für die Zuhälter geworden.

Wenn sich dann noch die Drogenszene dazu gesellt, dann wird es richtig unangenehm. Dann ist an diesen Straßen das Leben der Frauen wirklich nicht mehr viel wert. Dort gibt es dann wirklich keine Hoffnung mehr für die Frauen und die Straße wird nicht nur zur Sackgasse, sondern für einige auch zur Endstation.

Und die Gesellschaft schaut einfach nur weg.

Unsere Discoqueen

Bei uns im Laufhaus waren die Probleme längst nicht so groß wie auf der Straße. Und nicht nur die Zuhälter unterschieden sich von denen, die auf dem Straßenstrich ihren Geschäften nachgingen, sondern auch die Frauen. Einige meiner Kolleginnen werde ich ihnen vorstellen.

Ein durchgehend gutes Verhältnis hatte ich zu Doreen. Sah man sie im Laufhaus, dann konnte man schon den Eindruck haben, sie gehörte hier nicht hin und hätte sich verlaufen. Zumindest schien sie es so zu sehen. Doreen sah sich selbst auch nicht wirklich als Prostituierte.

Doreen war im Laufhaus meine direkte Nachbarin. Das heißt, sie hatte wie ich auch ein Zimmer in der besten Lage im ersten Stock. Sie war eine von Davids Frauen und seine zuverlässigste Umsatzträgerin. Sie war zwei oder drei Jahre älter als ich und arbeitete schon knapp zwei Jahre im Laufhaus. Das alles tat sie natürlich nur vorübergehend. Während sie anschaffen ging, plante David nämlich ihre Gesangskarriere und stellte die dafür notwendigen Kontakte und Beziehungen her. Doreen hielt sich gesanglich für talentiert und ging fest davon aus, als Sängerin oder Schauspielerin demnächst groß rauszukommen. Zumindest sah Doreen das alles so.

David hatte sie in einer Dorfdisco aufgegabelt. Sie hatte dort an einem Gesangswettbewerb teilgenommen und den dritten Platz belegt. David spielte den Bewunderer ihres Talentes und den Mann mit den Kontakten ins Showbiz vor. Dass muss er so überzeugend gemacht haben, dass sie ihm kurze Zeit später in die Stadt folgte und dann auch für ihn anschaffen ging.

Doreen war schon eine ziemlich dumme Nuss, aber eine sehr gutaussehende Frau und eine sehr erfolgreiche Hure. Sie lag im Umsatz immer an der Spitze im Laufhaus und damit auch deutlich vor mir.

Nun ist es nicht so, dass die Frauen mit ihren Umsätzen hausieren gehen. Das Gegenteil ist der Fall. Wir haben uns mit Aussagen über unsere Umsätze immer sehr bedeckt gehalten. Erzählte eine Frau dann mal von ihrem Umsatz, dann konnte man schon fast davon ausgehen, dass dabei gelogen oder übertrieben wurde. Ich selbst war da nicht anders. Von mir aus erzählt habe ich den anderen Frauen gar nichts und wenn ich gefragt wurde, wich ich aus oder blieb unkonkret.

Trotzdem konnten wir uns untereinander ziemlich gut taxieren. Wir bekamen ja schließlich mit, wie viele Freier bei den einzelnen Frauen ins Zimmer kamen. Auch aus der Dauer der einzelnen Besuche konnte man auf den Umsatz schließen.

Dass Doreens Geschäft sehr gut lief konnte, man gar nicht übersehen. Sie hatte viele Stammkunden und zu den Stoßzeiten mussten Kunden sogar warten, so viel Betrieb herrschte stets bei ihr. An guten Wochenenden lauerten einige Freier regelrecht darauf, dass sich ihre Tür öffnete und gingen auf unserem Gang auf und ab.

So eine Umsatzträgerin auf dem Gang zu haben war auch für uns andere Frauen gut für´s Geschäft. Es gab Freier, die kamen überhaupt nur wegen Doreen. Deshalb herrschte bei uns auch immer mehr Betrieb als auf anderen Fluren. Für uns fiel dann auch immer etwas mit ab, wenn Freier nicht warten wollten. Ich hatte das natürlich überhaupt nicht nötig. Außerdem waren das natürlich ausnahmen. Meistens warteten ihre Kunden oder gingen und kamen später wieder.

Es war so, dass im ersten Stock die »besten« Frauen ihre Zimmer hatten. Je weiter man im Laufhaus, das vier Etagen hatte, nach oben ging, desto unattraktiver und älter wurden die Frauen.

Das klingt in Ihren Ohren bestimmt hartherzig und entwürdigend. Es entspricht aber den Tatsachen. Die Zuhälter sorgten dafür, dass die guten Frauen die besten Zimmer hatten, damit da der größte Teil vom Umsatzkuchen landete. Die Zimmer im vierten Stock waren dagegen mit den echten »Härtefällen« belegt. Die Frauen da oben mussten wirklich hart um jeden Freier kämpfen, der sich dorthin verirrte. Die Zimmervergabe im Bordell ist alles andere als zufällig. Jedes weitere Stockwerk nach oben kostet Umsatz.

Ich stand die gesamte Zeit meiner Tätigkeit im Laufhaus in der Belle Etage. Wäre ich länger geblieben, dann hätte sich das aber mit den Jahren geändert. Mit fünfundzwanzig Jahren war ich schließlich fast schon zu alt für einen der besten Plätze im Haus.

Ich hatte auch mit Doreen als Nachbarin Glück. Sie war zu mir freundlich und hilfsbereit und das, obwohl sie mit vielen der anderen Frauen aus dem Haus dauernd im Clinch lag. Das war dann wohl auch mit ein Grund, warum sie mich zu einem Dreier hinzuholte und nicht eine der anderen Frauen aus der Etage.

Es war an einem Sonntagnachmittag. Im Laufhaus war nicht viel los. Er gab nur wenige Freier und auch mehr als die Hälfte der Frauen arbeitete nicht. An Sonntagnachmittagen kommen öfter mal Stammkunden. Mit einigen von meinen Stammkunden habe ich sogar Termine für die Sonntagnachmittage gemacht. Gerade wenn wenig los war, konnte ich besser kalkulieren und vermeiden, dass mir ein Freier aus der Laufkundschaft dazwischen kam.

So war es auch an diesem Nachmittag. Ich stand schon drei Stunden im Haus und hatte schon 200 Euro Umsatz gemacht. Doreen hatte dieselbe Schicht und auch gut und trotzdem stressfrei zu tun. Überhaupt sind die Kunden an Sonntagen meistens problemlos.

Am frühen Abend kam ein Skandinavier ins Haus. Er war leicht angetrunken, was ich bereits am Gang erkannte. Zuerst schlug er bei uns auf dem Flur auf. Er ging freundlich lächelnd an meiner Zimmertür vorbei und auch Doreen gelang es nicht, ihn zum Bleiben zu animieren, obwohl sie ziemlich ran ging. Es waren noch zwei andere Frauen in ihren Zimmern bei offenen Türen, aber auch die schienen ihn erst mal nicht zu interessieren.

Wahrscheinlich hatte er gar nicht die Absicht zu ficken, sondern wollte erst mal einen Bummel durch den Puff machen. So was ist gar nicht so selten. Schließlich wird kein Eintritt verlangt, aber etwas fürs Auge geboten.

Es schien so, als wollte er unseren Flur wieder verlassen und nach oben in den zweiten Stock gehen. Dazu musste er aber wieder an Doreens und meiner Zimmertür vorbei. Ich hätte es dann natürlich noch mal bei ihm probiert.

Vorher musste der aber bei Doreen vorbei. Doreen hatte für solche Typen ein ganz besonderes Gespür. Instinktiv schien sie gemerkt zu haben, dass man aus dem Typen Geld rausholen konnte. Sie war fest entschlossen ihn nicht davon ziehen zu lassen. Der Typ sollte sein Geld bei ihr lassen. Als er also wieder fast schon an ihrer Tür war, stellte sie sich breitbeinig in High-Heels, Tanga und knappem Top auf den Gang und versperrte ihm den Weg. Obwohl er bereits leicht angetrunken war, versuchte er sich schüchtern an ihr vorbeizubringen. Das ließ sie aber nicht zu. Aus seiner Kleidung konnte man bereits darauf schließen, dass er ganz gut bei Kasse sein könnte. Was er wirklich dabei hatte und wie groß seine Bereitschaft war, sein Geld hier zu lassen, wussten sowohl Doreen als auch ich dagegen nicht.

Außerdem wirkte er gepflegt und nicht so, als könnte er ein komplizierter Freier sein. Doreen schien festentschlossen, ihn sich zu holen. Wie ich sie kannte, ging es ihr dabei längst nicht nur noch um das Geld. Sie hatte auch einen gewissen sportlichen Ehrgeiz, sich gerade die Typen zu reißen, die nicht freiwillig kamen. Außerdem wollte sie sich vor mir und den anderen mal wieder aufspielen. Das tat sie öfter und damit konnte sie einen schon verärgern. Ich hatte damals oft den Gedanken, dass das Laufhaus für Doreen immer auch ein wenig eine Bühne war. Wir waren dann wohl ihr Publikum. Das war überhaupt der größte Fehler, den Doreen machte, sie suchte ständig die Öffentlichkeit und ihr Publikum. Im Laufhaus verschaffte ihr das nur unnötiges Aufsehen und Neiderinnen und Neider. Viele der Frauen verärgerten Doreens Showeilagen. Und dabei ging es längst nicht nur um die Umsätze.

Noch schlimmer als ihr aufgedrehtes Getue im Laufhaus war aber ihr Benehmen draußen. Ich vermied es schon lange, mich mit ihr draußen sehen zu lassen. Während ich wie praktisch alle anderen Frauen stets bestrebt war, draußen nicht als Prostituierte erkennbar zu sein, legte es Doreen darauf an, unbedingt aufzufallen. Ich wäre niemals auf die Idee gekommen, grell geschminkt in »Arbeitskleidung« aus dem Laufhaus zu gehen. Selbst wenn ich nur kurz zum Drogeriemarkt ging, tat ich das weitestgehend ungeschminkt und in Jeans und Sportschuhen. Überhaupt verhielt ich mich in der fußläufigen Umgebung der Küste vorsichtig und sehr bedeckt. Ich wollte auf keinen Fall als Hure erkannt werden.

Doreen machte es anders. Sie trieb sich viel in der Gegend rum um die Küste rum. Sie war stets in High Heels und Minirock unterwegs und fiel jedem auf. Sie hatte auch nichts dagegen von fremden Typen fotografiert zu werden. War sie in guter Stimmung, dann ließ sie sich sogar von männlichen Touristen Arm-in-Arm fotografieren. Es fehlte schon damals nicht mehr viel und sie würde als Hure stadtbekannt sein. Genauso aufgedreht, schrill und nuttig stand sie jetzt vor dem verschüchterten Freier. Er merkte schnell, dass er zumindest um ein Gespräch mit Doreen nicht herum kam. Ich guckte mir das »Schauspiel« belustigt an.

Doreen:

»Na, mein Süßer. Möchtest du mit mir aufs Zimmer kommen?«

Der Freier wusste nicht, was er sagen sollte und zuckte nur mit den Schultern. Er lächelte freundlich, aber schüchtern.

Doree:

»Na, ficken? Du mich ficken?«

Das klingt zwar sehr vulgär, aber weil es von ihr in süßer Stimme fast gehaucht wurde, kam es sehr erotisch rüber. Außerdem war sie ihm jetzt sehr nahe gekommen, ohne ihn dabei zu berühren. Sie hatte auch bereits gerafft, dass er wohl kein Deutsch verstand. Er sagte ein paar Worte, die sie und ich nicht verstanden. Es muss sich um eine skandinavische Sprache gehandelt haben.

Skandinavier waren im Laufhaus keine Seltenheit. Meistens waren es Touristen oder LKW-Fahrer, die von einer der Fähren kamen. Mit denen gab es wenige Probleme und sie waren auch zahlungskräftig. Auch die Sprachprobleme spielten im Puff keine Rolle.

Als er bemerkte, dass Doreen kein Wort verstand, probierte er es mit Englisch. Aber auch damit kam er nicht weiter. Doreen sprach nicht ein Wort Englisch und probierte es auch gar nicht.

Doreen drehte sich zum mir um, blieb dabei aber dicht vor ihm stehen, um ihm nicht die Möglichkeit zu geben zu entkommen.

Doreen:

»Anja, du musst mir mal helfen. Ich glaube, der spricht nur Englisch.«

Ich fühlte mich geehrt und half ihr gerne. Dabei waren meine Englischkenntnisse selbst alles andere als gut. Zumindest hatte ich ein paar Worte drauf und konnte auch ein wenig verstehen. Ich ging zu den beiden und wurde von ihm gleich freundlich angelächelt.

Doreen:

»Frag ihn, was er will, ficken oder blasen.«

Anja:

»Sir, she ask you, if you want to come with her in her room.«

(Ich gebe den Dialog hier so wieder, wie ich ihn damals geführt und verstanden habe. Ich weiß selbst, dass es sich dabei nicht um preisgekröntes Oxford-Englisch handelte und es sogar fehlerhaft war.)

Der Freier:

»Sure. How much I have to pay?«

Das schien Doreen irgendwie verstanden zu haben und fuhr dazwischen.

Doreen:

»Hundert!«

Mit einhundert Euro schien er sofort einverstanden zu sein. Er stimmte zu und versuchte, mir dann klar zu machen, dass er keine Euros, sondern nur US-Dollar dabei hatte. Es dauerte ein wenig, bis ich es verstand, aber als er schließlich die Dollarnoten aus der Tasche zog, war es uns klar. Den Rest der Verhandlungen übernahm Doreen dann wieder. Sie versuchte gar nicht mehr viel zu erklären, sondern nahm die 150 Dollar und steckte sie ein.

Doreen:

»Dafür kannst du mich ficken, mit allen Extras. Du verstehen? Fuck! Fuck me!«

Der Typ stimmte zu und forderte das Geld nicht zurück. Dann drehte er sich zu mir und zeigte mit dem Finger auf mich.

Doreen:

»Du willst einen Dreier? Kein Problem. Dann kommt die Süße gleich mit.«

Sie rieb sich die Finger der rechten Hand, um ihm zu zeigen, dass er sein restliches Geld wieder aus der Tasche holen sollte. Dann zählte sie noch mal fünfzig Dollar ab und gab sie mir.

Doreen:

»Das sollte reichen. Der fickt dich auch nicht. Du kommst mit und machst ihn einfach ein bisschen geil. Ich lass ihn mich ficken und mache auch den Rest.«

Anja:

»Ja, Doreen, das ist ok. Ich mach nur schnell die Tür bei mir zu.«

Doreen hatte den Freier schon am Arm gegriffen und sich eingehakt. So gingen sie gemeinsam ins Zimmer und ich hinterher. Ich hatte meine 50 Dollar gleich bei mir im Zimmer gelassen und Doreen verstaute in ihrem Zimmer auch als Erstes das Geld.

Doreen:

»Ich bin Doreen und das ist die Tiffany.«, sagte sie freundlich zu ihm und zeigte dabei zuerst auf sich selbst und dann auf mich.

Der Freier:

»Ok, I am Hank.«

Doreen:

»Ich glaube, er heißt Hank oder so. Komm Hank.«

Sie hatte ihn an die Hand genommen und ging mit ihm zum Bett. Dort lag schon ein Handtuch. Ich schaute sie verwundert an. Doreen nahm das Handtuch und drehte es um, legte es dann wieder aufs Bett und zog es glatt.

Doreen:

»Keine Sorgen, ich drehe es jedes Mal vorher rum. Mach ihm mal klar, dass er sich ausziehen soll. Ich muss noch mal kurz ins Bad.«

Anja:

»Ja und bring ein neues Handtuch mit.«

Doreen guckte mich fragend an, sagte aber nichts mehr dazu und ging ins Bad.

Doreen:

»Anja?«

Ich ging zur Tür des Bades, da flog mir auch schon ein großes frisches Handtuch entgegen.

Doreen:

»Extra für dich.«

Anja:

»Danke.«

Ich machte Hank klar, dass er sich ausziehen sollte. Dazu brauchte es nicht viele Worte. Er fing an sich ordentlich zu entkleiden und seine Sachen über den Stuhl zu legen. Ich tauschte die Handtücher und legte das alte Handtuch neben das Bett. Dann kam auch Doreen zurück ins Zimmer und ging gleich ans Bett. Sie hatte sich komplett ausgezogen. Wie es aussah, arbeitete sie auch ohne High-Heels, was mich verwunderte. Ich hatte mich auch schon ausgezogen, aber meine High-Heels anbehalten.

Doreen:

»Frag ihn mal, ob ich auch meine Schuhe anziehen soll. Das kostet aber zehn Dollar extra.«

Ich wusste nicht, wie ich ihm das auf Englisch erklären sollte und zeigte daher einfach auf die Schuhe und auf Doreen und sagte nur:

»With the shoes, ten dollar extra.«

Er verstand und gab mir die zehn Dollar. Dann legte er sich aufs Bett. Er hatte noch seine Strümpfe und seine Unterhose an.

Doreen:

»Dass die Kerle nie ihre Unterbüchs ausziehen können. Denken die, ich kann durch Stoff blasen? So mein Junge, runter mit den Hosen.«

Ich brauchte ab jetzt nicht mehr zu dolmetschen. Doreen zeigte ihm einfach, was sie meinte und wollte. Während er sich die Unterhose und auch gleich noch die Strümpfe auszog, schlüpfte sie in ihre Heels.

Doreen:

»Von Strümpfen ausziehen hatte ich zwar nichts gesagt, aber was soll´s. Ich blase ihn jetzt und du setzt dich einfach dazu, streichelst ihn an den Brustwarzen und machst ihn mit Angucken geil.«

Sie nahm sich ein Kondom und hockte sich rechts neben ihn. Ich setzte mich an die linke Seite, lächelte ihn an und strich ihm zart über die Brust. Doreen hatte ihm ein Gummi übergezogen und schon seinen Schwanz im Mund. Sie blies ruhig, gekonnt und fest. Ihm schien alles sehr zu gefallen. Sonderlich interessiert an mir zeigte er sich jedoch nicht. Er guckte mich noch nicht einmal an, sondern verdrehte seinen Kopf so, dass er Doreen im Visier hatte. Der war so scharf auf Doreen, dass ich eigentlich nur störte. Trotzdem gab ich mir besondere Mühe und spielte sogar mit der Zunge an seiner Brustwarze, was ich sonst nie tue. Er griff mir dann ins Haar und ließ auch das zu.

Es sah so aus, als würde alles ganz schnell gehen. Doreen blies und er stöhnte schon und atmete schwer. Doreen nahm kurz seinen Schwanz aus dem Mund und wichste weiter.

Doreen:

»Ich glaube, der schafft es nicht mal auf mich rauf und spritzt gleich ab. Mach mal so weiter.«

Da nahm sie den Schwanz wieder in den Mund. Bis hierhin lief alles gut und schnell. Die Nummer schien ein schnelles Ende zunehmen und Henk lag entspannt und glücklich mit geschlossenen Augen und ließ sich von zwei Frauen verwöhnen. Dann klingelte Doreens Smartphone. Das war so ziemlich das Blödeste, was jetzt passieren konnte. Wenn ich einen Freier im Zimmer habe, dann stelle ich mein Handy immer auf geräuschlos. Allein das Klingeln kann den Freier schon aus der Stimmung bringen und das Ganze unterbrechen. So was kostete in jedem Fall viel Zeit. Bei Doreen war aber alles noch viel schlimmer. Das Smartphone war der Mittelpunkt ihres Lebens. Ich habe sie noch nie ohne ihr Smartphone gesehen. Sie hatte es immer dabei und wäre nie auf die Idee gekommen, es abzuschalten. Ständig wartete sie auf wichtige Anrufe, Emails oder SMS.

Doreen hatte nämlich immer ein Eisen im Feuer. Sie wartete ständig auf eine Email oder einen Rückruf einer Casting-Agentur oder Produktionsfirma. Im Verlauf einer Schicht checkte sie (ungelogen!) alle fünf bis zehn Minuten ihre Emails auf dem Smartphone.

Das kam, weil sie sich ständig und immer wieder bei wirklich jedem Format aus dem Fernsehen bewarb. Neben den Casting-Shows bewarb sie sich auch bei Produktionen, wo es um das Renovieren von Häusern, das Umziehen, die

Auswanderung, Restaurants und vieles anderes ging. Sie ließ wirklich kein Format, keine Produktionsfirma und keinen Sender aus. Dabei legte sie ihr Hauptaugenmerk schon nicht mehr auf die typischen Talentshows. Die hatte sie schon alle durch und bemühte sich trotzdem bei jeder Neuauflage.

Ihre Bewerbungen bestanden dabei aus kurzen und fehlerdurchsetzten Emails, sowie einigen Fotos. Wenn sie aber von ihren Bemühungen berichtete, dann hatte man den Eindruck, als stünde sie mit diversen Castingagenturen im engen und ständigen Kontakt und es ginge eigentlich nur noch darum, die Konditionen abschließend auszuhandeln.

Es war mir damals also völlig klar, was passieren würde und so geschah es dann auch. Sie nahm seinen Schwanz aus dem Mund und hüpfte vom Bett zu ihrem Smartphone.

Hank wusste gar nicht, wie ihm geschah und richtete den Oberkörper auf. Mit überraschten Augen guckte er mich fragend an. Für Doreen waren wir jetzt nur noch Luft und sie telefonierte in aller Ruhe. Sie drehte sich kurz zu mir um.

Doreen:

»Ich kann jetzt mal nicht. Mach mal weiter. Wenn er bei dir abspritzt, dann kriegst du noch 100 Dollar von mir. Blas einfach weiter oder lass ihn ficken.«

Hank war ein angenehmer Freier und so wäre das überhaupt kein Problem für mich gewesen, wenn Hank nur gewollt hätte. Aber Hank wollte nicht. Hank wollte Doreen. Ich habe es aber trotzdem probiert. Er wehrte sich schon, als ich nur das Gummi tauschen wollte. Schließlich gelang es mir aber doch. Doreen telefonierte in aller Ruhe und beobachtete uns aus einem Augenwinkel. Ich mühte mich ab und blies ihm den Schwanz. Hank wurde aber nicht richtig glücklich. Er beachtete mich gar nicht, sondern schmachtete mit seinen Blicken Doreen hinterher, die mit dem Smartphone in der Hand nackt im Zimmer hin und her ging. Ich mühte mich mit seinem schlaffen Ding im

Mund ab, hatte aber wenig Erfolg. Schließlich erbarmte sich Doreen und kam ans Bett. Natürlich dachte sie nicht daran das Telefonat zu beenden. Sie wollte mir trotzdem irgendwie helfen, weil sie bemerkte, dass Hank eigentlich nur sie wollte.

Sie beugte sich zu Hank hinüber, hielt kurz die Hand vor ihr Smartphone und fragte mich leise:

»Was heißt denn, Spritz ab! auf Englisch?«

Ich nahm kurz seinen kleinen, weichen Schwanz aus dem Mund.

»Ich weiß es nicht. Ich kenne nur »Please fuck me hard!«

Doreen war schon wieder am Telefonieren. Dabei streichelte sie aber Hanks Brust und schaute ihm in die Augen. Sie setzte sich so hin, dass er ihr zwischen die Schenkel in die rasierte Möse schauen konnte. Das zeigte jetzt Wirkung. Hanks Schwanz nahm wieder Fahrt auf und ich blies ihn weiter. Doreen war dann mit ihrem Telefonat fertig und zeigte dem armen Kerl gegenüber Mitleid.

Doreen:

»Anja, danke, ich mach jetzt den Rest.«

Ich war froh, denn Hank wollte einfach nicht so recht in Stimmung kommen. Mit Doreen ging dann alles ganz schnell. Sie wechselte nicht einmal das Kondom. Sie wichste seinen Schwanz kurz, hockte sich dann auf das Bett und streckte ihm den Arsch entgegen.

Doreen:

»So, Kleiner, rauf mit dir, aber zack zack!«

Hank verstand bestimmt kein Wort, wusste aber was gemeint war und lies sich nicht bitten. Er kam von hinten an sie ran und fickte sie. Ich hielt mich raus und schaute mir die beiden aus einiger Entfernung an. Doreen hockte vor ihm auf dem Bett, während er sie mit hochrotem Kopf in den Hüften gegriffen hatte und unter Anstrengungen von hinten fickte. Doreen schaute mich lächelnd und ansonsten unbeeindruckt an.

Doreen:

»Der ist wirklich keine große Nummer. Der Schwanz ist so klein, dass ich ihn kaum spüre. Da kann er stoßen wie er will.«

Anja:

»Bei dir ist er wenigstens hart. Bei mir im Moment hatte ich das Gefühl, der läuft noch ein.«

Es war gut, dass Hank uns nicht verstand. Wir machten so unsere Witzchen über ihn, während er Doreen hochkonzentriert von hinten fickte. Er brauchte dann nicht mehr lange, wurde kurz laut und spritze dann ab. Doreen setzte noch ein gekünsteltes Stöhnen auf. Dann packte sie seinen Schwanz so, dass das Kondom beim Rausziehen nicht abrutschen konnte. Sie stand dann auf und gab Hank noch einige Papiertücher in die Hand und zeigte auf den Mülleimer.

Doreen:

»Mach ihn sauber und schmeiß alles da rein.«

Sie selbst ging dann ins Bad und verschloss hinter sich die Tür. Hank und ich zogen uns an. Wir verabschiedeten uns freundlich und dann kam auch Doreen wieder aus dem Bad.

Doreen:

»Und, Anja? Zufrieden?«

Anja:

»Ja, immer wieder gerne.«

Mir brachte die Nummer 50 Dollar ein. Doreen bekam insgesamt 160 Dollar, den größten Teil davon in kleinen Scheinen. Ich war damit zufrieden und bedankte mich bei Doreen. Das war leicht verdientes Geld und ich hatte sogar noch reichlich Spaß dabei gehabt.

Das bringt mich aber auch zu der zweiten Sache, die mir an Doreen überhaupt nicht gefiel. Es war jetzt nicht nur so, dass sie anderen Frauen und auch den Zuhältern von der Nummer erzählte, sie musste dabei auch wieder heillos übertreiben. Vor allem, was die Bezahlung anbetraf blieb sie nicht im Entferntesten bei der Wahrheit. David und die anderen Zuhälter wussten das Einzuordnen. Sie hatten auch nichts dagegen und benutzten es sogar als Druckmittel gegen ihre anderen Frauen.

»Guck dir mal Doreen an. Die macht es richtig. Die lässt sich nicht mit Kleingeld abspeisen. Die weiß wie sie an die großen Scheine kommt. Da kannst du einiges von lernen.«

Im konkreten Fall machte Doreen aus den16 0 Dollar, die sie tatsächlich bekommen hatte, 500 Dollar. Mich nervte das ziemlich. Das scheint aber so ein allgemeines Nutten-Ding zu sein. Ich hab das auch bei anderen Frauen erlebt, die immer so maßlos übertreiben mussten, wenn es um das verdiente Geld ging. Aber das ist vielleicht auch so etwas wie ein Ventil.

Ich habe jetzt noch Kontakt zu Doreen. Wir telefonieren mehrmals in der Woche miteinander. Meistens ruft sie mich an, wenn sie im Laufhaus Langeweile hat. Bei ihr hat sich nicht viel verändert. Die schafft noch für David an und steht auch noch im ersten Stock des Laufhauses. Sie hat auch immer noch die gleichen Pläne, ist aber leider noch nicht viel weiter gekommen. Immer noch wartet sie auf den großen Rückruf. Meistens bekommt sie aber nicht mal eine Absage. Aber auch das sieht sie positiv. Solange sie keine Absage bekommen hat, besteht ja noch Hoffnung. Da Doreen aber schon auf die Dreißig zugeht, macht sie sich doch manchmal Sorgen. Ich schlage ihr dann vor, auszusteigen und etwas anderes zu machen. Beispielsweise eine Umschulung, die sogar von der Arbeitsagentur bezahlt wird. Das findet sie im Grunde nicht schlecht. Nur wäre dazu der Zeitpunkt im Moment leider nicht geeignet. Einerseits bräuchte sie im Moment noch etwas Geld, andererseits erwarte sie jeden Tag einen Anruf von einer Casting-Agentur. Darum wäre ein Ausstieg im Moment noch nicht machbar. Aber später würde sie das bestimmt machen.

Die Studentin von der Hilfsschule

Das Laufhaus und der dazugehörige Kontakthof waren damals in den Händen einer Gruppe von acht Zuhältern. (Zu Anfang waren es elf Zuhälter gewesen. Drei von ihnen mussten ihr Geschäft in unserem Laufhaus aufgeben und ihre Frauen abziehen. Es gab gewaltsam ausgetragene Meinungsverschiedenheiten mit den übrigen der Gruppe. Die drei Typen zogen den Kürzeren und siedelten unfreiwillig um.) Matthias gab unter den verbliebenen Zuhältern den Ton an. Obwohl die Zuhälter bei uns an der Küste nicht organsiert arbeiteten wie eine Bande, war es doch Matthias, der die grobe Richtung bestimmte. Das hieß aber nicht, dass er den Zuhältern in ihr Geschäft reinredete. So war es nicht, jeder von ihnen arbeitete mit seinen Frauen auf eigene Rechnungen. Unter der Führung von Matthias hatte man sich aber auf eine gewisse Ordnung und ein verbindliches Regelwerk für das Haus einigen können. So organisierte man gemeinsam einen Sicherheitsdienst und plante auch die Einsätze und Anwesenheit der einzelnen Zuhälter. Dieser Sicherheitsdienst bestand aus diesen anwesenden Zuhältern und arbeitete rund um die Uhr. Es war sichergestellt, dass jederzeit mindestens zwei Männer vor Ort waren und ihren Dienst taten.

Die diensthabenden Zuhälter waren dann entweder in der Bauernstube oder auf »Streife«. In jedem Fall waren sie über ein Alarmsystem für jede Frau erreichbar und in Gefahrsituationen schnell zur Stelle. Mit Messern oder Feuerwaffen waren sie nicht ausgerüstet. In der Bauerstube gab es Baseballschläger, Pfefferspray und Schlagstöcke für einen eventuellen Notfall. Ich habe es aber im Laufhaus und auf dem Kontakthof nie miterleben müssen, dass diese »Waffen« eingesetzt wurden. Die Zuhälter hatten außerdem auf Matthias Vorschlag hin jegliche Waffen auf dem gesamten

Gelände strikt untersagt. Das war keine Geste von Friedfertigkeit, sondern gehörte zum Konzept, um die Polizei vom Haus fernzuhalten. Schießereien und Messerstechereien ziehen nämlich im Rotlichtviertel stets auch große Polizeieinsätze und verschärfte Überwachung mit sich.

Darüber hinaus sorgten die Zuhälter schon durch ihre Anwesenheit und ihren martialischen Auftritt für Ruhe und Ordnung. So fühlten die Frauen sich sicher und die Geschäfte im Puff konnten in Ruhe über die Bühne gehen. Nichts schadet dem Geschäft im Rotlichtmilieu mehr als Unruhe, das Blaulicht der Polizei, Schlägereien und sonstiger Ärger. Wenn es den Herren mal langweilig wurde, und das kam nachts öfter mal vor, dann konnte es aber auch passieren, dass sie für ein bisschen Unterhaltung sorgten.

Meistens griffen sie sich dann wahllos einen Typen, der nur so an der Küste rumschlich, und verprügelten ihn ein bisschen. Aber auch das machten sie, ohne die anderen Freier zu stören und Unruhe zu erzeugen. Ihre Lieblingsopfer waren total betrunkene Männer. Die bekamen sowieso kaum noch was mit und riefen meistens noch nicht einmal die Polizei. Außerdem konnten die Zuhälter sich sicher sein, dass sie ihren Frauen keine potentiellen Freier vergraulten. Die Typen, die sich die Zuhälter griffen, waren entweder schon in einer Kneipe oder von einer der Frauen ausgenommen worden.

Matthias beteiligte sich nur selten an derartigen Schlägereien. David hingegen zettelte Derartiges praktisch ständig an, wenn er Dienst hatte. Er wollte einfach in Übung bleiben. David war auch schwierig, wenn eine der Frauen ihn um Hilfe rief. Du konntest dich zwar total auf ihn verlassen und er war im Alarmfall auch sehr schnell zur Stelle, reagierte aber meistens ziemlich über. Dazu muss man wissen, dass der Alarm von den Frauen meistens nur wegen Kleinigkeiten ausgelöst wurde. Richtig gefährliche Zwischenfälle waren glücklicherweise sehr selten. So lösten beispielsweise einige der Frauen einen Alarm aus, wenn ein angetrunkener

Kunde meinte oder merkte beschissen worden zu sein. Kam dann David zur Hilfe, dann sah es für den Trunkenbold schlecht aus. Meistens wurde der an Ort und Stelle verprügelt und dann auch noch draußen zusammengetreten. David hatte seinen Spaß daran. Was nun tatsächlich vorgefallen war, interessierte ihn überhaupt nicht. Es ging bei ihm auch nicht darum, die Sache zu klären, er wollte eigentlich nur zuschlagen.

David:

»Wer oder was passiert ist, interessiert mich überhaupt nicht. Ich will die Kerle nur aus dem Haus haben, damit das Geschäft weiterlaufen kann und die Frauen keine Zeit verlieren. Bei den Störenfrieden ist es aber jedes Mal wichtig, denen zu zeigen, wo das hier lang geht. Die sollen sehen, was passiert, wenn du hier rummuckst. Das ist dann auch immer ein warnendes Beispiel für andere. Solange ich hier bin, herrscht Ruhe im Puff.«

Es kam sehr selten vor, dass eines der Opfer anschließend zur Polizei ging. So kräftig waren die Verletzungen schließlich auch nicht. Ich habe es auch nie erlebt, dass David einmal von der Polizei wegen einer seiner zahlreichen Schlägereien belangt wurde. David war gerngesehener Mandant der wichtigsten Anwaltskanzlei in der Stadt und den Geschädigten fiel es schwer, die Vorwürfe gegen ihn beweisen zu können. Für Derartiges gab es im Milieu niemals Zeugen. »Außerdem war es stets David, der hinterrücks angegriffen wurde.«

In ganz wenigen Fällen blieb aber auch mal ein zusammengeschlagener Freier hartnäckig und nahm sich selbst einen Anwalt. Dann war es die Strategie von Davids Anwälten, die Frau als Zeugin zu benennen, die den Alarm ausgelöst hatte. Sie bestätigte nicht nur, dass David sie aus einer akuten Gefahr gerettet hätte, sondern zeigte den entsprechenden Freier auch noch wegen eines Nötigungs- oder Körperverletzungsdeliktes an.

Meistens ruderten dann die Freier schnell wieder zurück

und die ganze Sache verlief im Sand.

Leider ging David mit seinen Frauen nicht anders um. Ihm rutschte öfter mal die Hand aus. Es passierte sogar mehrmals, dass er eine der Frauen krankenhausreif zusammenschlug. Er war sehr brutal und vor allem, wenn er größere Geldsummen beim Poker verloren hatte, schnell erregbar und gnadenlos. Ich kenne keinen Fall, indem eine der Frauen Anzeige erstattet hatte. Die Gründe hierfür waren vielfältig. Einerseits hatten sie Angst vor Rache, andererseits lebten sie in der Gewissheit, dass die Polizei sie nicht schützen würde. Darüber hinaus gab es noch andere Gründe und Abhängigkeiten, die aus der Sicht der verprügelten Frauen gegen eine Anzeige zu sprechen schienen.

David zählte zu den besten Freunden von Matthias. Dazu zählte außerdem auch Kay, obwohl er charakterlich mit den beiden gar nicht zu vergleichen war. Kay war zwar nicht feige, ging aber jeder Schlägerei aus dem Weg und war der, der die ganze Angelegenheit an der Küste fast ausschließlich geschäftlich betrachtete. Das war es, was ihn mit Matthias verband. Wenn es jedoch notwendig war, dann machte er sich aber auch die Finger schmutzig und teilte gnadenlos aus. Das war es, was ihn mit David verband.

Eine von Kays Frauen hieß Vanessa. Sie arbeitete auch in der ersten Etage des Laufhauses und ich hatte stets einen ganz guten Draht zu ihr. Ähnlich wie ich neigte auch sie nicht dazu, zu prahlen und viel zu schwatzen. Sie war den anderen Frauen gegenüber meistens ruhig und bedächtig.

Vanessa passte nicht ganz in das typische Hurenmuster hier unten bei uns im Laufhaus. Sie hatte langes, tiefschwarz gefärbtes Haar und trug nie Miniröcke, weil die bei ihr einfach nur scheiße aussahen. Stattdessen trug sie enge Jeans und hohe Stiefel. Sie hatte geile Titten, seit sie mehrfach mit Silikon aufgeblasen wurden. Die zwängte sie in einen BH unter ein enges Shirt mit tiefem Ausschnitt. Sie war knapp 1,80 Meter groß und stets gekonnt, aber dezent geschminkt und hatte einen durchtrainierten Körper.

An den Oberarmen konnte man ihre Muskeln deutlich, aber nicht zu stark und sehr sexy sehen. Trotz ihres Alters von fast 28 Jahren wirkte sie jugendlich und frech, fast ein wenig spitzbübisch und noch nicht so verbraucht. Rein äußerlich betrachtet konnte sie schon als Hure durchgehen. Was aber überhaupt nicht dazu passte, war ich introvertiertes, stets nachdenklich wirkendes Wesen. Ich fragte mich immer, wie Kay so eine Frau dazu gebracht hatte, für ihn anschaffen zu gehen. Sie wirkte klug und gebildet. Bei der Kundschaft kam sie gut an und mit ihr gab es wenig Stress. Sie riss ihre Schichten fast geräuschlos ab und meistens stimmte auch der Umsatz.
Weil eben alles mit ihr ruhig und wie von selbst lief, kassierte sie auch wenig Prügel von ihrem Zuhälter. Sie lieferte einfach keinen Anlass. Kam es aber doch mal dazu, dann schrie und heulte sie nie so hysterisch wie die anderen Frauen, wenn sie verdroschen wurde. Sie blieb still und ertrug die Prügel. Wenn man Kay so sah, wie er sie verprügelte, dann stellte ich mir jedes Mal die Frage, wann sie denn mal zurückschlüge. Sie war groß und wirkte athletisch. Mit ihren hohen Stiefelabsätzen war sie ein gutes Stück größer als Kay. So viel vorweg, zurückgeschlagen hat sie nie. Ich erwähne das hier, weil es im Laufhaus ganz normal war, dass Frauen von ihren Zuhältern geschlagen wurden. Meistens waren es nur kleinere Geschichten, aber oft genug bekam man sie mit. Matthias gehörte übrigens nicht zu dieser Art von Schlägern. Obwohl es mit ihm auch nicht immer nur friedlich zuging. Er achtete aber stets darauf, sich nicht vor Zeuginnen an seinen Frauen auszulassen. Meistens gab es übrigens Prügel, wenn es zwischen einem Zuhälter und einer Frau zu Unstimmigkeiten wegen einer Abrechnung kam. Ein weiterer, beliebter Anlass für Schläge war , wenn Frauen mal nicht arbeiten wollten oder konnten und deren Zuhälter dazu eine ganz andere Meinung hatte und das Geld brauchte.

Vanessa war eine der wenigen Frauen, die einen echten

Goldesel im Laufhaus aufrissen. Wobei sie selbst natürlich von ihm am wenigsten hatte, da Kay sie täglich abkassierte.

Ihr Goldesel hieß Werner und war mit seinen fast siebzig Jahren schon ein richtig alter Sack. Wie viele dieser alten Säcke war er aber stets auf der Suche nach jungen Frauen zum Ficken. Werner kam eigentlich aus Berlin. Aus irgendwelchen geschäftlichen Gründen war er aber regelmäßig bei uns in der Stadt. Diese sogenannten Geschäftsreisen verband er dann mit einem Besuch bei Vanessa. Werner war regelmäßiger Puffgänger und gabelte Vanessa im Laufhaus auf. Beim ersten Treffen im Laufhaus hatte er aber keine Lust auf die versiffte Bude und buchte sie für einen Außerhaustermin. So was passierte bei uns zwar seltener, kam aber mal vor.

Die beiden waren sich im Bezug auf den Preis schnell einig. Werner wollte an dem Abend mal eine Stunde entspannen, verwöhnt werden und natürlich abspritzen. Das alles sollte aber nicht hier im Puff passieren. Hier war es ihm zu siffig. Es war aber auch nicht möglich, in sein Hotel zu gehen, weil er dort ein bekannter Stammgast war. Am liebsten wäre ihm ein anderes Hotel und vollständige Diskretion gewesen. Das musste jetzt erst mal arrangiert werden. Vanessa gab ihm ihre »dienstliche« Handynummer und die beiden verabredeten, dass er sie in einer Stunde anrufen würde.

Werner:

»Suchen Sie bitte ein hübsches Zimmer. Ich übernehme selbstverständlich die Kosten und ich bezahle Sie dann auch für drei Stunden und natürlich die An- und Abfahrt.«

Vanessa:

»Das ist gut. Ruf bitte in einer Stunde diese Handynummer um. Achte aber darauf, dass deine Telefonnummer sichtbar ist. Anrufe ohne Nummer werden nicht angenommen.«

Werner verabschiedete sich vornehm und sogar mit Handkuss bei Vanessa und sie machte sich gleich ans Werk, um die organisatorischen Dinge zu erledigen. David war nicht vor Ort, darum besprach sie die Sache mit Matthias und mir gemeinsam in der Bauernstube.

Es gab zwar in der Umgebung der Küste einige Hotels und Pensionen, bei denen das Treffen der beiden möglich gewesen wäre. Deren Zimmer sahen aber auch nicht viel besser aus als die im Laufhaus. Zu den etwas besseren Häusern in der Stadt hatten wir noch keine Geschäftsbeziehungen. Für Geschäfte mit denen gab es in dieser Provinzstadt auch keinen echten Markt. Außerdem war es Vanessa wichtig, dass für ausreichend Sicherheit gesorgt werden würde. Auch das wäre aus dem Stehgreif in einem Hotel nicht so schnell möglich gewesen.

Werner war ihr zwar sympathisch, trotzdem war sie sich aber nicht sicher, ob sie doch an einen Irren geraten war. Wie ich auch, war Vanessa im Umgang mit Freiern stets sehr vorsichtig. Dabei hatte von allen Frauen Vanessa diesen Schutz am wenigsten nötig. Ich habe sie damals zwar nie in Aktion erlebt, wusste aber, dass sie sehr sportlich und bestens durchtrainiert war. Sie machte regelmäßig Krafttraining und hatte einen blauen Gurt in Krav-Maga. So betrachtet hätte man sich eigentlich mehr Sorgen um Werner machen müssen. Trotzdem lag sie natürlich richtig. So ein fremder, unbekannter Freier konnte schnell zu einer gefährlichen Wundertüte werden.

Matthias besaß eine kleine Eigentumswohnung in der City. Er hatte sie damals erst vor wenigen Wochen erworben und sie wurde gerade renoviert. Geplant war es, dort ein kleines Etagenbordell zu etablieren, was dann auch später sehr erfolgreich geschah. Zu diesem Zeitpunkt waren die Renovierungsarbeiten aber noch nicht abgeschlossen. Ein Zimmer und das Bad waren aber schon fertig. Es war zwar schon spät am Abend, trotzdem rief Matthias aber noch in der Wohnung an, um zu prüfen ob die Handwerker noch da waren. Matthias ließ die Wohnung komplett in Schwarzarbeit herrichten und die Polen die dort beschäftigt waren, arbeiteten bis spät abends. Wir hatten aber Glück, niemand war mehr in der Wohnung.

Matthias:

»Ich kann heute Abend hier nicht weg. Wir sind hier schlecht besetzt und ich will wegen dieser einen Nummer jetzt nicht einen der anderen raustelefonieren. Ihr beide fahrt in die Wohnung und macht das. Ich rufe gleich ein Taxi. Anja, du bleibst in der Küche, wenn die beiden ins Bett hüpfen. Von dort kannst du alles gut überblicken. Aber ruhig bleiben und vorsichtig sein. Es ist besser, wenn er nichts von dir mitbekommt. Schließ auch für alle Fälle die Küchentür ab. Die Technik läuft schon im Zimmer. Du musst nur noch alles anschalten und den Rechner hochfahren. Ich bekomm dann die Bilder aus der Wohnung auf meinen Laptop. Ihr könnt euch drauf verlassen, ich behalte die Szene im Auge und zeichne sie auf. Trotzdem, falls es hart auf hart kommen sollte, seid ihr beide auf euch allein gestellt. Geht also kein Risiko ein.«

Im Zusammenhang mir der Renovierung hatte Matthias die Wohnung komplett mit modernster Videotechnik ausstatten lassen. Jedes der Zimmer war mit mehreren, nicht sichtbaren HD-Kameras bestückt. Die Videos konnten auf einer Festplatte gespeichert werden. Außerdem hatte Matthias über das Internet überall Zugriff auf die gesamte Anlage. Diese Anlage sollte aber zukünftig nicht nur zur Sicherheit dienen.

Matthias:

»Wenn irgendetwas unvorhersehbares geschieht, dann gebt ihr sofort Alarm. Geht keinerlei Risiko ein. Und dann noch was zum Preis. Er muss euch beide bezahlen, dazu die Anfahrt. Das Zimmer ist dafür frei. Wenn er anruft, dann gehe mit ihm noch mal die Preise durch. Vermeidet, dass es nachher in der Wohnung Unstimmigkeiten wegen der Bezahlung gibt. Ach ja, und ihr lasst ihn nur alleine in die Wohnung. Hängt die Kette vor die Tür und kontrolliert den Eingangsbereich der Wohnung und das Treppenhaus über den Bildschirm. Noch mal, geht kein Risiko ein.«

Werner rief an und Vanessa machte den Preis klar. Er bezahlte schließlich 400 Euro für drei Stunden. Obwohl ich nichts Anderes zu tun hatte, als mich in der Küche zu langweilen, gab mir Vanessa die Hälfte von dem Geld. Sie bekam später von Werner noch einen Nachschlag. Den behielt sie selbstverständlich vollständig. Zumindest bis sie das Geld an Kay abdrückte. Mit An- und Abfahrt dauerte die ganze Veranstaltung dann für uns keine drei Stunden. Werner blieb noch nicht mal für die drei bezahlten Stunden.

Wir fuhren jetzt aber erst mal mit dem Taxi in die Wohnung. Werner kam dann etwas später. Er kam allein und die ganze Nummer lief völlig problemlos. Für Vanessa wurde es dann auch »der Beginn einer großen Freundschaft«.

Werner hatte ein gutes Auge für Nutten und mit Vanessa genau das gefunden, was er gesucht hatte. Sie war eben nicht wie die anderen Frauen im Laufhaus. Sie war keine Hure, die man auf den ersten Blick erkennen konnte und auch nicht durch und durch Nutte. Genau auf dieses dezent Hurige stand Werner. Sie wirkte eher wie eine Jurastudentin, die nebenbei ein wenig anschaffen ging. Natürlich war sie keine Studentin und hatte, wenn überhaupt, einen Hauptschulabschluss. Da sie aber nur sehr wenig redete, bekam man das nicht sofort mit.

Auch beim Ficken war sie nicht wie die anderen Nutten. Nicht dieses schrille, schnelle und aufgesetzte war ihre Methode. Sie ging die Sache eher ruhig und intensiv an.

An diesem Abend konnte ich sie bei der Arbeit beobachten.

In dem Zimmer stand neben einem Bett und anderen Möbeln eine große Couch. Alle Möbel waren neu und das gesamte Ambiente wirkte gehoben und gepflegt. Aus dem Bad hatte Vanessa einige Handtücher geholt, während Werner sich schon mal auf die Couch setzte. Das alles hier war ein so angenehmer Kontrast zu den Rattenlöchern im Laufhaus. Ich freute mich schon, hier zu arbeiten. Ich hatte nämlich mit Matthias vereinbart, zukünftig in dieser Wohnung zu arbeiten und nicht mehr im Laufhaus. Dazu kam es später auch, zumindest zu einem Teil.

Vanessa ging ruhig und langsam ans Werk. Zuerst zog sie gekonnt Stiefel, Jeans und Shirt aus und legte alles ordentlich vorne neben die Couch auf einen Hocker. Kassiert hatte sie schon vorher und das Geld sofort sicher deponiert.

Dann fing sie an, ihm über sein Hemd zu streicheln und knöpfte es langsam auf. Die beide redeten wenig, und das, was sie sich sagten, wirkte höflich und respektvoll. Verstanden habe ich von dem Geflüster aber nicht besonders viel. Ich verfolgte die Szene von einem Monitor in der Küche aus und hatte natürlich den Ton abgeschaltet.

Werner hatte sich bequem in das Sofa gleiten lassen und seinen Kopf nach hinten in den Nacken gelegt. Mit der einen Hand fuhr er ihr langsam und zart durch das Haar, während sie den Gürtel löste und die Hose öffnete.

Er hob seinen Unterleib ein Stück und sie zog seine Hose und Unterhose herunter bis in die Knie. Dann öffnete sie seine Schuhe und zog ihm alles, sogar die Socken, aus. Werner war ein sehr gepflegter älterer Herr.

Jetzt nahm sie den Schwanz in die Hand. Mit einigen Feuchttüchern putzte sie ihn gründlich und rubbelte ihn dann noch zärtlich mit dem Handtuch. Sie gab ihm sogar ein vorsichtiges Küsschen auf seine Eichel und lächelte ihn dann schüchtern an. So wie Vanessa ihn auszog und wusch, gehörte es schon zum Vorspiel und es war für Werner sehr angenehm.

Dann nahm sie ein Kondom und zog es ihm langsam, ordentlich und gründlich über den Schwanz, wichste ihn, bis es rundum fest saß, und senkte dann ihren Kopf über ihm in seinen Schoß.

An dem Auf und Ab ihres Schopfes erkannte ich, dass sie ganz, ganz langsam sein Glied in ihrem Mund rieb und mit der Zunge viel leckte. Sie legte es nicht darauf an, ihn schnell zum Abspritzen zu bekommen. Naja, der Jüngste war Werner schließlich auch nicht mehr und es lag wohl noch reichlich Arbeit vor der Kleinen.

Ab und zu nahm sie den Schwanz aus dem Mund, hob den Kopf und schaute ihn lächelnd an, während sie ruhig weiter wichste. Auch dabei schienen die beiden ein wenig miteinander zu reden und zu scherzen.

Sie nahm den Schwanz noch mal tief in den Mund und lutschte ihn schneller und härter. Dann richtete sie sich auf, wichste aber mit einer Hand weiter und hockte sich auf ihn. Die Unterschenkel links und rechts neben ihm, zog sie mit einer Hand den Slip zur Seite, fingerte ein wenig an ihrer Fotze rum und steckte dann sein Glied geschickt rein. Sie hatte wohl Angst, dass er wieder weich werden würde und fing daher sofort an zu reiten. Dabei fiel sie ihm um den Hals und drückte ihm ihre Titten und den ganzen Körper fest entgegen. Er nahm sie fest in den Arm und seine Hände lagen auf ihren Schulterblättern. Man sah förmlich, wie sie sich beim Reiten große Mühe gab und mit allen Mitteln versuchte, ihn zum Abspritzen zu bekommen. Das machte sie mindestens zehn Minuten lang. Dabei streichelte sie ihn, stöhnte und sprach mit ihm und ließ es zu, dass er sie auf ihre Titten küsste.

Sie konnte sich aber mühen, wie sie wollte, sie brachte ihn nicht dazu, in ihr abzuspritzen. Dabei war er bereits total verschwitzt und atmete schwer und laut durch den Mund. Wahrscheinlich spürte sie, dass sein Penis weich wurde und stieg ab und fing wieder an zu wichsen und zu blasen. Schnell, hektisch und laut bearbeitete sie sein Glied. Das tat sie aber nicht, um zu drängeln, sondern fordernd, um ihn geiler zu machen. Sie wurde jetzt auch richtig laut und ich konnte in der Küche jedes ihrer Worte hören.

»Schnell, komm, komm jetzt, spritz ab, spritz es ab............«

Obwohl es der gängige Nuttentalk war, klang es bei ihr nicht so, als wollte sie es einfach jetzt nur noch schnell hinter sich bringen. Ich hatte vielmehr das Gefühl, dass sie mit allen Mitteln versuchte ihn zum Abspritzen zu bekommen. Sie wollte ihm unbedingt einen Orgasmus verschaffen, um ihn damit, selbst wenn das jetzt abgedroschen klingt, glücklich und zufrieden zu machen.

Ein gekonnter Fick kann nämlich auch glücklich machen und sei es nur für einen Abend.

So kam sie aber auch nicht weiter. Ich spürte formlich, wie sie sich abmühte. Auch Werner schien sich ganz darauf zu konzentrieren und wollte sie wohl aus ihren Qualen und Mühen befreien. Jetzt griff sie zum Äußersten.

Sie zog das Gummi ab und legte es zur Seite, auf den Boden. Sie wichste den Penis fest mit der einen Hand und massierte mit der anderen seine Brustwarze. Ich persönlich würde sogar in einem solchen Fall das Kondom nicht abziehen, aber so lange es dabei bleiben würde, dass sie seinen Schwanz mit ihrer Hand wichste, erschien es gerade noch akzeptabel. Viele Frauen machen das so, wenn es auf Anhieb mit dem Abspritzen beim Freier nicht klappt. Da Werner gut bezahlt hatte, war es mir sogar verständlich. Es sollte aber nicht dabei bleiben.

Dann fing sie nämlich an, seinen Sack und die Seiten seines Schwanzes zu lecken und schließlich nahm sie ihn in voller Länge in den Mund und saugte und massierte ihn mit Lippe und Zunge so kräftig wie sie nur konnte. Das tat sie eine ganze Weile, bis er seinen Kopf hob. Leise sagte er ihr etwas und drückte gegen ihre Stirn. Sie nahm den Schwanz aus dem Mund und guckte ihm in die Augen. Mit der Hand wichste sie kurz, bis er ihr ins Gesicht, knapp über die Oberlippe, seitlich neben die Nase spritzte. Sie lächelte ihn dabei an und wichste noch ein wenig weiter. Dann schienen die beiden sich wieder einige, freundliche Worte zu sagen. Sie pustete Luft aus ihrem Mund gegen ihre schwarzen Haare oberhalb der Stirn und tat so, als würde sie sich den Schweiß abwischen. Damit sagte sie ihm lächelnd und mit einem süßen Augenzwinkern: »Das war ein hartes Stück Arbeit.«

Das war von Werner hochanständig. Er hatte sie gewarnt, kurz bevor er abspritzte und so hat sie es nicht in den Mund bekommen. Aber wie das so aussah, wäre das für sie wohl überhaupt kein Problem gewesen. So was hätte ich nie gebracht und ich war auch total verwundert, dass sie es ohne Gummi gemacht hatte. Ich nahm mir vor, mit ihr noch am selben Tag darüber zu reden. Ich wollte sie überzeugen, so was besser sein zu lassen. Es kam aber nicht mehr zu dieser Unterredung. Ich denke, ich hätte auch nicht viel ausrichten können. Werner war damals bereits schon zu wichtig für sie und sie war entschlossen, mit allen Mitteln um ihn zu kämpfen. Vielleicht war es ein bisschen ein Vaterkomplex, vielleicht war es aber auch nur seine Großzügigkeit, die sie zu spüren schien.

Sie nahm einige Tücher und wischte sich das Zeug aus ihrem Gesicht. Die letzten Tropfen schleckte sie langsam mit ihrer Zunge und schaute ihm dabei in die Augen und streichelte seine Oberschenkel. Ich wäre jetzt am liebsten dazwischen gegangen und dachte nur: »So ein bescheuertes Huhn.«

Dann putzte sie sein Glied noch gründlich und die beiden zogen sich wieder an und unterhielten sich dabei. Es vergingen dann weitere zwanzig Minuten mit Gerede, bis sie mir signalisierte, dass sie fertig war und er gehen wollte. Dabei war die Zeit noch gar nicht rum. Vorher gab er ihr noch einige Geldscheine. Er verabschiedete sich dann mit einem kleinen Küsschen auf die Wange von ihr.

Nachdem Werner aus der Wohnung war, kam ich auch aus der Küche. Vanessa und ich unterhielten uns noch ein wenig. Sie lobte Werner und erzählte mir, dass sie bereits für den nächsten Tag eine Verabredung mit ihm hätte. Ich sprach weder die Sache mit dem Kondom noch dem zusätzlichen Geld an. Insgeheim hoffte ich sogar, dass sie diesen Bonus vor Kay unterschlagen würde. Sie hatte sich dieses Geld mehr als verdient.

Bei den folgenden Treffen war ich nicht mehr dabei. Sie

fanden aber alle in der Wohnung statt und ich konnte mir einige von ihnen, zumindest in Ausschnitten, bei Matthias auf dem Laptop anschauen. Alles in bester Qualität und sogar mit Ton. Das Geld, das ihr Werner beim ersten Mal gab, war nicht für die Extras gedacht. Es sollte ein Vorschuss für den nächsten Tag sein. Werner war mit der Wohnung sehr einverstanden. Er stand wohl nicht auf ein Hotel und darauf sich dort eventuell beim Einchecken legitimieren zu müssen. Davon, dass seine sexuellen Bemühungen gefilmt wurden, wusste er nichts.

Einer Nutte Geld anzuvertrauen oder ihr einen Vorschuss zu geben ist wie es gleich zu verbrennen. Du musst einfach damit rechnen, dass du es nie wiedersiehst, geschweige denn etwas dafür zurückbekommst. Was sich die Nutte nicht einsteckt, das presst der Zuhälter aus ihr raus. Ich nehme daher an, dass sie Kay nichts von diesem Geld erzählt hatte. Matthias hatte die Übergabe auch nicht auf dem Laptop sehen können. Nachdem die beiden mit dem Ficken fertig waren, hatte ich die Anlage schon runtergefahren gehabt. Die Verabschiedung und die Geldübergabe waren nicht mehr gefilmt worden.

Es gehört bei uns zum Geschäft, dass die Frauen und Zuhälter die Freier nicht nur melkten, sondern wenn sich nur die Möglichkeit ergab, gleich schlachteten. Was zählte, war nur das schnelle Geld.

Vanessa spürte aber, dass bei Werner noch einiges zu holen war und kümmerte sich für den nächsten Tag wieder um die Wohnung. Matthias arrangierte alles für sie und ließ sogar das Zimmer vorher noch einmal aufräumen und gründlich putzen.

Vanessa wollte die Sache mit Werner langsam angehen und war bereit, dafür einiges zu investieren.

In den nächsten Wochen buchte Werner Vanessa fast jeden zweiten Tag und immer gleich für einige Stunden oder ganze Nachmittage. Später kam dann doch noch ein nettes Hotelzimmer auf seine Kosten dazu. Dort musste sie nicht nur ficken, sondern konnte sich auch immer ein wenig ausruhen, im Schaum baden und entspannen. Werner war einfach gerne ein paar Stunden mit Vanessa zusammen. Werner schien sich damals etwas länger in der Stadt aufzuhalten.

Vom Preis her war und blieb Vanessa moderat. Zu zahlen hatte er achtzig Euro für die Stunde. Auf die Kosten für An- und Abfahrt verzichtete Vanessa sogar. Die Hotelzimmer buchte und zahlte Werner.

Für ihn gab sie stets das Beste, was eine Nutte so zu bieten hat. Sie war für ihn so, wie sich ein Mann eine Hure wünscht und ich denke, sie hätte fast alles für ihn getan, was er sich nur wünschte. Das wollte er aber gar nicht. Er verlangte nur guten, altmodischen Sex. Es sollte langsam mit viel Anfassen und Abspritzen über die Bühne gehen. Für alles bezahlte er sie nicht nur, sondern machte ihr auch immer wieder kleine Geschenke. Es waren keine teuren Dinge, aber an den kleinen Dingen konnte man schon erkennen, dass er sich Mühe mit ihr gab. Und obwohl er schon so alt war, fing Vanessa an, ihn richtig zu mögen, vielleicht sogar etwas zu lieben. Das war bei ihr wahrscheinlich so eine Vatersache. Sie redete öfter über ihn und kam dann regelmäßig ins Schwärmen.

Wenn er es gewollt hätte, dann wäre sie wahrscheinlich zusammen mit ihm auch nach Berlin oder wo auch immer hingefahren und wäre nur noch für ihn da gewesen. Aber sie merkte schnell, dass er an jeder Form von weiterer Beziehung zu ihr keinerlei Interesse hatte. Werner hatte eine richtig gute Hure für ein paar Wochen gesucht und in ihr gefunden. Er war zufrieden mit ihr und das drückte er mit seinem Geld aus. Er war bereit, für Qualität und Einsatz angemessen zu zahlen. Mehr war jedoch nicht drin. Werner war eben ein alter Puffgänger.Im Moment stand er auf den Typ »brünette Studentin«, als nächstes vielleicht auf den Typ »vulgäre, platinblonde Billignutte« und dann wäre Vanessa bereits aus dem Rennen.

Das alles wollte Vanessa damals aber nicht wahrhaben. Sie knüpfte schon einiges an Hoffnung an ihn. Wie viele andere Frauen in Laufhaus träumte sie davon, dass ihr einmal ein reicher alter Knacker über den Weg laufen würde, an den sie sich dann hängen könnte. Werner schien so einer zu sein.

Sie träumte bestimmt von einem Kerl, der sie mit Geschenken überhäufen würde, ein wahrer Gentleman wäre und sie vielleicht auch noch in seinem Testament berücksichtigen würde. So was gibt es aber nur im Film. Wahrscheinlich hatte Vanessa aber insgeheim darauf spekuliert. Ich wusste aber schon zu Beginn, dass daraus nichts werden würde. Typen wie Werner kannte ich. Die sind mir sogar sympathisch, aber die sind nicht auf der Suche nach einer Frau für den Rest ihres Lebens, sondern einfach nur nach einer guten Hure für einen überschaubaren Zeitraum. Und diese Typen schätzen die Abwechslung. Von Zeit zu Zeit ändern sich bei denen die Präferenzen. Trotzdem sind sie für Nutten und deren Zuhälter Glücksgriffe.

Immerhin bescherte Werner ihr einige recht ruhige Stunden und Kay einen Haufen leicht verdientes Geld.

Es kam dann aber so, wie ich es vorausgesehen hatte. Werner verlor das Interesse an Vanessa. Das hieß aber nicht, dass das Laufhaus ihn als Kunden verlor. Er schaute weiter regelmäßig vorbei und vermied dabei noch nicht einmal Begegnungen mit Vanessa. Er grüßte sie freundlich und war sich keiner Schuld bewusst. Dabei hatte er ihr ein Stückchen ihres kleinen Hurenherzens gebrochen. Werner blieb sich treu. Die nächsten Monate hielt er nach etwas Exotischem Ausschau und wurde bei einer süßen kleinen Thailänderin fündig.

Vanessa gab die Sache aber doch zu denken. Sie redete mit mir danach zwar nicht mehr darüber, aber es schien ein Prozess des Umdenkens bei ihr stattgefunden zu haben. Besonders schwer schien es für sie zu sein, dass Werner immer wieder mal im Laufhaus auftauchte, aber sich überhaupt nicht mehr für sie interessierte.

Es dauerte dann auch nur noch ein paar Monate und Vanessa quittierte den Dienst. Sie packte ihre Klamotten und verließ ohne viel Aufsehen zu machen das Milieu. Wir verabredeten, telefonisch in Kontakt zu bleiben, was wir auch wirklich taten. Sie zog nicht weg, arbeitete aber nicht mehr im Milieu. Kay schäumte zwar eine ganze Weile, konnte es aber letztendlich nicht verhindern. Er wurde ihr gegenüber auch nicht gewalttätig. Er wusste wohl, dass er damit auch nichts erreicht hätte. Außerdem hatte er schon bald Ersatz. So betrachtet hatte Werner Vanessa doch mehr geholfen als er selbst bemerkt und gewollt hatte. Sie stieg aus und kam dann auch ganz gut zurecht. Noch heute stehe ich mit ihr in Kontakt. Ich war damals aber noch sehr weit von meinem eigenen Ausstieg entfernt.

Ich möchte noch erwähnen, dass Vanessa das Milieu ohne einen Cent verlassen hatte. Sie lebte dann die erste Zeit von Harz- IV und hatte größte Schwierigkeiten zurück in ein geordnetes Leben zurück zu finden. Es war auch nicht klug von ihr, in der Stadt zu bleiben. Sie konnte sich nur sehr schwer von ihrer Hurenvergangenheit lösen und lief noch lange Gefahr »erkannt« zu werden.

Dabei waren weder Kay noch die anderen Zuhälter und Frauen ihr eigentliches Problem, sondern die sogenannte »normale« Umwelt. Es gelang ihr nicht, ihre Vergangenheit vollständig abzuschütteln und sie wurde immer wieder mit ihr konfrontiert. Das auch nicht zuletzt, weil sie öfter von ehemaligen Freiern erkannt wurde. Einen Umzug in eine andere Stadt traute sie sich trotzdem nicht zu.

Vanessa war damals knapp unter dreißig Jahre alt und hatte weder eine Ausbildung noch einen Schulabschluss. Außerdem zählte die Stadt eher zu den strukturschwachen Regionen, weshalb die beruflichen Möglichkeiten schon sehr begrenzt waren. Für eine sorgenfreie Zukunft waren das schlechte Startbedingungen für eine Ex-Prostituierte.

Außerdem musste sie wieder lernen mit sehr wenig Geld

klarzukommen. Zwar hatte sich in ihrer Zeit als Hure nicht in Reichtum gelebt, aber nach dem Ausstieg fand sie sich erst mal in Armut wieder.

Escorts und das große Geld

Werner war damals einer der wenigen Kunden, mit dem das große Geld zu machen war. Zumindest zahlte er deutlich mehr als die üblichen fünfzig bis hundert Euro, die die meisten Kunden sonst so springen ließen. Im Laufhaus war aus einem Mann auch nicht viel mehr rauszuholen, wenn die Frau ihn nicht neppte oder mit speziellen Tricks arbeitete. Mehr als ein Mal können die meisten Freier nun mal nicht abspritzen und mehr wollen sie auch nicht bei uns. Hätte Vanessa versucht Werner bei einem der Treffen zu einem zweiten Orgasmus zu bringen, dann hätte wahrscheinlich ernsthaft die Gefahr eines Herzinfarkts bestanden. Die meisten Geldsäcke sind eben auch meistens etwas älter.

Man sollte trotzdem meinen, dass Vanessa die »Geschäftsbeziehung« mit Werner dennoch hätte ausbauen können. Vielleicht in Richtung Begleitservice. Er hätte sie doch nach oder auch vor dem Ficken für ein gemeinsames Abendessen oder einen Theaterbesuch buchen können. Vanessa hätte sich bestimmt sehr gerne darauf eingelassen und sich vielleicht sogar darüber gefreut.

Werner hatte aber überhaupt kein Interesse daran, sich mit Vanessa irgendwo sehen zu lassen. Er hätte sie also nicht dafür bezahlt, dass sie mit ihm Essen oder ins Theater gegangen wäre. Da war er wie die meisten Freier, die ich kennengelernt habe. Neben dem Spaß am Ficken waren für sie Diskretion und Verschwiegenheit besonders wichtig. Wenn es also bei diesen Treffen beim Sex und ein wenig Reden blieb, dann wurden Huren für die Freier nach zwei bis drei Stunden auch schon langweilig. Werner wäre mit einer Hure noch nicht einmal zusammen in eine Bar gegangen.

Auch wäre Werner nie auf die Idee gekommen, Vanessa für eine ganze Nacht zu buchen. Was hätte er mit ihr machen sollen?

Er wollte seinen Spaß mit ihr und anschließend allein in sein Bett gehen und ausschlafen. Theaterbesuche waren sowieso seiner Ehefrau vorbehalten. Nie hätte er sich in der Öffentlichkeit mit ihr sehen lassen.

Werner:

»Wie hätte das denn ausgesehen? Was hätten die anderen Menschen gedacht oder getuschelt? Und wenn mich ein Bekannter mit ihr gesehen hätte?«

Trotzdem werden viele von ihnen jetzt fragen, warum wir Frauen es uns dann antun, für kleines Geld den Arsch im Laufhaus hinzuhalten. Es wäre doch viel bequemer im Escort Service das große Geld zu machen. Außerdem hört und liest man doch immer wieder von Hausfrauen und Studentinnen, die im Escort-Service so ganz nebenbei das große Geld machen. Das scheint sich doch alles in einer Welt des Luxus abzuspielen. Im Fernsehen gehen die Freier dann auch immer mit den Callgirls in teure Restaurants. Das scheint doch wirklich ein bequemer Weg für eine Hure zu sein, leicht viel Geld zu verdienen-

Es stimmt tatsächlich, dass im Escort-Service höhere Preise aufgerufen und auch gezahlt werden. Das ist aber nur die eine Hälfte der Wahrheit. Diese höheren Preise bedeuten nämlich nicht, dass mehr Geld bei den Frauen hängenbleibt. Auch für die Zuhälter muss das Geschäft nicht zwingend lukrativer sein, nur weil hier die Preise höher sind.

Das hat im Wesentlichen zwei Gründe. Der eine Grund sind die spürbar höheren Kosten im Escort-Service und der andere Grund ist der Aufwand für die Kundengewinnung.

Die Kostenseite

Im Laufhaus sind die Kosten für Frauen und Zuhälter überschaubar. Sie bestehen hauptsächlich aus der Zimmermiete und einigen Nebenkosten. Es muss eigentlich nur ein Zimmer in einem Bordell angemietet werden und schon kann das Geldverdienen losgehen. Ob und wie rentabel die Sache ist, weiß man dann schon nach der ersten Schicht. In jedem Fall besteht aber nicht die Gefahr, dass man tief in die roten Zahlen rutscht. Du hast keinen Rattenschwanz an Fixkosten. Dein Zuhälter kann also gleich abkassieren.

Beim Escort-Service können die Freier meistens einen besseren Service und ein edleres Ambiente erwarten. Beides hat aber auch seinen Preis. Ob es nun die Fahrer und Autos sind, die die Frauen durch die Stadt kutschieren oder die noblen Hotelzimmer, alles kostet Geld. Dieses Geld muss investiert werden und dieses Geld muss dann wieder verdient werden. Andere Escort Services haben Agenturen, Personal und sogar Büros. Das alles kostet Geld und muss in jeden Fick eingepreist werden. Hinzu kommt, dass durch notwendige Investitionen das finanzielle Risiko für die Zuhälter größer ist. Auch dieses Risiko findet sich auf der Kostenseite wieder. Das alles schmälert das Einkommen der Frau.

Betrachtet man also die beiden Modelle und vergleicht sie miteinander, dann sieht man, dass die Arbeit im Bordell für Frauen und Zuhälter von der Kostenseite risikoärmer und günstiger ist. Die Arbeit im Escort führt zwar zu höheren Preisen für die Freier, aber nicht zwingend zu höheren Erlösen bei den Zuhältern, weil der Kostenblock einfach stärker ins Gewicht fällt und durch notwendige Investitionen mehr Kapital eingesetzt und riskiert werden muss.

Dass die Frauen trotz der hohen Preise mehr verdienen, ist sowieso totaler Unsinn. Wenn Frauen das behaupten, dann ist das Wunschdenken. Wenn die Betreiber dieses Services das behaupten, dann ist das nur eine Strategie, um neue Frauen anzuwerben.

Eine Frage des Preises und des Aufwands ist auch die Sicherheit für die Frauen. In einem Bordell ist ein hoher Sicherheitsstandart mit wenigen Mitteln gut darstellbar. Schon die örtlichen Gegebenheiten bieten uns Frauen Schutz. Hinzu kommen die Ausstattung der Zimmer mit

Alarmsystemen und die permanente Anwesenheit der Zuhälter. Die Sicherheit wurde bei uns durch die Zuhälter organisiert und nicht durch eine Security, die noch extra hätte bezahlt werden müssen. Drei oder vier Zuhälter reichten selbst zu Stoßzeiten aus, um allen Frauen im Laufhaus und auf dem Hof Sicherheit zu bieten. Im Escort Service ist es viel aufwendiger, den Frauen Sicherheit zu bieten. In vielen Fällen ist es sogar notwendig für eine Frau einen Security-Mann oder Fahrer abzustellen, während sie sich um den Freier kümmert. Dieser Mann kostet natürlich Geld und muss bezahlt werden.

Wie kommst du an die Freier?

Wenn du in einem Laufhaus, Eroscenter oder Kontakthof arbeitest, dann musst du dir um den Zustrom der Freier keine Gedanken machen, weil du als Frau ihn selbst gar nicht beeinflussen kannst. Für dich geht es nur darum, von den Kunden, die im Puff aufschlagen, möglichst viele abzubekommen. Hierfür spielt die Lage des Zimmers oder dein Stellplatz eine zentrale Rolle. Um die Zuteilung dieser guten Lagen kümmert sich dein Zuhälter. Du musst dann nur noch mit dem Arsch wackeln und die potentiellen Freier so geil auf dich machen, dass sie bei dir im Zimmer landen. Wie viel du dann aus deinen Freiern rausholst, bleibt dann deinem Geschick überlassen. Das Geschäft im Puff läuft zu einem großen Teil über Laufkundschaft und Mundpropaganda. Die Rotlichtviertel sind in vielen Städten bekannt und etabliert. Die Kunden kommen praktisch von alleine. Das heißt natürlich nicht, dass du mit ungebremstem Kundenzustrom rund um die Uhr und an jedem Tag rechnen kannst. Vielmehr gibt es Zeiten, da herrscht im Puff Totentanz. Diese Schwankungen betreffen aber auch den Escort Service, der es zudem noch wesentlich schwerer hat, an seine Freier zu kommen. Da ist die Kundengewinnung eine permanente und kostspielige Aufgabe. Es gibt zwar auch dort Stammfreier, aber eben keine Laufkundschaft wie bei uns an der Küste. Ein Escort Service muss also dauernd die

Werbetrommel rühren. Ob das nun im Internet passiert oder in Zeitungen, immer ist es mit hohen Kosten und ungewisser Wirkung verbunden. Wo diese Kosten bleiben, können sie sich bestimmt selbst denken.

Fazit

Wie ihr seht, bedeuten die höheren Preise im Escort Service nicht unbedingt ein höheres Einkommen bei den Frauen. Oft ist sogar das Gegenteil der Fall. Die Freier, die ihr Geld bei einem Escort Service lassen, können sich aber fast sicher sein, dass nur der geringste Teil ihres Geldes bei der Frau landet, die sie ficken. Mit dem größeren Teil wird die Organisation und das ganze Drumherum finanziert.

Damit will ich aber nicht sagen, dass ein Escort Service nicht auch ein lukratives Geschäft sein kann. Ich kenne sogar Beispiele aus großen Städten in Deutschland wo das zutrifft. Für die Frauen spielt das aber keine Rolle. Das große Geld bleibt bei den Betreibern hängen. Für die Frauen sind bei denen die Sitten sogar noch rauer als in einem gewöhnlichen Puff.

Berufswunsch Modell

Man soll es wirklich nicht glauben, aber die Masche funktioniert immer noch und vielleicht sogar wegen Internet und Castingshows besser denn je. Frisch von der Hauptschule oder nach einer abgebrochenen oder wertlosen Maßnahme vom Jobcenter scheinen immer wieder einige junge Frauen zu denken, Modell zu werden wäre eine reale berufliche Perspektive. Schaut man sich an, was das Fernsehen uns an Promis und vermeidlichen Superstars präsentiert, so scheint der Weg zum Supermodell nicht weit und vor allem nicht besonders schwer zu sein. Mit ausreichend Dummheit und Naivität bringt eine junge Frau schon eine gute Mindestausstattung mit, um irgendwie in der Prostitution zu landen. Ich kenne sogar Fälle, da haben es diese Frauen anfangs noch nicht mal bemerkt. Die standen schon im Laufhaus und hielten den Arsch hin, da dachten sie noch, dass es sich dabei um die erste Sprosse ihrer Karriereleiter als Modell handeln würde.

Mandy ist hierfür ein gutes Beispiel. Sie hielt sich für hübsch und begabt und meinte, mit ihrer Schönheit schon bald berühmt und reich zu werden. Mandy stand schon einige Monate neben mir im Laufhaus und dachte irgendwie immer noch, dass das alles hier ein Teil eines Castings sei und ihr Zuhälter ihr Manager. Sie meinte ernsthaft, dass ihr Zuhälter mit seinen zahlreichen Kontakten in die Branche bereits an ihrer Zukunft als Supermodell arbeitete, während sie sich für 30 oder 50 Euro von jedem ficken ließ. Sie hatte auch bereits eine ganz konkrete Vorstellung ihrer eigenen beruflichen Zukunft:

»Ich mach das hier noch ein paar Monate, weil wir das Geld im Moment gut gebrauchen können. Shaun (das war ihr Zuhälter) hat doch so hohe Ausgaben wegen mich (diesen Fehler habe ich jetzt mal nicht korrigiert). Er muss sich doch um alles wegen meiner Karriere kümmern und kommt zu nichts anderem mehr. Aber er hat für mich schon alles soweit klar gemacht und in ein paar Wochen bin ich hier weg. Ich arbeite dann erst mal bei einem Escort-Service. Da sind die Kunden alles nur Promis mit viel Geld. Und da geht das auch gar nicht um´s Ficken. Die wollen mit einem ins Theater gehen oder zum Essen in die teuersten Restaurants.«

So ein Zeug erzählte sie uns Frauen die ganze Zeit. Die meisten der Frauen wussten es natürlich besser, aber keiner sagte etwas zu ihr. Nur ab und zu verdrehte eine der älteren Frauen die Augen oder ließ eine spitze Bemerkung raus.

Mandy glaubte aber fest an ihr Talent und ihre Zukunft und wurde dabei von ihrem Zuhälter unterstützt.

Shaun:

»Mandy, aus dir mache ich eine ganz Große. Die anderen Frauen sind ja nur neidisch auf dich. Dein Typ ist einfach gefragt und sehr selten. Mit deinem Aussehen ist es nur eine Frage der Zeit. Ich habe auch schon einige interessante Offerten. Es dauert aber alles seine Zeit. Das musst du verstehen. Für deine Zukunft ist mir aber der Aufwand nicht zu hoch. Ich kann nur im Moment nichts anderes tun, als mich voll und ganz auf deine Karriere zu konzentrieren. Darum ist es gut, dass du vorübergehend hier arbeitest. Im Moment kümmere ich mich gerade um ein professionelles Fotoshooting für dich. Ich habe da einen Fotografen in Hamburg an der Hand, der eigentlich nur mit den großen Stars arbeitet. Ich versuche dich da reinzuschieben.«

Mandy stand aber noch Jahre später im Laufhaus, als ich schon längst da raus war. Und immer hatte sie noch diesen Blick drauf, der dir sagen soll:

»Also ich gehöre hier gar nicht hin. Ich mache das auch nur vorübergehend. Schon bald bin ich hier raus und ein großer Star unter den Modells.«

Dass aus ihr nicht mehr werden würde als eine rentable Hure bei uns im Laufhaus, war uns dabei allen klar. Shaun wusste das natürlich auch und kam gar nicht auf die Idee, sie aus dem Laufhaus rauszuholen. Sie brachte das Geld und machte wenig Ärger. Nur ab und zu übertrieb sie es und spielte sich als zukünftiger Star und große Lady auf. Das konnte die anderen Frauen schon ganz schön nerven. Wenn sie dann auch noch Unruhe in das Geschäft brachte, dann wurden auch die Zuhälter sauer.

Matthias:

»Shaun, deine Tante geht mir regelrecht auf die Eier. Mit ihrem großkotzigen Getue macht sie uns nur die anderen Frauen kirre. Sorge mal dafür, dass die mal wieder zur Ruhe kommt. Du sollst ihr nicht ständig diese Rosinen ins Ohr setzten. Mach bei ihr mal eine klare Ansage oder gib ihr was, dass sie Ruhe gibt.«

Nach solchen Gesprächen hat sich Shaun dann um sie gekümmert. Shaun war übrigens nicht sein richtiger Name. Eigentlich hieß er Günther oder so ähnlich. Er war einer der wenigen Zuhälter, der sich einen anderen Namen gegeben hatte. Normalerweise haben das die Zuhälter bei uns an der Küste nicht getan. Die anderen Zuhälter benutzen einfach ihren Vornamen. Während jeder andere Zuhälter seine Frau in einem solchen Fall zurechtgestutzt hätte, ging Shaun anders an die Sache ran. Ich habe es auch nie mitbekommen, dass er Mandy mal durchgeprügelt hat. Er gab in solchen Fällen lieber den Nutten-Psychologen und suchte das Gespräch mit Mandy. Ich habe ein derartiges Gespräch eines Abends in der Bauernstube miterlebt. Hier ein kleiner Auszug:

Shaun:

»Mandy, mein Schatz, bitte beruhige dich ein bisschen. Du darfst hier nicht so einen Wind machen.«

Mandy:

»Hör doch auf, dass hängt mir alles hier zum Hals raus.«

Shaun:

»Ich weiß das. Das ist auch alles gar nichts für dich. Er soll ja auch nur vorübergehend sein. Bald hole ich dich hier raus und dann geht es richtig los und ganz nach oben.«

Mandy:

»Gleich und bald ist alles, was ich von dir höre. Wann denn? Du redest immer nur.«

Shaun nahm Mandy in den Arm und streichelte sie.

Shaun:

»Du hast recht. Ich arbeite zwar ziemlich hart an deiner Karriere, aber es ist im Moment wirklich ziemlich schwierig. Die Konkurrenz schläft nicht und bei den TV-Sendern sitzt das Geld auch nicht mehr so locker. Ich bin aber dran. Ich gehe davon aus, dass wir diesen Monat noch die ersten Termine haben.«

Schon nach diesen wenigen, platten Phrasen knickte Mandy ein, wurde ruhiger und schaute Shaun mit ihren geschminkten großen Augen an.

Mandy:

»Wirklich?«

Shaun:

»Natürlich. Du wirst das schaffen. Du bist eine so tolle Frau. Alle werden sich um dich reißen. Du brauchst jetzt nur etwas Geduld.«

Mandy:

»Ich weiß ja, aber es ist so fürchterlich mit den Nutten im Laufhaus. Die sind alles so primitiv und vulgär.«

Shaun:

»Du hast so recht. Das geht jetzt alles ganz schnell. Du bist doch eine Beste. Aus dir mache ich einen ganz großen Star.«

Mandy:

»Ja?«

Shaun:

»Ja, aber du darfst jetzt nicht aufgeben. Du darfst so kurz vor dem großen Ziel nicht aufgeben. Versprichst du mir das?«

Mandy:

»Ja.«

Shaun:

»Gut und jetzt bring ich dich wieder auf dein Zimmer. Du musst die Schicht machen. Wir brauchen das Geld. Wir brauchen das Geld für deine Karriere. Wir brauchen es für deine Zukunft.«

Shaun holte dann ein Glas Wasser und gab es zusammen mit einigen Tabletten, die er von Matthias bekommen hatte, Mandy.

Shaun:

»So, nimm die jetzt. Dann geht es dir auch gleich wieder besser. So, jetzt bring ich dich noch aufs Zimmer. Ich habe noch einiges zu tun. Ich habe da was von einem Casting auf Mallorca gehört, wo ich dich gerne unterbringen möchte.«

Er nahm sie in den Arm und die beiden gingen aus der Bauernstube.

Mandy:

»Mallorca? Wann denn?«

Bis zum heutigen Tag ist aus Mandy nichts geworden. Sie ist Hure geblieben. Dabei war sie eine hübsche Frau und hatte vielleicht sogar Talent. Vielleicht hätte sie sogar etwas aus sich machen können. Mit Shaun an ihrer Seite war da aber nichts zu machen. Er hatte weder Kontakte noch Interesse daran, sie aus dem Rotlicht-Milieu zu holen. Schließlich verdiente er gut mit ihr.

Mandy schien das alles aber nicht zu durchschauen oder durchschauen zu wollen. Dabei schienen wirklich alle Klischees zu stimmen und eine eindeutige Sprache zu sprechen. Shaun, der eigentlich Günther hieß, war gut zwanzig Jahre älter als sie und sah aus ,wie man sich einen Zuhälter eben vorstellt. Er war ein echter »Bilderbuch-Lude«. Stets solariumgebräunt, dicke, auffällige Uhr am Handgelenk und unterwegs im prolligen weißen Zuhälter-Cabriolet. Mit der Fotomodellmasche arbeitete er schon eine ganze Weile und wie man an Mandy sehen konnte auch recht erfolgreich. Für ihn selbst arbeiteten aber immer nur zwei oder drei Frauen im Puff. Meistens vermittelte er seine Modells schon nach einigen Monaten in die Provinz, also in kleine Puffs, Clubs oder Etagenbordelle. Er tönte auch immer von seinem eigenen Escort Service. Dieser Escort-Service mit der dicken Kohle und den angeblich vielen Promis war in Wirklichkeit auch ein Etagenbordell, von dem aus Frauen über´s Handy oder Internet an Kunden vermittelt wurden. Die Stundensätze waren da zwar etwas höher als im Laufhaus, den Frauen blieb aber trotzdem nicht mehr von dem Geld. Wie immer kassierte Shaun da auch ab und zudem mussten die Frauen dort aufgrund der höheren Kosten auch mehr rübergeben.

Shaun war ein ziemlicher Drecksack. Trotzdem kann ich ihm ein gewisses Talent nicht absprechen. Immerhin schaffte er mit seiner Masche ständig neue junge Frauen an. Es gelang ihm auch, mit seinen Lügen immer auch mehrere Frauen gleichzeitig und parallel hinzuhalten. Aufgeflogen sind seine Lügengeschichten nie. Wenn eine seiner Frauen skeptisch wurde oder anfing unangenehme Fragen zu stellen, dann packte er sie ins Auto und verfrachtete sie in einen kleinen Provinzpuff.

Dabei halfen ihm auch meistens die Tabletten, die er von Matthias kaufte. Überhaupt betrieb Matthias damals eine gut gehende Apotheke an der Küste. Er handelte aber nicht mit dem Zeug, sondern versorgte ausschließlich die anderen Zuhälter damit. Die brauchten es für den Eigenkonsum oder für ihre Frauen.

Die alte Fotze

Bei uns im Laufhaus nannte sie sich Helena. Sie war einundfünfzig Jahre alt und gehörte schon fast zum Inventar. Für mich war sie Franziska. Wie sie mir sagte, war das auch ihr wirklicher Name. Franziska arbeitete schon dreißig Jahre im Milieu und davon fünfundzwanzig Jahre hier im Laufhaus. Sie hatte in dieser Zeit die Hochs und die Tief an der Küste hautnah miterlebt. Sie hatte schon viele Zuhälter gehabt und noch mehr Zuhälter und Frauen kommen und gehen sehen.

Helena konnte so viele Geschichten aus dem Milieu erzählen, dass man daraus problemlos eine ganze Reihe von Büchern machen könnte. Und diese Geschichten waren alles andere als langweilig. Hatte sie erst mal angefangen zu erzählen, dann fand sie so schnell kein Ende mehr. Und dazu textete sie wirklich jede der Frauen damit zu. Das konnte während der Geschäftszeiten schon manchmal ziemlich stören und brachte ihr oft Ärger mit den Zuhältern ein.

Meistens saß sie auch stundenlang in der Bauernstube vor einer leeren Tasse Kaffee. Solange sie nicht störte oder nervte, ließ man sie. Passte es den Zuhältern aber nicht, dann bekam sie einen Tritt. Vor allem die jüngeren Zuhälter behandelten sie wie einen streunenden Hund.

Ein besonders widerwärtiges Exemplar eines Zuhälters war Micky. Ein junger Kerl, der zwei Frauen im Laufhaus stehen hatte. Die beiden hatten mit ihm als Zuhälter wirklich die Arschkarte gezogen. Sie mussten einiges ertragen und erhielten ständig Prügel. Micky machte sich einen Spaß daraus, Franziska zu ärgern. Ich könnte mit Fug und Recht auch schreiben, dass er sich einen Spaß daraus machte, sie zu demütigen und zu quälen. Traf er in der Bauernstube auf sie, dann kam es zu Dialogen, die ungefähr so klangen:

Micky:

»Diese alte Fotze. Was will die hier überhaupt noch? Ich würde die nicht mal mit der Feuerzange anpacken. Da vergeht mir ja der Appetit. Gut, dass sie ganz oben im vierten Stock ihr Zimmer hat. Die würde uns sonst noch die Kundschaft vergraulen. So und jetzt sieh zu, du Kadaver, dass du Land gewinnst. Ich will jetzt in Ruhe meinen Kaffee trinken und dein Anblick stört mich.«

Franziska:

»Sofort, ich trinke nur noch meinen Kaffee aus und geh rasch auf die Toilette.«

Micky kam in einigen großen Schritten auf Franziska zu und packte sie am Oberarm.

Micky:

»Kaffee trinken? Ich gebe dir Kaffee trinken. Du verpisst dich jetzt, du miese alte Fotze. Sonst setzt es was.«

Dann zog er sie hoch und ging mit ihr zur Tür. Dabei hatte er sie fest gepackt. Er riss die Tür auf und schubste sie nach draußen auf den Gang. Das machte er so brachial, dass sie sich kaum halten konnte.

Micky:

»Ich will dich hier nicht mehr sehen. Beim nächsten Mal werde ich sonst ungemütlich. Merke dir das gut.«

Micky schlug dann die Tür zu und drehte sich wieder zu den anderen um, die an einem Tisch saßen und das kurze Spektakel wortlos mitverfolgten.

Micky:

»Also wirklich. Mit der muss wirklich bald Schluss sein. Die taugt ja nicht mal zum Resteficken.«

Franziska hielt das aber nicht ab, schon wenige Stunden später wieder in die Bauernstube zu kommen. Sie hoffte natürlich, dass Micky nicht mehr da wäre. Sie hielt es solange alleine im vierten Stock einfach nicht aus. Dieser vierte Stock im Laufhaus war wirklich ein Abstellgleis. Man hätte ihn auch den Nuttenfriedhof taufen können. Dort konnte selbst die beste, jüngste und geilste Frau keinen vernünftigen Umsatz machen. Das Laufhaus war bis einschließlich des dritten Stocks rot ausgeleuchtet und über eine breite Treppe erreichbar. Wollte man in den vierten Stock, dann wurde es dunkler und nur noch eine schmale Treppe führte nach oben. Die Zimmer dort waren auch so gut wie nicht vermietbar. Die meisten Freier schlichen sowieso nur durch die drei Etagen und machten sich gar nicht mehr die Mühe, in den vierten Stock zu gehen. Es war auch nicht geplant, den vierten Stock nochmal auszubauen. In den anderen drei Geschossen standen schon einige der Zimmer meistens leer. Warum hätten die Betreiber also noch in den vierten Stock investieren sollen? In der vierten Etage gab es auch keine Videoüberwachung. Man hatte auch schon daran gedacht, diese Etage ganz abzusperren.

Vor zwanzig Jahren war das noch ganz anders. Da waren meistens alle Zimmer vermietet. Zumindest an den guten Tagen war das der Fall. Damals, in der guten alten Zeit, gab es auch wesentlich mehr Laufkundschaft. Außerdem waren da die drei unteren Geschosse noch nicht modernisiert und sahen aus wie jetzt eben nur noch der vierte Stock. Damals verteilte sich die Kundschaft noch besser und auch der vierte Stock war gut besucht.

Diese Zeiten waren aber längst vorbei. Da oben spielte sich schon lange nichts mehr ab. Jetzt verirrte sich nur noch sehr selten ein Freier in den vierten Stock. Franziskas Zimmer war das einzige belegte Zimmer dort. Sie hatte dort kaum noch Freier. Es gab sogar Schichten, da hatte sie keinen einzigen Freier. Es war ihr aber verboten ,sich in den unteren Stockwerken oder auf dem Kontakthof aufzuhalten. Schon gar nicht durfte sie dort versuchen, Freier anzusprechen. Darum mussten sich die Zuhälter noch nicht einmal kümmern. Die anderen Frauen vertrieben sie, wenn es nur den Anschein erweckte, als wollte sie das tun.

Aus purer Einsamkeit kam sie daher immer wieder in die Bauernstube und blieb dort so lange, bis sie rausgeschmissen wurde.

Matthias gefiel Mickys Benehmen Franziska gegenüber überhaupt nicht. Er mischte sich aber nicht ein. Er sagte noch nicht einmal etwas dazu und unternahm schon gar nichts. Dabei hatte er keine Angst vor Micky. Mir sagte einmal Matthias dazu:

Matthias:

»Du wirst es mir nicht glauben, aber ich mag Franziska sogar ganz gerne.«

Anja:

»Ach, so? Warum hilfst du ihr dann nicht?«

Matthias:

»Wie soll ich ihr helfen? Sie kommt freiwillig in die Bauernstube, um sich ihre Prügel abzuholen. Micky geht nicht zu ihr in den vierten Stock. Sie kommt zu ihm«

Anja:

»Aber trotzdem. So muss es ja auch nicht laufen.«

Matthias:

»Wie soll es denn sonst laufen? Sie kommt in die Bauernstube und sitzt hier stundenlang rum. Wir machen das hier aber nicht zum Vergnügen. Wir machen hier einen Job. Das scheint sie gar nicht mehr zu kapieren. So nett wie sie auch ist. Ich habe auch Mitleid mit ihr. Es ist aber das Beste, sie lernt, dass ihre Zeit hier einfach vorbei ist. Jedes Mal, wenn Micky sie rausprügelt, hoffe ich, dass sie es jetzt endlich gelernt hat. Ich hoffe, dass sie nicht mehr in die Bauernstube kommt. Ich will, dass sie von mir aus in ihrem vierten Stock bleibt. Oder noch besser, sie macht sich ganz vom Hof. An der Küste hat sie doch schon längst nichts mehr verloren. Hier stört sie doch nur und ich wäre wie jeder hier froh, wenn sie endlich weg wäre. Das seht ihr Frauen doch genauso. Es nervt euch doch auch, wenn sie ihre Geschichten aus der goldenen Zeit erzählt oder sie hier rumsitzt und einen Heulkrampf kriegt. Sie hat hier einfach nichts mehr verloren. Sie ist nur noch Vergangenheit. Sie hat hier keine Zukunft mehr.«

Da konnte ich nur spöttisch erwidern:

Anja:

»Zukunft? Als wenn wir, als wenn nur eine von uns hier eine Zukunft hätte.«

Es gab Zuhälter, die hätten nach dieser Bemerkung gleich zugeschlagen. Matthias tat das nicht. Er zögerte einen Moment und sagte dann.

Matthias:

»Nein, weil es hier auch keine Zukunft gibt. Was es gibt, ist ein Zeitpunkt, an dem du hier aussteigen musst, damit du nicht zur tragischen Figur wirst. Franziska hat diesen Zeitpunkt für sich definitiv verpasst.«

Ich hätte jetzt wieder etwas erwidern können. Damals hielt ich aber die Klappe, um mir keinen Ärger einzuhandeln. Im Kern hatte Matthias zudem recht. Franziska hätte sich hier schon längst verabschieden müssen. Sie wurde hier maximal noch geduldet. Man drückte sogar beide Augen wegen der Zimmermiete zu. Hätte sie nur annährend regulär bezahlen müssen, dann wäre sie schon längst mit einem riesigen Haufen Blockschulden rausgeflogen.

Einige der älteren Wirtschafter, die auch schon Jahrzehnte an der Küste arbeiteten, kannten sie noch als junge Frau. Sie brachten es darum nicht über´s Herz, sie einfach und endgültig vor die Tür zu setzten. Ich war aber eine der einzigen Frauen, die sie noch mochte und die sich ihre Geschichten geduldig anhörte, wenn es die Zeit erlaubte. Alle anderen gingen ihr lieber aus dem Weg. Ihre Geschichten waren auch weniger Berichte als Legenden einer völlig verzweifelten und gebrochenen Frau.

In ihren Geschichten mischte sie tatsächlich Erlebtes, von anderen Frauen Gehörtes, Anekdoten und ihre eigenen Fantasien bunt durcheinander. So klang die Küste aus ihrem Mund wie ein Ort des Abenteuers und der großen Gefühle. Die Zuhälter wurden zu Beschützern und die Freier zu eleganten und spendablen Verehrern. Sich selbst und die anderen Frauen von damals beschrieb sie wie Prinzessinnen, die von Männern mit Schmuck und Geld nur so überschüttet wurden. Sie selbst war von allen dann noch die Größte und wurde von den Männern auf Händen getragen.

Diese Zeiten, so es sie überhaupt gab, waren aber nicht nur für sie längst vorbei. Jetzt war sie für die Arbeit an der Küste schon viel zu alt und darum auch ein tragischer Fall.

Von den meisten Frauen, den Zuhältern und dem sonstigen Personal an der Küste, wurde sie nur die alte Fotze genannt. Dabei war das noch nicht mal böse gemeint. Das war so eine Art von Spitzname und sie konnte durchaus damit leben, so genannt zu werden. Schließlich wusste sie selbst, dass sie alt war. Franziska war die einzige Frau bei uns im Laufhaus, die ohne einen Zuhälter arbeitete. Das lag nicht daran, dass sie so klug und stark war und keinen Zuhälter brauchte, sondern nur daran, dass sie nicht mehr rentabel war. Aus ihr war nichts mehr rauszuholen. Darum war sie für die Zuhälter an der Küste uninteressant. Man behielt sie überhaupt nur im Haus, weil sie irgendwie dazu gehörte und sie auch sonst nicht wusste, wo sie sonst hingehörte.

Dabei hatte Franziska auch ihre guten Zeiten hier unten an der Küste gehabt. In den Achtzigern und auch noch in den frühen Neunzigern zählte sie an der Küste zu den ganz großen Nummern. Das habe ich nicht nur von ihr gehört, sondern das haben mir auch andere glaubhaft versichert. Ich habe sogar Fotos und einige Videos von und mit ihr gesehen. Einige von denen waren richtig gut. In jedem Fall konnte ich sehen, wie gut sie damals aussah. Sie musste bei ihren Freiern regelrecht abgeräumt haben. Sie war damals eine schöne, sinnliche und sehr erotische Frau gewesen. Einige ihrer Fotos könnte man heute noch als Wichsvorlagen verkaufen. Sie musste wirklich groß im Geschäft gewesen sein. Auf einem Foto sieht man sie mit ihrem damaligen Zuhälter Freddy, einem Österreicher. Die beiden stehen auf diesem Foto vor einem weißen Rolls-Roycs Cabriolet.

Franziska:

»Das ist der Freddy. Ein toller Bursche. Und das ist unser Auto. Da haben sich alle Leute umgedreht und geglotzt, wenn wir damit durch die Stadt gefahren sind. Wir waren berühmter und vornehmer als die Königin von England. Für uns war nichts zu teuer und Freddy war so ein toller Bursche.«

Anja:

»Und was ist aus Freddy geworden?«

Franziska:

»Ach der Freddy. Wir hatten dann auch Pech und schließlich ist er zurück nach Österreich und musste für ein paar Jahre ins Zuchthaus.«

Was mich erschrecken ließ, wenn ich mir die Fotos anschaute, war, dass eine gewisse Ähnlichkeit der jungen Franziska zu mir gar nicht zu übersehen war. So war es ein bisschen für mich, als sähe ich in ihrer Vergangenheit mich selbst. Vor allem von ihrer Schönheit war nichts mehr geblieben. Auch mit aller Schminke der Welt war da nichts mehr zu machen. Sie war nur noch alt und verbraucht. Dass sie trotzdem immer noch in dieser unsäglichen Nuttenkluft rumstiefelte, machte die Sache nur noch schlimmer.

In den achtziger Jahren war sie blond mit mächtiger Löwenmähne. Auf allen Fotos war sie tiefbraun und aufreizend geschminkt. Sie trug auf diesen Fotos teure Klamotten, Pelze und Schmuck. Alles war längst in Pfandhäusern verschwunden. Sie war buchstäblich mittellos und völlig vereinsamt. Für sie waren wir aber immer noch ihre Familie. Dass alle sie lieber heute als morgen weghaben wollten, ignorierte sie.

Am schlimmsten war aber, wie sie arbeitete. Mit ihr konnten die Freier wirklich alles machen, was sie wollten und sie ließ mit sich alles machen. Aber selbst damit kam sie kaum noch über die Runden.

Sie machte sich nicht nur an die wenigen Männer ran, die sich in den vierten Stock verirrten, sie hielt sie sogar fest und bettelte herum. Manchmal passierte es sogar, dass sie anfing zu weinen. Trotzdem gelang es ihr kaum mal, einen

Mann in ihr Zimmer zu bekommen. Ihre Stammkunden, von denen sie früher viele gehabt haben muss, waren zwar wie sie älter geworden, hatten sich aber im Laufhaus an jüngeren Frauen orientiert. Für Franziska blieb vom Geschäft nichts übrig. Ich selbst habe sie oben im vierten Stock nie besucht. Auch die Reinigungskräfte gingen nur noch hoch, wenn es sich gar nicht vermeiden ließ.

Irgendwann erschien dann mal ein Gerichtsvollzieher in der Bauernstube und erkundigte sich nach Franziska. Dabei stellte sich heraus, dass sie sich unter der Adresse des Laufhauses polizeilich gemeldet hatte und dort auch wohnte. Ihre kleine Wohnung hatte sie aufgrund von Mietschulden schon vor Monaten verloren. Sie war dann still und heimlich ganz und gar in ihr Zimmer im vierten Stock gezogen.

Da wurde es selbst dem Betreiber und den Wirtschaftern zu viel. Dazu passte es, dass man mit dem vierten Stock jetzt auch andere Pläne hatte, und sie sowieso dort nur noch störte.

Zwei von den Zuhältern gingen zu Franziska. Sie packten ihren Krempel in zwei Müllsäcke und eskortierten sie ruppig zur Hofeinfahrt. Einer der beiden Zuhälter war Micky. Er wollte unbedingt dabei sein. Das Letzte, was er ihr an der Einfahrt zum Hof sagte, war:

Micky:

»So, du alte Schlampe. Du hast jetzt hier Hausverbot. Nicht nur für heute oder morgen, sondern für immer. Wir haben uns das mit dir schon viel zu lange angeguckt. Wenn ich dich noch einmal an der Küste sehe, dann knips ich dir die Lampen aus. Hier hast du nichts mehr verloren.«

So ungefähr muss es gelaufen sein. Dabei war ich nicht. Kay erzählte es mir später. Matthias war auch nicht dabei gewesen. Wir beide waren damals zu der Zeit bei Matthias in der Wohnung. Als wir abends in die Bauernstube kamen, erzählte uns Kay die ganze Geschichte. Matthias war stinksauer. Wenn Micky an diesem Abend noch da gewesen wäre, hätte er sich bestimmt einige Schläge von Matthias eingefangen. So blaffte Matthias den Wirtschafter an.

Matthias:

»Sie hat also keine Wohnung mehr und dann schmeißt ihr sie hier auch noch am selben Tag raus? Ja? Hab ich das richtig verstanden? Hättet ihr ihr nicht noch ein paar Tage Zeit lassen können?«

Ich musste dann auf mein Zimmer, weil die Schicht begann. Matthias ist dann los und hat Franziska gesucht.

Franziskas letzten Tag an der Küste werde ich nie vergessen. Matthias fand sie schließlich in der Nacht noch und brachte sie in ein Obdachlosenheim für Frauen. Dort hatte man einen Platz für sie frei. Ich habe sie dann in den nächsten Wochen noch einige Male gesehen. Sie schlich an der Küste rum und traute sich sogar auf unseren Hof. Was sie da wollte, war mir nie klar. Vielleicht wollte sie einfach nur für einen Moment in schönen Erinnerungen schwelgen. Schließlich hatte sie hier den größten Teil ihres Lebens verbracht und bestimmt auch viele schöne Momente erlebt.

Da sie striktes Hausverbot hatte, war mit der Gefühlsduselei aber Schluss, als sie von einem der Zuhälter entdeckt wurde. Der Anblick einer heruntergekommenen alten Frau war nicht gut für´s Geschäft. Daher wurde sie dann rabiat und mit einigen Schlägen vom Hof vertrieben. Matthias war einer der Wenigen, die ihr gegenüber Mitleid zeigten. Er lud sie manchmal sogar auf einen Drink in eine der Bars ein und steckte ihr Geld zu.

Für mich war allein schon ihr Anblick damals schwer zu ertragen. Sah ich sie, sah ich stets auch ihre Fotos aus den Achtzigern vor meinem inneren Auge. Ich stellte mir vor, wie sie damals lebte und sah, wie sie heute buchstäblich arm und einsam im Dreck vegetierte. Sah ich in ihr damals schon meine eigene Zukunft? Würde ich auch so enden?

Ich schwor mir damals, nie so enden zu wollen

Ich muss nicht extra erwähnen, dass es mit ihr kein gutes Ende nahm. Was genau aus ihr wurde, habe ich selbst nur von einer anderen Frau erfahren. Da ich nicht weiß, ob es stimmt, möchte ich es hier nicht darlegen.

Franziska träumte in den letzten Jahren im Laufhaus wohl von so einer Art Mutterrolle im Puff. Sie wäre gern die Puffmutter gewesen. Aber dafür war an der Küste kein Platz. Schon um ihrer Einsamkeit zu entkommen wäre sie gerne noch an der Küste geblieben. Gerne hätte sie nur irgendwelche einfachen Arbeiten getan. Man hätte sie sogar ehrenamtlich im Puff beschäftigen können. Wahrscheinlich hätte sie sogar als Klofrau gearbeitet. Aber selbst das Geschäft um die Klos ist umkämpft und selbst dafür taugte sie nicht mehr.

Trotz allem blieb sie mir in Erinnerung. Sie war mal eine große Frau gewesen. Es war aber für mich schlimm gewesen, ihren Verfall und Niedergang gesehen zu haben. Zwischen dem Foto in Pelz, vor dem Rolls-Roycs und der Szene an der Hofeinfahrt lagen schließlich nur ein paar Jahre. Das macht die Küste aus einem.

Helfen konnte ich ihr damals aber nicht. Ich steckte selbst bis über beide Ohren in Problemen und musste mich von Tag zu Tag durchkämpfen. Wenn du anschaffen gehst, dann musst du selbst ständig darauf achten, dass du nicht untergehst.

Franziska widme ich dieses Kapitel.

Arbeiten ohne Zuhälter?

Damals ging auch meine Beziehung zu Matthias in die Brüche. Ich zog aus und suchte mir eine eigene, kleine Wohnung. Zu diesem Zeitpunkt hatte ich eigentlich die Möglichkeit mein Leben neu zu ordnen. Ich hätte vielleicht sogar aussteigen können. Ich tat es aber nicht.

Der Zeitpunkt damals wäre auch zum Ausstieg nicht günstig gewesen. Mir fehlte Geld und durch den Auszug kamen neue Kosten auf mich zu. Außerdem kann ich nicht mit Bestimmtheit sagen, ob Matthias sich das gefallen lassen hätte. Er legte mir zwar keine Steine in den Weg, als ich bei ihm auszog, ob er mich aber aus dem Laufhaus gelassen hätte, ist eine andere Frage. So blieb ich aber erst mal und behielt Matthias als Zuhälter. Es blieb bei der üblichen Verteilung des Umsatzes und er kümmerte sich weiterhin um das Organisatorische. Es lief jetzt sogar fast noch besser als vorher und auch Matthias machte den Eindruck, froh zu sein, mich endlich aus seiner Wohnung zu haben. Wir verkehrten nicht nur geschäftlich miteinander, sondern sogar freundschaftlich.

Zu der Zeit machten sich aber ständig andere Zuhälter an mich ran und wollten mich abwerben. Einige von ihnen versprachen mir ein Leben in Saus und Braus. Ich war aber schlau genug, mich darauf nicht einzulassen. Ich schaffte weiter für Matthias an. Mit ihm wusste ich, woran ich war und wie ich mich ihm gegenüber zu verhalten hatte. Eigentlich erwartete er nur gute Umsätze und zuverlässiges, problemloses Arbeiten. Beides lieferte ich brav ab.

Obwohl er einiges für mich tat, schmerzte es mich schon, dass ich ihm den Großteil meines Umsatzes abgeben musste. Ich hätte dem gerne ein Ende gemacht und auch ernsthaft darüber nachgedacht.

Ich weiß natürlich nicht, ob er es überhaupt zugelassen

hätte, aber es gab auch eine Reihe anderer Gründe, die dagegen sprachen. Tatsächlich sah es wie folgt aus:

Ich hätte mich auf die Offerte eines anderen Zuhälters einlassen können. Der hätte sich dann gegen Matthias durchsetzen müssen, wobei der Ausgang völlig ungewiss gewesen wäre. Selbst wenn mein Neuer sich durchgesetzt hätte, dann hätte ich noch keine Garantie gehabt, dass ich mit dem besser gefahren wäre. Vielleicht wäre ich sogar vom Regen in die Traufe geraten.

Noch schlimmer wäre es gewesen, wenn sich mein Neuer finanziell mit Matthias arrangiert hätte. Bei solchen Geschäften geht es schnell mal um 10.000 Euro oder mehr. Der Neue hätte Matthias zwar ausbezahlt, sich das Geld aber bei mir wieder reingeholt. Ich hätte die Abstecke in Extraschichten wieder zusammenficken müssen. Das hätte hart werden können.

Ich hätte aber auch versuchen können auf eigene Rechnung zu arbeiten. Das wäre natürlich an der Küste nicht möglich gewesen. Ich hätte dann in eines der Etagenbordelle oder zu einem Escort- Service gehen müssen. Damals war ich knapp über zwanzig Jahre alt und hatte noch viele gute Jahre als Hure vor mir. Ich war damals für jeden Zuhälter und jede Zuhälterbande ein gefundenes Fressen gewesen. Ohne einen Zuhälter hätte ich keine Woche durchgestanden. Im schlimmsten Fall hätte man mich wahrscheinlich gezwungen und ich wäre in die Hände irgendeiner brutalen Zuhälterbande geraten.

Eines war mir damals völlig klar: Solange du als Frau anschaffen gehst und jung und rentabel bist, läuft ohne Zuhälter gar nichts! Ich hatte also nur die Wahl zwischen Pest und Cholera. So entschied ich mich bei Matthias zu bleiben. Zumindest geschäftlich. Die Chance damals auszusteigen verpasste ich aber.

Zuhältertypologie: Der Schlägertyp

Von den Zuhältern, die ich während meiner Jahre im Milieu kennengelernt habe, war Matthias noch nicht einmal ein Zuhälter des schlimmsten Typs. Heute sage ich sogar, dass er zu der harmlosen Sorte gehörte. Es gibt viel schlimmere Exemplare, die leider auch nicht selten sind. Matthias war zu einem großen Teil durch Rationalität im Denken gesteuert. Ihm ging es hauptsächlich um´s Geld und das machte ihn berechenbar. So konnte ich mich mit ihm arrangieren.

Das sah bei einigen seiner Kumpels schon ganz anders aus. Unter denen befanden sich Gestalten, die ich nur als wahre Teufel in Menschengestalt und Sadisten bezeichnen kann. Am schlimmsten waren die, die aus reiner Freude und Vergnügen schlugen und prügelten. Das waren Typen, die ständig nach einem Anlass für eine Prügelei suchten. Die waren es auch, die sich regelmäßig an Frauen ausließen. Überhaupt scheint das Milieu und die Zuhälterei eine starke Anziehungskraft für derartige Typen zu haben.

Besonders David war so ein Arschloch. Wenn David beim Pokern viel Geld verloren oder einfach nur Langeweile hatte, dann streunte er an der Küste herum und suchte Anlass und Opfer. Hatte er dann eines gefunden, dann sah man regelrecht die Freude, die er hatte, wenn er jemanden traktierte. Kam es mit einem Freier zu einem Streit, dann war er der Zuhälter, der so gut wie gar nicht redete, sondern maßlos zuschlug. Meistens bekamen dann die Frauen auch noch Prügel mit. Ganz schlimm sah es aber für die Freier aus. David schlug diese Typen grün und blau. Selbst wenn es nur um eine Kleinigkeit ging, konnte der Streit für den Freier zu einem sehr schmerzhaften Ende führen. Gerade in diesem maßlosen Umgang mit Gewalt unterschied sich David von den meisten anderen Zuhältern. Man war doch eher versucht, körperliche Gewalt zu dosieren. Schließlich waren solche Prügeleien schlecht für das Geschäft. Man wollte: Ruhe im Puff!

Schlägereien verursachen zudem häufig Polizeieinsätze. Diese Einsätze im Milieu wollte man schon gar nicht. Die zahlreichen Schlägereien bescherten David auch viel Ärger mit der Justiz und einige Gefängnisaufenthalte. Da konnte schließlich auch seine tollen Anwälte nichts mehr für ihn ausrichten. Geändert oder sogar gebessert haben ihn die Gefängnisaufenthalte aber nicht. Vielleicht hätte man ihn einfach mal ein paar Jahre hinter Gitter bringen müssen. Das geschah aber nie. Es waren stets kurze Gefängnisaufenthalte. Dabei erlitten einige seiner Opfer erhebliche Verletzungen. Ich hatte da schon den Eindruck, dass etwas mit unserer Rechtsprechung nicht stimmen kann.

Es passierte nicht selten, dass David nach einer Schlägerei von der Polizei einkassiert wurde. Meistens war er dann aber wieder auf freiem Fuß, während sein Opfer noch im Krankenhaus lag. Ich habe Gerichtsverhandlungen mit ihm als Beklagten miterlebt, in denen die Richter Schwierigkeiten hatten, die Liste seiner Vorstrafen und laufenden Verfahren geordnet vorzutragen. Trotzdem erhielt er für mein Gefühl stets zu milde Strafen.

Ich denke, solche Typen gehören mehrjährig weggesperrt, um die Opfer zu schützen und zukünftige Straftaten zu vermeiden. Aber David hatte ja eine schlechte Kindheit und musste geschont werden. Seine Opfer hat vor Gericht niemand nach ihrer Kindheit befragt.

Wenn es überhaupt etwas gibt, das man zu seinen Gunsten sagen konnte, dann war es, dass er zumindest keine Waffen benutze. Er hatte weder ein Messer noch eine Pistole.

Seine Frauen hatten ein hartes Los mit ihm gezogen. Grundlose Übergriffe waren an der Tagesordnung. Ihn schien auch das Geschäft dabei wenig zu interessieren. Öfter fielen seine Frauen nach Schlägen für einige Tage im Puff aus oder hatten sichtbare Blessuren.

Ansonsten kann ich nichts Positives über ihn berichten. Er war ein Arschloch und noch heute wünsche ich ihm alles erdenklich Schlechte.

Auch, wenn er sich durch seine maßlose Brutalität von den anderen Zuhältern unterschied, gab es doch auch Gemeinsamkeiten. Zu diesen Gemeinsamkeiten zähle ich Skrupellosigkeit, latente Gewaltbereitschaft sowie Geldgier. Alles in allem sind die meisten Zuhälter asoziale Elemente, die es auch nur verdient hätten, entsprechend behandelt zu werden.

Man kann den meisten Zuhältern weiterhin nicht absprechen, den Umgang mit Frauen zu verstehen und bei vielen Frauen gut anzukommen. Ich habe Zuhälter kennengelernt, denen Frauen geradezu nachgelaufen sind. Manche Frauen scheint dieser Typ Mann geradezu anzuziehen. Bei mir war es schließlich auch nicht anders gewesen.

Viele Zuhälter sind zudem gerissene Psychologen und sehr erfolgreich im Abrichten von Frauen für die Arbeit im Milieu. Natürlich sind Zuhälter keine Psychologen im eigentlichen Sinn, aber geschickt im Manipulieren und Überwachen ihrer Frauen.

Zuhältertypologie: Der Geschäftsmann

Von allen Zuhältern, die mir im Milieu begegneten, war Rico das abscheulichste Exemplar. Er war ein durch und durch verkommenes Subjekt. Ich habe es lange nicht ertragen können, dass ausgerechnet dieser Lump es später zu hoher Reputation und Wohlstand gebracht hatte. Ich hatte lange mit ihm eine Rechnung offen. Irgendwann kam dann doch der Zahltag.

Ich habe seinen Aufstieg als Zuhälter über einige Jahre mitverfolgt. Rico war besonders gewalttätig und besonders skrupellos. Leider war er aber damit auch sehr erfolgreich. Ricos Ziel war es aber nie gewesen, eine große Zuhälterpersönlichkeit zu sein. Er sah sich auch die nächsten Jahre nicht im Milieu. Die Zuhälterei war für ihn nur ein Geschäft für den Übergang. Hier wollte er so schnell wie möglich zu einem Startkapital kommen, um »richtige« Geschäfte machen zu können. Durch Brutalität und Härte würde er schnell im Milieu zu einer regionalen Größe. Seine Geschäfte liefen gut und waren für ihn lukrativ. Seinen Frauen gegenüber war er besonders ausbeuterisch.

Trotzdem war er eigentlich nie zufrieden. Er hatte schnell erkannt, dass die Geschäfte im Milieu für ihn auch mal gefährlich werden könnten. Seine Möglichkeiten das Geschäft weiter auszubauen waren begrenzt. Er konnte nicht expandieren, ohne anderen Zuhältern etwas von ihrem Geschäft wegnehmen zu müssen. Genau das aber konnte für ihn gefährlich werden. Rico war ein Zuhälter der alten Schule. Er arbeitete nur mit einer kleinen Gruppe anderer Zuhälter zusammen. Er war nicht vernetzt und auch nicht Teil einer starken Zuhälterbande.

Er konnte daher nicht expandieren, und musste zudem immer in der Gefahr leben, dass sein Terrain und seine Frauen Begehrlichkeiten bei anderen Zuhältern weckten.

Ein gut verdienender Zuhälter, nicht umgeben von einer Meute Schläger, war leichte Beute. So einer liegt auch mal tot zwischen Containern am Hafen. So, wie das Klima im Milieu mittlerweile ist, gibt es Banden, die gerne Warnschüsse zwischen die Augen verteilen. Einem wie Rico hätte auch niemand hinterhergetrauert und sein Geschäft wäre schnell neu verteilt gewesen.

Aber nicht nur das störte Rico. Was ihn noch mehr trieb, war sein Verlangen nach gesellschaftlicher Anerkennung. Geld alleine war ihm schon lange nicht mehr genug.

Er träumte von gesellschaftlicher Anerkennung und einer hohen Reputation in der Stadt.

Um das zu verstehen, muss man etwas über die Träume und Wünsche der Zuhälter und Huren wissen. Sowohl den Zuhältern als auch den Nutten ist es klar, dass das Arbeiten im Milieu nicht von Dauer sein kann.

Nirgendwo altert man schneller als im Milieu. Nirgendwo ist es schlimmer, alt zu werden als im Milieu. Jeder muss also sehen, dass er rauskommt, bevor es zu spät ist. Das ist uns im Grunde allen klar. Trotzdem schaffen es nur die wenigsten, den richtigen Zeitpunkt zu erwischen um auszusteigen. Viele von uns halten sich in all dem Dreck und der Gewalt nur durch ihre Träume und Vorstellungen über Wasser.

Die Träume und Vorstellungen sind aber grundverschieden. Huren träumen von einem Leben mit einer Familie. Sie wünschen sich einen liebevollen und treuen Ehemann. Sie wünschen sich Kinder und ein ganz normales Leben im Reihenhaus. Viel mehr wünschen sich die meisten Huren eigentlich nicht. Sie wollen nur die Gewalt und den Dreck aus dem Milieu hinter sich lassen und in einer heilen Welt leben.

Natürlich gibt es auch Frauen, die noch von einer »Karriere danach« träumen. Frauen, die sich als Supermodel sehen, oder glauben, durch eine Castingshow ganz groß rauszukommen.

Derartige Träume zerplatzen aber meistens schon sehr schnell. Wenn sie erst mal ein paar Jahre von unzähligen Kerlen durchgefickt worden sind, werden diese Frauen realistischer.

Zuhälter haben ganz andere Träume.

Viele Zuhälter träumen davon, nicht als alte Luden an der Küste ihren Nutten immer noch in den Arsch zu treten, sondern zu angesehenen und erfolgreichen Geschäftsleuten zu werden. Auch Rico hatte solche Träume. Er war geradezu besessen von dem Wunsch nach gesellschaftlicher Anerkennung. Er wünschte sich nicht die anderen Zuhälter zu Freunden zu haben, sondern bei den lokalen Größen aus der Wirtschaft und Kommunalpolitik ein und aus zu gehen.

Als einen ersten Schritt wollte er sich damals vom Zuhälter weg zu einem Bordellbetreiber entwickeln. Als Bordellbetreiber wäre er sogar Mitglied der Industrie- und Handelskammer geworden.

Rico befand sich dabei wirklich auf einem guten Weg. Dabei machte er anfangs die gleichen Fehler wie die meisten seiner Zuhälterkollegen. Seine ersten Geschäfte machte er im Dunstkreis des Milieus. Er übernahm ein Tätowierungsstudio, eröffnete ein Solarium und gründete ein Nagelstudio. Alles lief mehr schlecht als recht. Vor allem aber merkte er schnell, dass er mit derartigen Geschäften nie reich werden würde. Gesellschaftliche Anerkennung blieb ihm ebenfalls versagt.

Zumindest machte er aber keine großen Verluste und lernte dort seine Lektionen. Er trennte sich schnell wieder von diesen Projekten und orientierte sich neu. Der Zuhälterei blieb er noch eine ganze Weile erhalten. Es war sogar so, dass er einiges unternahm, um noch mehr Geld aus diesem Geschäft zu ziehen.

Schon bald bot sich ihm eine wirklich gute Möglichkeit, seine Träume zu verwirklichen und er griff zu. Er war fest entschlossen, Geschäfte außerhalb des Milieus zu machen. Dabei legte er aber die in der Zuhälterei erlernten Methoden nicht ab. Er paarte legale Geschäfte mit hoher krimineller Energie. Ich muss ihm aber auch eingestehen, dass er geschäftlich clever war und einen guten Riecher hatte.

So wurde sein erstes »legales Geschäft« durch zwei Kapitalverbrechen zu seinem ersten geschäftlichen Erfolg außerhalb der Zuhälterei. Wie bei vielen derartigen Geschäften ging es um einen Grundstücksdeal an der Küste. Mit Rico begann hier sein Weg aus der Gosse.

Die Küste mit ihren Bordellen und Kneipen hatte ihre beste Zeit schon längst hinter sich. Seit vielen Jahren war schon nichts mehr investiert worden. Die Gebäude waren marode und zum Teil baufällig. Viele der ehemaligen Kneipen standen schon seit Jahren leer. Es war auch nicht gelungen, Gastronomie und Diskotheken dauerhaft an der Küste zu etablieren. Einige Versuche wurden in diese Richtung zwar unternommen, aber tragfähig waren die alle nicht und meistens schnell wieder dicht. So mancher Betreiber hat dort sein sauer verdientes Schwarzgeld versenkt.

Interessant waren überhaupt nur noch die Grundstücke, auf denen sich die Bordelle befanden. Das waren große Areale, die zudem nur zu einem kleinen Teil bebaut waren. Hinter den Bordellen gab es große Brachflächen. Es gab bereits zahlreiche Interessenten für diese Flächen. Dazu hätten aber Teile der Gebäude abgerissen werden müssen. Und hier kam jetzt Rico ins Spiel.

Damals kursierten ständig neue Gerüchte über angebliche Projekte. Dabei ging es um Wohnungsbau und ein Einkaufszentrum. Diese Projekte kamen aber nicht so recht in Gang. Als dann auch noch die Finanzkrise 2008 kam, schien erst mal Schluss mit derartigen Plänen zu sein. Vor allem für Verkaufsflächen fielen die Preise und in der Innenstadt wuchs der Leerstand. Es gab für ein größeres Neubauprojekt weder Bedarf noch Finanzierungsmöglichkeiten. Dabei wollten die Eigentümer der Grundstücke an der Küste schon gerne verkaufen. Die alten Gebäude machten denen schon lange keine Freude mehr.

Außerdem waren die meisten Eigentümer Erbengemeinschaften, die lieber heute als morgen ihr Geld rausziehen wollten. In die Gebäude an der Förde investieren wollten diese Erbengemeinschaften schon gar nicht.

Das alles machte die weitere Entwicklung der Küste nicht gerade leicht.

Rico verfolgte diese Entwicklung sehr genau. Er brannte darauf, sich eines dieser Grundstücke unter den Nagel zu reißen. Die Gebäude waren derart marode, dass sie eigentlich billig zu haben sein müssten. Und tatsächlich standen 2009 zwei Gebäude zum Verkauf. Rico bemühte sich bei dem beauftragten Makler sofort um diese Gebäude. Er hatte aber kein Glück. Ihm fehlte das Geld und keine Bank war bereit, die Finanzierung zu übernehmen. Ricos Bonität war zu schlecht und sein Eigenkapital viel zu gering.

So leicht wollte Rico aber nicht aufgeben. Dem Makler fiel es zudem schwer, in der damaligen Wirtschaftslage einen Käufer zu finden. Die Preisforderung der Verkäufer wurde daraufhin mehrfach gesenkt. Beide Objekte zusammen sollten schließlich 1.700.000 Euro kosten. Dabei war der Wert der Gebäude zu vernachlässigen. Die Gebäude waren marode und kaum noch sanierbar. Interessant und werthaltig waren einzig die Grundstücke.

Trotz des günstigen Preises und der wirklich guten Lage drohte der Verkauf der Grundstücke zu scheitern. Obwohl Rico eigentlich schon aus dem Rennen war, blieb er mit dem Makler in Kontakt. Die beiden gingen mehrmals gemeinsam Essen und Rico lud ihn zu »gemütlichen Abenden« in diversen Clubs ein. Der Makler hätte sehr gerne an Rico verkauft. Rico war der letzte, ernsthaft interessierte Kaufwillige und der Makler wollte die Provision unbedingt, am besten kurzfristig, verdienen. Zwischen den beiden entwickelte sich sogar so etwas wie ein freundschaftliches Verhältnis. Rico war immer sehr an derartigen Freundschaften interessiert. Immerhin zählte der Makler zu den mehr oder weniger rechtschaffenen Kaufleuten der stolzen Stadt.

Rico ließ sich die Freundschaft einiges kosten. Gemeinsame Nächte konnten da schon mal 1.000 Euro und mehr kosten. Rico war sehr spendabel. Und diese Freundschaft sollte sich für Rico tatsächlich lohnen. Dabei war es nicht so, dass Rico versucht hätte, den Makler zu bestechen. Das hätte ihm auch nichts nutzen können. Schließlich hatte der Makler so gut wie keinen Einfluss auf die Entscheidung zur Kreditvergabe der Bank. Rico fehlte es aber eigentlich nur noch an dem Geld. Der Kaufpreis war wohl kaum noch verhandelbar.

Es ging Rico also nicht darum, den Makler zu bestechen, sondern einfach nur darum, mit ihm nette Gespräche zu führen. Dabei bekam er alle Informationen zu dem Verkauf, die der Makler besaß. Der Makler brachte in diesen Gesprächen seine Verärgerung über die Verkäufer zum Ausdruck.

Rico brachte seinen neuen Freund niemals mit in die Bauernstube. Sie trafen sich immer in einem der wenigen guten Restaurants der Stadt.

Schon bald war auch Matthias mit von der Partie. Rico wollte ihn unbedingt als seinen zukünftigen Teilhaber mit auf´s Boot nehmen. Er verstand sich immer gut mit Matthias. Außerdem wusste er, dass Matthias über Geld verfügte und auch geschäftlich clever war. Dass er das Projekt, wenn überhaupt, auf keinen Fall alleine stemmen konnte, war Rico zu diesem Zeitpunkt klar gewesen. Matthias war nicht gerade begeistert. Er setzte damals auf die Zukunft der Etagenbordelle in der City und hatte auch schon in mehrere Wohnungen investiert. Trotzdem ließ er sich völlig unverbindlich auf Ricos Projekt ein. Wobei ich natürlich sagen muss, dass es damals eigentlich noch gar kein entsprechendes Projekt gab, sondern nur eine vage Vorstellung in Ricos Kopf. Es war aber ein kluger Schachzug von Rico, Matthias als einen eventuellen zukünftigen Teilhaber einzuweihen. Schon darin unterschied er sich von den anderen Typen, die an der Küste ihr Geld verdienten.

Die meisten litten an grenzenloser Selbstüberschätzung und versuchten ihre Dinge als One-Man-Show durchzuziehen. Rico war in dieser Hinsicht nicht nur klüger sondern vor allem realistischer. Für mich war es ebenfalls interessant, weil Matthias mich über den weiteren Fortgang auf dem Laufenden hielt. Überhaupt nur darum kann ich ihnen diese Geschichte berichten. Nach Außen gaben sich Rico und Matthias in dieser Sache sonst sehr zugeknöpft. Bei einem gemeinsamen Clubbesuch der Drei kam es dann zu folgendem Gespräch in entspannter Atmosphäre:

Makler:

»Dass der Verkauf so schwierig sein würde, hatte ich gar nicht erwartet.«

Matthias:

»Naja, Grundstücksgeschäfte in dieser Höhe sind doch für diese Stadt eher eine Seltenheit. Dass so was nicht in drei Tagen abgewickelt werden kann, ist doch klar. Außerdem stecken wir in einer Finanzkrise. Das liest man jedenfalls täglich in der Zeitung.«

Makler:

»Das stimmt natürlich alles. Trotzdem machen es mir die Verkäufer unnötig schwer.«

Matthias:

»Warum?«

Makler:

»Der Eigentümer der beiden Grundstücke ist eine riesengroße Erbengemeinschaft. Die einzelnen Erben sind über die ganze Welt verstreut. Es hat schon Jahre gedauert, bis die sich überhaupt einig wurden. Dann lassen die sich von einem Anwalt aus der Schweiz vertreten. Alles mit ihm läuft aufwendig und schriftlich. Der war auch noch nie vor Ort bei uns in der Stadt. Außerdem muss er sich für jeden Schritt die Zustimmung der Erben einholen. Das dauert dann auch wieder. Der größte Hemmschuh ist aber, dass die Erben darauf bestehen, die Grundstücke nur zusammen in einem Paket zu verkaufen.«

Rico:

»Wieso wollen die das und wieso ist das so ein Hemmschuh?«

Makler:

»Die kennen die Verhältnisse hier bei uns in der Stadt nicht und haben schlicht Angst. Die befürchten, dass, wenn sie das eine der Grundstücke verkauft bekommen, sie auf dem anderen Grundstück sitzen bleiben könnten. Das möchten sie aber auf keinen Fall. Die wollen beide Grundstücke loswerden. Und die wollen nicht am Ende auf einem Ladenhüter sitzenbleiben.«

Matthias:

»Das kann ich sogar verstehen.«

Makler:

»Ich auch. Das Problem ist nur, dass ich für eines der beiden Grundstücke einen solventen und ernsthaften Interessenten habe. Die Erben lassen sich aber selbst darauf nicht ein. Dabei möchte dieser Interessent das vermeintlich uninteressante Grundstück erwerben.«

Rico war jetzt hellhörig geworden. Von einem weiteren Interessenten hatte er bisher nichts gewusst.

Matthias:

»Und warum will dieser Interessent das schlechtere Grundstück haben?«

Makler:

»Das darf ich euch alles eigentlich gar nicht erzählen.«

Er kokettierte ein wenig rum, und fing dann doch an zu erzählen. Die beiden mussten ihn gar nicht überreden.

Makler:

»Also von der Straßenseite grenzt dieses besagte Grundstück an des Gelände des * * *. Die wollen sich schon längst vergrößern. Daher möchten die gerne das Grundstück kaufen, das Gebäude auf diesem Grundstück abreißen und anschließend mit einem Bürohaus bebauen. Bei denen handelt es sich ja nicht um ein privates Unternehmen, sondern um eine Anstalt des öffentlichen Rechts.

Es kommt für die aber gar nicht in Betracht auch noch das zweite Grundstück zu kaufen. Das geht schon aus rechtlichen Gründen nicht. Die können es also noch nicht mal mit der Absicht erwerben, es später weiterzuverkaufen.«

Rico und Matthias wussten sofort, um was es ging. Schließlich kannten sie die örtlichen Gegebenheiten sehr gut. Es ging um ein circa achthundert Quadratmeter großes Grundstück, dass mit einem maroden Gebäude bebaut war. In diesem Gebäude befand sich eines der ältesten Bordelle an der Küste. Es war auch noch in Betrieb. Die guten Zeiten lagen aber schon weit zurück. Es war nämlich nicht als Laufhaus konzipiert, sondern als klassischer Hotelpuff. Das heißt, die Frauen standen auf der Straße, um ihre Freier aufzureißen und gingen dann gemeinsam mit denen auf´s Zimmer. Früher funktionierte dieses Geschäftsmodell ziemlich gut. Es war sogar ein netter Anblick, die spärlich bekleideten Nutten an der Straße stehen zu sehen. Damit war aber schon lange Schluss. Seit die Straße zu einer mehrspurigen Hauptverkehrsstraße ausgebaut worden war, duldete die Stadtverwaltung die Frauen an der Straße nicht mehr. Sie mussten stattdessen hinter einer Absperrung bleiben und auf einem kleinen Hof um die Freier buhlen. Bereits das hatte ihnen das Geschäft schon kräftig verdorben. Dann wurden die anderen Bordelle auch noch zu Laufhäusern umgebaut und damit war das Ende dieses kleinen ehrwürdigen Bordells besiegelt. Seit Jahren lief da schon nicht mehr viel. Da das Gebäude klein und verwinkelt war, konnte es auch nicht umgebaut werden.

Interessant war es überhaupt nur noch, weil es an das Grundstück des *** grenzte und dieser expandieren wollte. So wie aussah, sollte ein Verkauf aber doch nicht möglich sein, weil die Erben derart verstockt waren und die Verhältnisse vor Ort nicht kannten.

Rico:

» Und wie ist der Stand der Dinge jetzt?«

Makler:

»Wie in einer Sackgasse. Der *** will nur das eine Grundstück kaufen und unter keinen Umständen das andere Grundstück. Und die Erbengemeinschaft lässt sich auf den Verkauf eines einzelnen Grundstücks nicht ein. Ich habe schon alles probiert. Die eine Seite kann nicht, die andere Seite will nicht.«

Rico:

»Ich könnte doch probieren mit dem **** zu sprechen. Kennst du dort den Verantwortlichen für den Kauf des Grundstücks?«

Makler:

»Ja, den kenne ich sogar ziemlich gut. Es ist einer aus der obersten Ebene in dem Laden. Ich kenne ihn sogar privat aus dem Segelverein. Ich habe die Angelegenheit mit ihm auch schon öfter besprochen. Er ist an einem Kauf sehr interessiert. Aber eben nur an einem Kauf des einen Grundstücks.«

Rico:

»Sag mal, kannst du uns einmal miteinander bekannt machen?«

Makler:

»Schlecht. Die ganze Sache soll eigentlich vertraulich behandelt werden. Ich habe dir das alles eigentlich gar nicht erzählen dürfen.«

Rico:

»Das ist mir klar. Von mir erfährt das auch niemand. Auf Matthias kannst du dich sowieso verlassen. Aber denk doch auch mal an deine Provision. Ich sehe eine Möglichkeit, wie wir einen Verkauf doch noch schnell über die Bühne bekommen.«

Das klang natürlich gut in des Maklers Ohren. Er hatte schon einiges an Zeit und Geld in das Verkaufsprojekt gesteckt und noch keinen Erfolg gehabt. Außerdem fing die Verkäuferseite an zu drängeln. Im schlimmsten Fall hätten sie ihm den Auftrag wieder entziehen können. Dann hätte er mit leeren Händen dagestanden.

Makler:

»Ich kann es wie eine zufälliges Zusammentreffen aussehen lassen.«

Rico:

»Ja, das wäre sogar das Beste. Sag mir einfach nur, wie ich ihn treffen kann und stelle uns vor. Den Rest erledige ich dann schon.«

Makler:

»Am Samstag findet ein kleiner Empfang zum Jubiläum unseres Segelvereins statt. Nichts Großes. Ein paar Reden und dann ein kaltes Büffet mit Buletten. Das war es dann schon. Der Typ ist bei uns im Verein der Kassenwart und hält auch eine kleine Rede.«

Rico:

»Ist doch perfekt. Kannst du Einladungen für Matthias und mich besorgen?«

Makler:

»Einladungen? Das findet alles im Vereinsheim statt. Da braucht ihr keine Einladungen. Kommt einfach vorbei. Um 17:00 Uhr geht es los. Es soll ungefähr drei Stunden dauern. Alles ganz zwanglos. Nach dem offiziellen Teil kann ich dich als einen entfernten Geschäftsfreund vorstellen, der Interesse am Segeln hat. Mehr kann ich aber wirklich nicht machen.«

Rico:

»Das reicht mir vollkommen. Gib mir nur die Daten. Also den Ort und die Uhrzeit. Wir kommen dann einfach vorbei und treffen dich rein zufällig. Ich verspreche dir, dass du deine Provision schnell verdient haben wirst.«

Der Rest des Abends verlief dann ereignislos. Zumindest im Bezug auf den Verkauf der Grundstücke. Anschließend kam Rico zusammen mit Matthias in unsere Wohnung. Ich wohnte damals noch mit Matthias zusammen in seiner Wohnung. In dieser Nacht heckten die beiden ihren Plan aus. Ich muss respektvoll sagen, dass es sich dabei um einen wirklich guten Plan handelte. Ich hätte das den beiden gar nicht zugetraut. (Alle Einzelheiten zu diesem Plan und wie er schließlich umgesetzt wurde, erfahren sie in dem Kapitel» Der Plan«. Vorher müssen sie noch Matthias näher kennenlernen.)

Zuhältertypologie: Der Organisator

Mit Matthias hatte sich Rico genau den richtigen Geschäftspartner für ein gemeinsames Projekt ausgesucht. Die beiden hatten einiges gemeinsam und ergänzten sich zudem fast perfekt. Sie waren zwar zu keinem Zeitpunkt Freunde, aber wurden zu Geschäftspartnern. Einer konnte sich dabei wirklich auf den anderen verlassen.

Ricos Wesen und Charakter habe ich Ihnen bereits grob geschildert. Sie werden aber noch mehr über ihn erfahren. Auch Matthias sollten Sie schon ein wenig kennen. Er spielte in meinem Leben eine ganz besondere und verhängnisvolle Rolle.

Mit Matthias verband mich lange Zeit mehr als eine Hure-Zuhälter Beziehung. Vor allem in den ersten Monaten ging es hauptsächlich um Liebe. Zumindest soweit es mich betraf. Wie es genau damit bei ihm aussah, kann ich nicht mit Gewissheit sagen. Irgendwann trennten sich dann unsere Wege. Zuerst trennten wir uns privat und nach meinem Ausstieg auch geschäftlich. Trotzdem spielt er immernoch eine Rolle in meinem Leben.

Matthias war es auch, der mich überhaupt erst in dieses Milieu gebracht hatte. Allein schon dafür hasse ich ihn. Ich bin mir heute ziemlich sicher, dass ich ohne ihn niemals zur Hure geworden wäre. Er hatte mich dazu gemacht. Es war damals die verhängnisvollste Entscheidung meines Lebens und ich sollte sie teuer bezahlen. Was wäre wohl ohne Matthias aus mir geworden?

Während der gesamten Zeit, die ich als Prostituierte gearbeitet habe, war er mein Zuhälter. Ich habe nie den Versuch unternommen auf eigene Rechnung zu arbeiten oder mich mit einem anderen Zuhälter eingelassen. Matthias machte mir dann aber auch keine Probleme, als ich ausstieg. Er war mir damals zwar keine Hilfe, legte mir aber auch keine Steine in den Weg nach draußen. Manchmal denke ich mir sogar, dass ihm mein Ausstieg ganz gelegen kam.

Ich muss auch ehrlich zugeben, dass ich mit Matthias als Zuhälter sogar noch relativ viel Glück hatte. Ich habe Frauen kennengelernt, die an Zuhälter geraten waren, die ihnen buchstäblich zum Verhängnis wurden. Frauen, die permanent exzessive Gewalt ertragen mussten. Frauen, die unter schlechtesten Bedingungen hart arbeiten mussten und bis auf den letzten Cent ausgebeutet wurden. Ich habe Frauen kennengelernt, die es ihren Zuhältern zu verdanken hatten, dass sie ihre Gesundheit in kürzester Zeit ruiniert haben.

Alle diese Dinge habe ich in dieser Schärfe persönlich nicht ertragen müssen. Im Laufhaus und später in der Wohnung waren die Arbeitsbedingungen stets akzeptabel. Matthias sorgte jederzeit für meine Sicherheit bei der Arbeit und zwang mich nicht zu Dingen, die ich einfach nicht machen konnte oder wollte. Ich durfte nie ohne Kondom arbeiten. Schon allein das war ein riesiger Segen für mich. Ich musste mich auf keine total abartigen Sexualpraktiken einlassen. Ich war für diesen ganzen SM-Kram nicht zu haben. Derartige Angebote schlug ich stets aus und Matthias unterstützte mich sogar dabei noch. Da spielte die Höhe des Angebots auch keine Rolle für ihn.

Matthias kümmerte sich aber auch um alles Organisatorische für mich. Es waren zwar alles mehr oder weniger nur Kleinigkeiten, trotzdem bin ich ihm dafür noch heute dankbar. Er erledigte für mich die Verpflichtungen im Laufhaus. So war ich eine der wenigen Frauen ohne Blockschulden im Bordell. Er erledigte meine Steuern und kümmerte sich um meine Krankenversicherung. Das alles waren und sind im Milieu keine Selbstverständlichkeiten. Ich kenne Frauen, die damit ständig Ärger und Probleme hatten.

Matthias sorgte auch dafür, dass ich finanziell ganz gut dastand und vor allem keine Schulden hatte. Bedenkt man zudem, dass ich von alledem keine Ahnung hatte und mich auch um nichts kümmerte, dann hatte er mich tatsächlich vor dem Schlimmsten bewahrt. Als ich dann später ausstieg, musste ich mich dann nicht auch noch mit derartigen Problemen rumschlagen. Auch da kenne ich ganz andere Fälle. Ich kenn Frauen, die sich nach dem Ausstieg mit einem riesigen Schuldenberg konfrontiert sahen.

Besonders dankbar bin ich ihm noch heute für meine Krankenversicherung. Damals, als ich anfing im Laufhaus zu arbeiten, verschaffte er mir eine Scheineinstellung in einem Restaurant. Ich war somit vom ersten Tag an sozialversichert. Später beendete er dann für mich die Anstellung, weil das Finanzamt misstrauisch wurde. Er besorgte mir einen Gewerbeschein und ich war von diesem Zeitpunkt an freiberuflich tätig. Damals trat ich aus der gesetzlichen Krankenversicherung aus. Ich versicherte mich bei einer privaten Krankenversicherung. Das alles arrangierte Matthias für mich. Die hätten mich natürlich als Prostituierte niemals versichert. Darum drehte es Matthias mit dem Versicherungsagenten so, dass ich mit der Berufsbezeichnung » Promotionsassistentin« problemlos aufgenommen wurde. Dort bin ich jetzt schon einige Jahre versichert.

Als ich damals gesundheitliche Probleme bekam, half mir diese private Krankenversicherung sehr. Als nach meinem Ausstieg ein mehrmonatiger Klinikaufenthalt in einer psychotherapeutischen Fachklinik erforderlich wurde, konnte ich mir eine passende Privatklinik aussuchen. Ich musste nicht lange auf einen Therapieplatz warten und war finanziell durch ein Krankenhaustagegeld von 75 Euro pro Tag auch finanziell bestens abgesichert.

Das war wohl Matthias´ eigentliche Stärke. Er war kein Visionär wie Rico. Er war kein notorischer Gewaltverbrecher wie David. Er war schlicht ein sehr guter Organisator. Er war jemand, der sich auch um die kleinen Dinge im Geschäft kümmerte und auf den man sich verlassen konnte. Warum Matthias überhaupt zu einem Zuhälter wurde, ist mir bis heute unklar. Es wäre besser für ihn gewesen, wenn er einen »ordentlichen« Beruf erlernt hätte.

Vielleicht wäre dann auch aus uns beiden noch etwas geworden.

Bei allem Lob für ihn möchte ich aber dennoch in Erinnerung rufen, dass er eine brutale und unangenehme Schlägertype war und ist. Ich bin mit ihm fertig!

Der Plan

Sie sollten jetzt genug über die Beiden wissen, um zu verstehen, wie sie ihren Plan angingen. Anders als die meisten anderen Zuhälter gehörten sie nicht zu den Dümmsten. Dazu waren beide fest entschlossen das Milieu als Sieger zu verlassen und nicht dort als alte Säcke zu enden. Sie wollten nicht in zehn oder fünfzehn Jahren vom Nachwuchs weggebissen oder einfach über den Haufen geschossen werden. In diesem Grundstücksgeschäft sahen sie jetzt dazu ihre Chance gekommen. Dabei wussten sie aber noch nicht, wie sie genau vorgehen sollten.

Nach dem Gespräch mit dem Makler waren die beiden fest entschlossen eine Möglichkeit zu suchen, doch irgendwie an die Grundstücke zu kommen. Obwohl Matthias zu Beginn skeptisch war, zeigte er nach dem Gespräch größeres Interesse. Anders als Rico hatte er zudem bereits Erfahrung mit Grundstücksgeschäften. Er hatte in der Stadt bereits einige Eigentumswohnungen erworben. Somit war er mit dem rechtlichen Prozedere bestens vertraut.

Noch in der gleichen Nacht machten die beiden sich ans Werk. Schon am nächsten Morgen hatten sie dann einen groben Plan und legten sofort los.

Es war ihr Ziel, den Kauf trotz der nach wie vor fehlenden Mittel abwickeln zu können. Dabei sahen sie mit dem Wunsch des ***, eines der Grundstücke zu kaufen , ihre Chance gekommen. Rico hatte sowieso nur Interesse an einem der beiden Grundstücke. Trotzdem blieben die Probleme, denn selbst für das eine Grundstück fehlten die finanziellen Mittel. Zumindest schien sich jetzt aber eine neue Möglichkeit ergeben zu haben. Jetzt musste noch eine zündende Idee her.

Rico:

»Wie das gehen soll, weiß ich aber immer noch nicht.

Selbst für das eine Grundstück reicht das Geld nicht. Bei den Spaken von der Sparkasse brauchen wir auch nicht aufzuschlagen. Von denen bekommen wir für den Kauf keinen Cent. Außerdem beleihen die das Grundstück noch nicht mal. Es muss also eine andere Möglichkeit geben. Entweder wir kommen irgendwie an Geld oder es geschieht ein kleines Wunder. So betrachtet sind wir eigentlich kein Stück weiter. An Wunder glaube ich nämlich nicht. «

Matthias:

»Lass uns mal die Fakten zusammentragen. Die Verkäufer wollen das Grundstück verkaufen. Genauer gesagt wollen sie beide Grundstücke verkaufen, und diese nur gemeinsam. So, wie es der Makler erzählt hat, kommt aber der Verkauf eines einzelnen Grundstückes nicht in Betracht. Ich denke aber, dass die Erben das Geschäft schnell über die Bühne bringen wollen. Ich denke auch, dass sie dafür auch noch einmal mit dem Preis nach unten gehen werden. Das müsste deinen Maklerfreund noch einmal gründlich sondieren. Wir müssen wissen, wo die preisliche Schmerzgrenze liegt. Ich würde sagen, du redest mit ihm darüber. Du sagst ihm am besten auch, dass du bei einem niedrigeren Preis die Möglichkeit siehst, einen Kauf doch noch möglich zu machen. Er soll denen ruhig einmal die Daumenschrauben anlegen. Wie ich das sehe, wollen die das schnelle Geld. Da sind bestimmt noch fünf oder zehn Prozent nach unten machbar. Der Makler ist doch derart scharf auf die Provision, dass der doch alles tut, um einen Verkauf zu ermöglichen.«

Rico:

»Das kann ich gerne machen. Ich weiß nur nicht, wie uns das weiter bringen sollte. Ein paar zehntausend Euro Preisnachlass sind bestimmt machbar, aber dann liegen wir immer noch in einem Bereich, der unsere finanziellen Möglichkeiten weit übersteigt.«

Matthias:

»Das ist mir klar, Rico. Das soll auch nur der eine Teil

des Planes sein. Auf der anderen Seite ist der ***, der das eine Grundstück unbedingt kaufen möchte. Die müssen wir nun dazu bringen, einen möglichst hohen Preis dafür zu zahlen. Am besten wäre ein Preis, der deutlich über dem Marktwert liegt.«

Rico:

»Ja gut, da könnte man sicherlich auch noch etwas herausholen. So, wie der Makler berichtete, scheinen die ja ganz scharf auf das Gebäude zu sein. Ich denke aber, dass die auch nicht auf den Kopf gefallen sind. Die Marktpreise sind ja eigentlich bekannt, und viel mehr werden die auch nicht bezahlen wollen.«

Matthias:

»Naja, so klar ist das nicht. Die wollen ja nicht irgendein Grundstück haben, sondern genau dieses hier. Die direkte Nachbarschaft macht den eigentlichen Wert aus. Ich bin mir sicher, dass die sich das etwas kosten lassen werden. Besser wäre es aber noch, wenn wir ein Gutachten hätten, aus dem ein sehr hoher Wert hervorgeht. Dann müssten wir den Typen, von dem der Makler erzählt hat, nur noch dazu bringen, diesen Preis bei seinen Leuten durchzusetzen.«

Rico:

»Der Typ heißt Florian Müller. Das hat mir der Makler vorhin noch gesagt.«

Matthias:

»Und dann wissen wir auch, dass er gerne segelt. Da müsste doch etwas zu machen sein. Ich würde auch sagen, bei der Angelegenheit mit dem Gutachten helfen wir nach.«

Rico:

»Nachhelfen, wie soll das denn aussehen? Meinst du, der Gutachter schreibt einen höheren Wert in das Gutachten, wenn wir ihm eins aufs Maul geben? Oder sollen wir ihm eine Nutte ins Bett legen?«

Matthias:

»Das wird gar nicht nötig sein. Wir beauftragen ein großes Gutachterbüro aus Hamburg. Am besten ein sehr renommiertes mit gutem Namen. Wenn wir das Gutachten dann haben, dann ändern wir es entsprechend unseren Vorstellungen. Was heißen soll, dass wir insbesondere den Wert höher ansetzen. Ich denke nicht, dass das jemand hinterfragen wird. Ich glaube auch nicht, dass das Büro jemanden schickt, der sich hier lange aufhält. Dieses Gutachten sollte dem Müller dann als Argumentationshilfe reichen. Du musst dann nur noch dafür sorgen, dass der Makler dieses Gutachten dem Müller zuspielt. So ein Gutachten zu verändern ist wahrscheinlich auch nicht besonders schwierig. Ich kenne da jemanden, der uns da weiterhelfen kann. Der kümmert sich sonst um Pässe und Aufenthaltsgenehmigungen. Da ist so ein Gutachten für ihn eine leichte Aufgabe. So was müsste schnell gehen und sollte auch nicht viel kosten.«

Rico:

»Das klingt gut. Das Manipulieren sollte noch das kleinste Problem sein. Ich schlage dann aber auch vor, dass wir uns mal mit dem Müller treffen. Am besten, wir laden ihn einmal zu einer Sause ein. So was richtig Fettes, mit reichlich Frauen und Alkohol. Und wenn er drauf steht, von mir aus auch mit Koks. Oder vielleicht auch mit Jungens. Vielleicht steht er mehr auf Schwänze als auf Fotzen. Florian klingt schon so schwul.«

Matthias:

»Das machen wir auf keinen Fall. Es wird das Beste sein, wenn wir mit ihm überhaupt keinen Kontakt aufnehmen. Das kurze Treffen im Segelverein sollte ausreichen. Alles Weitere sollte dann diskret über die Bühne gehen.«

Rico:

»Ok, und wie möchtest du ihn dann auf Kurs bringen?«

Matthias:

»Darum können wir uns später kümmern. Du darfst nicht vergessen, dass er bestimmt nicht so ein Schlitzohr wie der Makler ist. Mit Einladungen und ähnlichem Zeug sollten wir uns da zurückhalten. Wenn es überhaupt nötig sein sollte, dann müssen wir ihn anders schmieren. So weit sind wir aber noch nicht. Jetzt brauchen wir erst mal das Gutachten.«

Es war für die beiden überhaupt kein Problem, kurzfristig ein seriöses Gutachten zu bekommen. Dafür mussten sie zwar einige tausend Euro auf den Tisch blättern, die sollten sich aber bezahlt machen. Sie ließen nur für das Grundstück, an dem der *** interessiert war, ein Gutachten erstellen. Das Gutachten wies einen Wert für das Grundstück von 440.000 Euro aus. Aufgrund der Größe und der Lage war das andere Grundstück das wesentlich werthaltigere Grundstück. Das ihnen vorliegende Gutachten frisierten sie jetzt fachmännisch, so dass es am Ende einen Wert von 910.000 Euro für das Grundstück bescheinigte. Wie abgesprochen ließ Rico dieses Gutachten dem Makler zukommen. Der wunderte sich zwar über den hohen Wert, sah aber keine Notwendigkeit diesen infrage zu stellen oder zu kommentieren. Er reichte dieses Gutachten an Müller weiter. Der wunderte sich auch nicht besonders und war froh, ein Gutachten eines renommierten Büros in den Händen zu haben. Schon in der nächsten Woche wollte er es den Gremien vorlegen und wollte dann einen Kauf zu diesem Preis empfehlen. Damit waren Rico und Matthias schon einen Schritt weiter. Am Ziel waren sie jedoch noch nicht. Erstens gehörte ihnen das Grundstück noch nicht und zweitens hatten sie immer noch kein Geld, um den Kaufpreis bezahlen zu können. Aber auch dafür gab es einen Plan. Ihnen schwebte vor, beide Grundstücke zu erwerben und dann das eine an den *** zeitnah weiterzuveräußern.

Erst mal kam es aber jetzt zu dem Treffen im Segelverein.

Der Makler stellte Matthias und Rico kurz dem Müller vor. Man unterhielt sich an diesem Abend aber nur über Dinge rund um das Segeln. Matthias vermied es, auch nur ein Wörtchen über das Grundstück zu verlieren. Der Makler war vorher kurz instruiert worden und spielte mit. Nach der Veranstaltung ging man noch zusammen ein Bier trinken. Aber auch das Treffen verlief, ohne dass über das Grundstücksgeschäft gesprochen wurde. Jeder zahlte sein Bier selbst und man verließ die Kneipe gemeinsam. Noch vor der Kneipe verabschiedete man sich. Rico nahm sich ein Taxi und bot dem Makler an mitzufahren. Der Makler willigte ein. Müller ging zum Parkplatz und wollte mit dem eigenen Auto fahren. Matthias hatte ihn den ganzen Abend beobachtet. Müller hatte nur alkoholfreies Bier getrunken. Auf dem Parkplatz war es dunkel und menschenleer. Matthias folgte Müller und fing ihn kurz vor seinem Auto ab. Die beiden waren alleine. Es gab keine Zeugen für dieses Treffen. Wie es ablief, erfuhr ich später von Matthias. Wie sie ja bereits wissen, liebte Matthias elektronisches Spielzeug. Er hatte ein kleines Mikrofon nicht sichtbar an der Jacke befestigt. Damit zeichnete er das folgende Gespräch auf:

Matthias:

»Entschuldigen Sie bitte, Herr Müller, kann ich Sie einen Moment sprechen?«

Im ersten Moment erschrak sich Müller und wunderte sich. Es war dunkel auf dem Parkplatz und schon sehr spät am Abend.

Müller:

»Ach, Sie sind es, ich habe mich schon gewundert. Was kann ich denn für Sie tun?«

Matthias:

»Ich wollte Sie nicht erschrecken. Ich möchte Sie auch nicht lange stören.«

Müller:

»Nein, kein Problem. Das geht schon in Ordnung. Um was geht es denn?«

Matthias schaute sich nochmal um und vergewisserte sich, dass sie nach wie vor alleine waren. Herr Müller wunderte sich ein wenig darüber, sagte aber nichts.

Matthias:

»Ich will ganz offen zu Ihnen sein und Ihre Zeit auch nicht unnötig verplempern. Wir sind hier ganz alleine, und das, was ich Ihnen zu sagen habe, geht auch sonst niemanden etwas an.«

Müller:

»Sie machen es aber spannend. Worum geht es denn?«

Matthias griff in die Jackentasche und nahm ein Bündel Geldscheine heraus. Er zeigte Herrn Müller die Geldscheine kurz und steckte sie dann wieder ein. Herr Müller guckte sehr verwundert.

Matthias:

»Das sind zehntausend Euro.«

Müller:

»Es tut mir leid, ich kann Ihnen nicht folgen. Sind Sie sich sicher, dass Sie mich nicht vielleicht verwechseln?«

Matthias:

»Da bin ich ganz sicher. Es geht um das Grundstück, das Sie erwerben möchten. Wir haben gemeinsame Interessen und wir sollten uns gegenseitig helfen.«

Müller zeigte sich im ersten Moment nicht gerade erbaut. Es hätte nicht viel gefehlt und er hätte Matthias einfach weggeschickt. Er schien aber zu neugierig zu sein und wollte wissen, um was es ging. Jetzt schaute er sich auch nach allen Seiten um, um sich zu vergewissern, dass es keine Zuhörer gab.

Müller:

»Ich weiß nicht, was Sie von mir wollen. Woher wissen Sie überhaupt von dem Geschäft? Ich wüsste auch nicht, was ich in dieser Sache für Sie machen könnte. Und die Geschichte mit dem Geld, die vergessen wir am besten gleich wieder. So was läuft mit mir nämlich nicht.«

Matthias:

»Das weiß ich, so habe ich Sie auch nicht eingeschätzt. Sie haben mich auch völlig falsch verstanden. Es ging hier nicht um eine Art Bestechung. Ich brauche Sie viel mehr als einen Berater. Ich brauche Sie als meinen Berater in dieser

Grundstücksangelegenheit.«

Müller:

»Nun gut. Sie suchen also einen Berater. Ihr Vorgehen ist aber schon etwas merkwürdig. Machen Sie das sonst auch immer so?«

Matthias:

»Nein, natürlich nicht. Ich verstehe aber auch sehr gut, dass es auf Sie befremdlich wirkt. Geben Sie mir bitte fünf Minuten Zeit. Ich möchte Ihnen das einmal erklären.«

Müller:

»Dann legen Sie mal los, Herr?«

Matthias:

»Schmidt. Mein Name ist Schmidt, Herr Schmidt.«

Müller:

»Natürlich, Herr Schmidt. Das hätte mir klar sein müssen. Also, Herr Schmidt, dann erzählen Sie mal.«

Matthias:

»Herr Müller, ich weiß, dass der *** an dem Grundstück an der Küste interessiert ist.«

Müller:

»Nun gut, Herr Schmidt, das ist nun wirklich kein Geheimnis. Das stand sogar schon in der Zeitung. Ich wüsste auch nicht, wie ich in dieser Sache Ihr Berater sein sollte. Mal ganz abgesehen davon, dass es zu einem Interessenkonflikt kommen könnte. Wie Sie wahrscheinlich auch wissen, bin ich bei uns im Haus für dieses Projekt zuständig.«

Matthias:

»Ich kenne auch die Problematik mit dem Verkäufer. Und genau hier könnte ich Ihre Beratung gebrauchen. Für dieses zweite Grundstück, gibt es nämlich einen Interessenten, den ich vertrete. Wenn es also gelinge, die beiden Grundstücksgeschäfte zu koordinieren, dann kämen sowohl mein Interessent als auch Sie zum Zuge.«

Müller stutzte. Er war jetzt neugierig geworden. Er überlegte einen Moment und sagte dann:

»Wenn Sie doch einen Interessenten haben, dann erklären Sie mir bitte, was Sie von mir möchten. Sie sagten doch, Sie suchen einen Berater.«

Matthias:

»Ich möchte hier keine langen Worte machen. Ich möchte ganz offen und ehrlich zu Ihnen sein. Ich brauche Sie, damit Sie das Projekt in Ihrem Hause durchsetzen. Das soll nicht zum Nachteil Ihrer Behörde passieren. Sie kennen den Wert aus dem Gutachten. Ich habe die Möglichkeit diesen für Sie um 25.000 Euro zu reduzieren. Das bedeutet im Klartext, dass der Kaufpreis dann genau 895.000 Euro beträgt.«

Müller:

»Das hört sich gut an. Ich verstehe nur Ihr Anliegen immer noch nicht. 25.000 Euro Preisnachlass klingen interessant. Obwohl ich meine, dass der Preis immer noch relativ hoch ist. Aber schließlich steht er so im Gutachten. So genau kenne ich mich dort auch nicht aus. Was bitte möchten Sie von mir? Wie soll ich Sie beraten? Was sollte ich denn für Sie tun?«

Matthias:

»Mein Mandant braucht jemanden als Vertrauensperson. Ich sage es Ihnen auch ganz ehrlich, er möchte sich das auch etwas kosten lassen. Im Raum steht ein Honorar von insgesamt 20.000Euro. 10.000 Euro davon erhalten Sie sofort. Die anderen 10.000 Euro erhalten Sie, wenn das Geschäft abgewickelt ist. Ich sichere Ihnen volle Diskretion zu. Und Ihre Aufgabe als Berater ist es, meinen Mandanten bei dem Kauf zu unterstützen.«

Müller:

»Sie sprechen in Rätseln. Ich weiß wirklich nicht, wie ich Ihnen als Berater helfen sollte. Wenn Ihr Mandant doch das eine Grundstück erwerben möchte, und wir das andere, dann ist die Sache doch denkbar einfach.«

Matthias:

»Das sollte man eigentlich meinen. Die Schwierigkeiten liegen auch mehr im Detail. Mein Mandant braucht einfach jemanden, der sich darum kümmert, dass auch die Kleinigkeiten vernünftig abgewickelt werden können.«

Müller:

»Wenn ich für Ihren Mandanten arbeiten soll, und sei es auch nur als Berater, dann gerate ich zwangsläufig in einen Interessenkonflikt.«

So, wie Müller mit Matthias sprach, spürte Matthias, dass Herr Müller seinem Vorschlag nicht mehr so verschlossen gegenüberstand. Er schien sogar ein gewisses Interesse zu zeigen. Matthias nahm die Geldscheine wieder aus der Tasche und streckte seine Hand aus.

Matthias:

»Das alles bleibt anonym. Hier gibt es keine Zeugen. Niemand wird etwas erfahren. Ich werde Sie auch nicht besuchen oder anrufen. Ich möchte nur, dass Sie Folgendes für mich tun. Sie erhalten über den Makler in den nächsten Tagen eine Verkaufsofferte meines Mandanten. Sie müssen dann nur dafür sorgen, dass diese Offerte vom **** angenommen wird. Das muss allerdings schnell über die Bühne gehen. Der Kaufpreis dieses Angebotes ist günstig. Er liegt, wie ich es Ihnen schon gesagt habe, unter dem Wert des Grundstückes aus dem Gutachten. Die Rahmenbedingungen sind allerdings nicht unbedingt üblich, aber sie stellen keinen Schaden für Ihren Arbeitgeber dar. Ich versichere Ihnen zudem, dass es hier nicht um Geldwäsche geht. Es geht auch nicht um ein kriminelles Geschäft. Es geht nur darum, dass mein Mandant nur eines der beiden Grundstücke erwerben möchte. Er steckt in der selben Zwickmühle wie Sie, da Sie ja auch nur ein Grundstück erwerben wollen. Dieses Problem möchte mein Mandant durch den Zwischenverkauf lösen. Dazu braucht er Sie, damit der Weiterverkauf des einen Grundstückes dann reibungslos über die Bühne gehen kann. Genau wie Sie hat mein Mandant kein Interesse beide Grundstücke zu erwerben. Nichts, was er von Ihnen verlangt, widerspricht den Interessen des ***.«

Müller:

»Und wie sehen Sie dann aus, diese unüblichen Rahmenbedingungen? Jetzt reden Sie mal nicht weiter um den heißen Brei herum, sondern sagen mir bitte klipp und klar, worum es eigentlich geht. Wozu genau wollen Sie mich eigentlich bezahlen?«

Matthias:

»Es geht tatsächlich nur um das Angebot. Über den Preis brauchen wir nicht zu reden, wie Sie aus dem Gutachten wissen, ist dieser fair. Komplikationen ergeben sich aus der Tatsache, dass die Grundstücke eigentlich gemeinsam veräußert werden sollen. Das erfordert ein besonderes Vorgehen.«

Das Gespräch zog sich noch eine ganze Weile hin. Matthias erläuterte ihm, was er konkret von ihm verlangte. Was ich weiß, ist, dass das Gespräch damit endete, dass Herr Müller 10.000 Euro nahm.

Wie das Geschäft dann weiterging, erzählte mir Matthias auch, mindestens in Bruchstücken. Rico und Matthias gründeten gemeinsam eine GmbH. Diese GmbH legte Herrn Müller schon wenige Tage später ein Verkaufsangebot für das Grundstück vor. Der darin angebotene Preis lag bei achthundertfünfundneunzigtausend Euro. Er lag damit, wie von Matthias versprochen, unter dem gefälschten Wert aus dem Gutachten. Gegenüber dem tatsächlichen Wert lag dieser Preis jedoch mehr als doppelt so hoch. Sowohl dieses Angebot als auch das Gutachten legte Herr Müller den Gremien zur Entscheidung vor. Auch dort ließ der Kaufpreis niemanden stutzig werden. Der Wunsch, den *** deutlich zu vergrößern, war einfach zu bedeutend. Man wollte sich die einmalige Möglichkeit dieses direkt anliegende Grundstück zu erwerben nicht entgehen lassen. Da das Gutachten von einem renommierten Büro erstellt wurde, verzichtete man darauf, es zu hinterfragen. Aus Kostengründen wurde auch kein zweites Gutachten erstellt oder angefordert. Einzelheiten zur Vertragsgestaltung wurden auch nicht erörtert. Das Gremium fühlte sich ausschließlich für die strategische Entscheidung verantwortlich. Herr Müller wurde damit beauftragt, das Grundstücksgeschäft operativ umzusetzen. Weiterhin wurde Herr Müller gebeten, das Geschäft schnell über die Bühne zu bringen. Vor allem die regionalen politischen Vertreter in diesem Gremium sahen es als großen Erfolg an, die Gegend an der Küste durch diese Maßnahme aufzuwerten.

Matthias und Rico hatten der GmbH einen neutralen Namen gegeben. Die beiden wurden auch die Geschäftsführer dieser GmbH. Schon für die gleiche Woche wurde zwischen der GmbH und dem ***, vertreten durch Herrn Müller, ein Termin bei einem Notar vereinbart. Der Vertragsentwurf wurde von dem beauftragten Notar ausgearbeitet und enthielt einige Besonderheiten. Das Wichtigste war, dass der Käufer den Kaufpreis mit der Unterzeichnung des Vertrages beim Notar zu zahlen hatte. Das ist eigentlich bei Grundstücksgeschäften unüblich. Der Notar wollte den Vertrag auch anfangs nicht derart ausgestalten. Rico und Matthias bestanden aber darauf. Herr Müller wurde zwar vom Notar auf die Risiken hingewiesen, stimmte dieser Vereinbarung aber ebenfalls zu. Da alles sehr knapp terminiert wurde, verzichtete man auf eine Einsicht in das Grundbuch. Auch das ist äußerst ungewöhnlich. Aber auch das akzeptierte Herr Müller, sogar gegen den ausdrücklichen Rat des Notars. So übergab Herr Müller Rico nach der Unterzeichnung des Vertrages beim Notar einen Bundesbankscheck in Höhe des Kaufpreises. Die GmbH stand jetzt in der Verpflichtung das Grundstück an den *** herauszugeben. Für Herrn Müller war seine beratende Tätigkeit in dieser Sache erledigt. Für Matthias und Rico ging es jetzt erst richtig los mit der Arbeit. Sie mussten dafür sorgen, dass die GmbH dem *** das Grundstück übergeben konnte. Dazu muss man wissen, dass der GmbH die beiden Grundstücke noch gar nicht gehörten. Darum gingen Matthias und Rico direkt im Anschluss an den Termin beim Notar zu dem Makler und erklärten, dass sie das Grundstück kaufen möchten. Der Makler hatte für die beiden eine weitere Reduzierung des Kaufpreises beim Verkäufer durchgesetzt. So wurde letztendlich ein Kaufpreis von 1.290.000 Euro vereinbart und schon am folgenden Tag im Kaufvertrag notariell beglaubigt. Käufer war die GmbH. Der Kaufpreis wurde mit dem Tag der Eintragung ins Grundbuch fällig. Ich habe den Gesamtzusammenhang hier etwas gekürzt dargestellt. Alle Einzelheiten sind mir nicht bekannt. Im Grunde ist es aber so gelaufen und so sind die beiden dann an dieses Grundstück gekommen. Sie schafften es irgendwie, das noch fehlende Geld aufzutreiben. Der **** kam ebenfalls an sein Grundstück. Riss das kleine Gebäude ab und bebaute es mit einem Bürohaus.

Statt eines schmuddeligen Bordells hatte die Stadt jetzt ein modernes Bürogebäude aus Glas und Stahl an dieser Stelle. Für die Städteplaner war das ein großer Erfolg. Der *** konnte seinen Mitarbeitern und den Besuchern mit dem Neubau sogar noch eine weitere Attraktion bieten. Man hatte an den großen Glasfenstern der Flure und der Büros einen wunderbaren Blick in den Kontakthof. Gerade im Sommer, wenn die Frauen kaum bekleidet und in High-Heels dort auf Freier warteten, wurde denen einiges fürs Auge geboten. Aus den Fluren und Büros wurden mit Handys und Fotoapparaten unzählige Fotos geschossen. Das war eine kleine Attraktion.

Das ganze Geschäft erschien den Beteiligten völlig unverdächtig. Nachdem Matthias und Rico das Grundstück nun besaßen, konnten sie es auch bei der Sparkasse beleihen, um das darauf stehende Gebäude aufwändig zu renovieren. Die Stadt befürwortete dieses Projekt ausdrücklich und war froh, dass ein weiterer Schandfleck an der Küste verschwand. Das renovierte Gebäude sollte ein moderner Amüsierbetrieb werden.

Der Umbau gestaltete sich dann als schwierig und vor allen Dingen teurer als geplant. Daher musste die Eröffnung mehrfach verschoben werden. Am Ende gelang es den beiden aber, das Projekt zu einem guten Ende zu führen. Nach anfänglichen Anlaufschwierigkeiten kam das Haus dann auch gut zum Laufen. Das habe ich aber dann nicht mehr miterlebt. Ich war zu diesem Zeitpunkt schon ausgestiegen und hatte die Stadt verlassen. Für Matthias und Rico hatte sich das Geschäft aber mehr als gelohnt. Sie stiegen dann auch aus der Zuhälterei aus und betrieben gemeinsam ihr neues Haus. Sie überließen es den jungen Kerlen, die Frauen mit Gewalt bei der Stange zuhalten. Rico war es damit gelungen, sein Ziel zu erreichen. Er mietete sich eine große Wohnung im vornehmsten Bezirk der Stadt. Später wurde er sogar in den Vorstand des größten Fußballvereins der Stadt gewählt. Er engagierte sich auch als Geldgeber bei mehreren sozialen Projekten.

In dem Gebäude befinden sich heute ein großes Automatenspielcasino, verschiedene Bars, ein kleineres Bordell in gehobener Ausstattung, ein modernes Laufhaus sowie ein Hotel. Sogar die Parkplätze für die Zuhälter wurden in das Parkraumbewirtschaftungskonzept integriert. Auch wenn nach außen alles modern und sauber wirkt, blieb es doch eine Heimstätte der Zuhälterei und anderer Verbrechen. Einige Frauen schilderten mir später, dass es dort sogar noch schlimmer zuging, als in unserem alten Laufhaus. Hinter den schönen Fassaden wurde dann auch Prostitution mit Frauen aus Osteuropa organisiert.

Der Makler und Herr Müller sollten das aber nicht mehr erleben. Noch bevor der Neubau des Bürogebäudes fertig gestellt war, verunglückten die beiden tödlich bei einem Segelunfall. Der genaue Hergang dieses Unfalls ist bis heute nicht abschließend geklärt. Die Polizei sah keinen Zusammenhang zwischen diesem Unfall und dem Grundstücksgeschäft. Eine Verbindung zu Matthias und Rico bestand aktenkundig ebenfalls nicht. Bei Rico kamen weder Staatsanwalt Polizei weiter. So einen Menschen kann nur Selbstjustiz stoppen. So weit war es damals aber längst noch nicht.

Preise, Umsätze und Verdienste

Über die Eigenart von Prostituierten, Zuhältern und Bordellbetreibern häufig zu übertreiben, wenn es um Preise, Umsätze und Verdienste geht, habe ich in diesem Buch bereits an verschiedenen Stellen berichtet. Am schlimmsten sind dabei ehemalige Prostituierte. Die beschreiben die Verdienstmöglichkeiten häufig als geradezu paradiesisch. Warum sie das tun, ist mir unverständlich. Außerdem klingen diese Schilderungen in meinen Ohren nicht logisch.

Überlegen Sie sich bitte einmal Folgendes:

Dank der zuhälterfreundlichen Gesetzgebung ist Deutschland flächendeckend mit Bordellen überzogen. Jede mittelgroße Stadt hat einen Rotlichtbezirk und darüber hinaus gibt es Etagenbordelle praktisch in allen Lagen. Dank Internet und Mobiltelefonen sind die Kontaktaufnahme und die Terminierung unproblematisch.

Dank der offenen Grenzen vor allem nach Osteuropa ist der Nachschub an jungen Frauen zudem gesichert. Diese Frauen sorgen für äußerst scharfe Konkurrenz und halten damit die Preise niedrig. Als Ergebnis sind in ganz Deutschland gute und junge Frauen bereits für kleines Geld verfügbar. Ich kenne keine Stadt, wo man nicht zu Preisen zwischen dreißig und hundert Euro ausgiebig ficken kann. Gerade oberhalb von achtzig Euro sind dann auch schon einige Extras mit drin. Die Frauen, die in diesen Bordellen arbeiten, müssen sich zudem nicht verstecken. Viele von denen sind sogar sehr hübsch.

Diese Marktlage und die Angebotsdichte und –vielfalt erlauben dann schon die Frage, warum ein Freier dann für die gewünschten Leistungen deutlich mehr zahlen sollte.

Mehr als einmal abspritzen können die meisten Freier sowieso nicht. Stundenlange Unterhaltungen wünschen sich die meisten Freier auch nicht und die, die sich Gespräche wünschen, möchten dafür nicht bezahlen.

Dass die Freier mit den Frauen etwas gemeinsam unternehmen wollen, mag vielleicht in München, Frankfurt und Hamburg vorkommen. Die meisten Freier, die ich kennengelernt habe, wären gar nicht auf die Idee gekommen, sich mit einer Prostituierten in der Öffentlichkeit sehen zu lassen.

Trotzdem will ich natürlich nicht ausschließen, dass es Frauen gibt, die mit Prostitution in kurzer Zeit wirklich viel Geld verdienen. In der »echten Welt« habe ich derartige Fälle aber nicht miterlebt.

Gelernt habe ich nur, dass es noch längst nicht bedeutete, dass eine Frau viel Kohle macht, wenn ihr Zuhälter ein teures Auto fährt. Gerade die Spitzenverdiener setzten in ihren Geschäftsmodellen mehr auf Masse als auf Klasse.

Wenn es um meine Einnahmen ging, bin ich in diesem Buch immer ehrlich geblieben. Anders als die Frauen, die zum Übertreiben neigen, kann ich die Zuhälter und Bordellbetreiber gut verstehen, wenn sie mit Umsätzen und Verdienstmöglichkeiten prahlen. Das gehört schlicht zu deren Geschäft und ist ein Teil ihrer Anwerbestrategie. Bordelle und Zuhälter benutzen die angeblich guten Verdienstmöglichkeiten häufig, wenn sie »frische« Frauen für das Milieu rekrutieren wollen. Das Märchen von dem leicht verdienten Geld scheint immer noch zu ziehen. Ich selbst habe einige Frauen kennengelernt, die durch diese Versprechungen angelockt wurden. Dass eine von ihnen durch die Prostitution tatsächlich zu großem Geld gekommen ist, habe ich in keinem Fall erlebt.

Ich habe stattdessen sogar Frauen kennengelernt, bei denen die Schulden in der Zeit, in der sie anschaffen gingen, sogar noch weiter stiegen.

Bei uns im Laufhaus waren die Preise, Umsätze und Verdienste sehr übersichtlich strukturiert und zumindest für die Insider sehr transparent.

Es gab eine einfache und verbindliche Preisstruktur.

Dabei gab es nach unten eine feststehende, rote Linie von dreißig Euro. Diese Untergrenze war für alle Frauen zu hundert Prozent verbindlich. Sie zu unterschreiten und dabei erwischt zu werden, wäre mit ernsthaften Konsequenzen verbunden gewesen. Dafür haben schon die anderen Frauen gesorgt.

Ich habe von 2004 bis 2009 im Laufhaus gearbeitet. Anfangs habe ich ausschließlich im Laufhaus gearbeitet. Später dann nur noch einige Tage, weil das Geschäft in der Wohnung ins Laufen kam. In dieser Zeit gab es bei uns keine Preissteigerungen. Das Gegenteil war sogar der Fall. Mit dem Anwachsen der Straßenprostitution, vor allem durch Frauen aus Südosteuropa, gerieten die Preise sogar unter Druck.

Unser Haus hielt zwar an der Untergrenze von dreißig Euro fest, die Frauen ließen aber, wenn es um Extras ging, mehr und mehr mit sich handeln. Wie das im Einzelnen aussah, werde ich noch ausführlich beschreiben.

Auf der Straße in unserer Stadt lag die Untergrenze bei zwanzig Euro. Dafür wurde von den Frauen mit Gummi geblasen. Ficken und Extras gab es auf der Straße für dreißig Euro aufwärts.

In den Wohnungen, also den Etagenbordellen, waren die Preise nicht so einheitlich. Es gab einige Adressen, da ging alles billiger als an der Küste. Es gab aber auch ausgewählte Adressen, da lagen die Preise etwas über unserem Niveau. Richtig teure Etablissements gab es bei uns in der Stadt nicht. Anders als an der Küste und an der Straße, wurde in den meisten Wohnungen nach Zeit abgerechnet. Es ging los mit einer halben Stunde. In diesen Bordellen war es üblich, dass die Freier Preise und Leistungen bis zu einem gewissen Maß verhandeln konnten.

Ich kann es zwar nicht belegen, aber von dem, was ich weiß, kann ich sagen, dass die Umsätze den Etagenbordellen nicht berauschend waren.

Stoßzeiten

Das Geschäft im Laufhaus verlief nicht gleichmäßig über den Tagesverlauf und auch nicht gleichmäßig über das Jahr. Vielmehr gab es starke Schwankungen, die man als Frau kennen sollte. Bei meiner Schilderung des Umsatzverlaufes fange ich mit einem typischen Tag an. Anschließend zeige ich Ihnen, wie sich der Umsatz im Jahresverlauf entwickelte. Bei uns im Laufhaus gab es nämlich sowohl ein Weihnachtsgeschäft als auch ein Sommerloch

Ein typischer Arbeitstag im Laufhaus begann um 10:00 Uhr. Die Frauen haben in zwei Schichten gearbeitet die Frühschicht begann um 10:00 Uhr und endete zwischen 18:00-20:00 Uhr. Die ersten Frauen der Spätschicht kamen ab 16:00 Uhr. Die Spätschicht lief dann bis ca. 2:00 Uhr in der Nacht. Natürlich gab es auch noch Unterschiede zwischen Wochentagen und Wochenenden. Insbesondere die Nächte waren an den Wochenenden für die Frauen noch länger. Meistens waren dann einige Frauen noch bis 4:00 Uhr am Morgen im Haus. Das Laufhaus war übrigens rund um die Uhr geöffnet. Die Wirtschafter arbeiteten im Dreischichtbetrieb. Es gab sogar einige wenige Frauen, die außerhalb der eigentlichen Schichten arbeiteten. Und es gab sogar einige Freier, die regelmäßig zu diesen Zeiten in das Laufhaus kamen. Neunzig Prozent des Umsatzes wurden aber in der Frühschicht und der Nachtschicht realisiert. Dabei war die Nachtschicht natürlich umsatzstärker. Die Nachtschicht war aber auch wesentlich stärker besetzt als die Frühschicht. Das konnte dann dazu führen, dass für die Frauen der persönliche Umsatz in der Frühschicht höher war. Ich selbst habe meistens in einer Art Mittelschicht gearbeitet. Ich fing schon zwischen 14:00 und 15:00 Uhr an und arbeitete dann bis 1:00 Uhr in der Nacht. Selbst an Wochenenden blieb ich nicht viel länger. Wobei es aber auch Nächte gab, an denen ich vor 5:00 Uhr nicht aus dem Laufhaus kam.

Schon kurz nach 10:00 Uhr am Morgen kamen normalerweise die ersten Kunden. Das waren dann meistens ältere Männer und Rentner. Einige von ihnen kamen regelmäßig und gingen dann stets zu denselben Frauen. In vielen Fällen wurden diese Treffen sogar vorher verabredet. Spektakuläre Dinge passierten in den ersten Stunden der Frühschicht aber nicht. Es ging auch nicht um das große Geld. Die meisten Freier verlangten auch nichts Besonderes. Üblich waren Nummern zwischen dreißig und fünfzig Euro. Es ging also um das Blasen und das Ficken in Missionarsstellung oder von hinten. Die Atmosphäre war aber entspannt. Alles war sehr ruhig und auch die Frauen ließen sich mehr Zeit. So war es auch für die Freier angenehmer. Ab 15:00 Uhr wurde es dann an Werktagen deutlich hektischer auf den Fluren des Laufhauses und in den Zimmern der Frauen. Auch die Freier wurden jünger. Unter den Freiern waren jetzt viele Männer, die von der Arbeit kamen. Das bemerkte man insbesondere zu Monatsbeginn. Die Wünsche unterschieden sich aber nicht stark von denen der ersten Gäste des Tages. In den meisten Fällen wurde gefickt. Auch bei diesem Kunden ging es nicht um außergewöhnliche Wünsche und dass einer von ihnen einmal mehr als 80 Euro gezahlt hat, war die Ausnahme. Die Frauen arbeiteten aber schon schneller, da sie sich keinen Freier aus der Laufkundschaft entgehen lassen wollten. An den Werktagen wurde es dann gegen Abend sogar wieder etwas ruhiger. Erst ab 21:00 Uhr nahm der Betrieb dann wieder zu. Jetzt bestand die Laufkundschaft aus Kneipengängern und manchmal auch aus kleinen Gruppen von Männern, die nur mal einen Abstecher ins Bordell machen wollten. Unter diesen war dann auch schon mal ein dicker Fisch. So gab es durchaus Kunden, die mehr wollten als eine schnelle Nummer. Ich selbst hatte selbst an Werktagen zu dieser Zeit meistens mindestens einen Kunden, der 100 Euro oder sogar noch mehr bezahlte. Mit so einem Kunden war ich dann aber auch eine halbe Stunde oder länger beschäftigt. Unter der Woche wurde das Geschäft dann nach Mitternacht schon wieder ruhiger. Viele Frauen verließen das Laufhaus dann auch zu dieser Zeit. Oder sie verschlossen die Tür zu ihren Zimmern und legten sich schlafen. Kam dann doch noch ein Stammfreier, so musste dieser nur klopfen. Meistens wurde er dann noch bedient. Auch wenn wochentags nach Mitternacht der Betrieb deutlich abnahm, konnte man mit den wenigen Freiern noch gutes Geld verdienen. Gerade die späten Kunden waren oft spendabler. Leider wuchsen nachts auch die Probleme für die Frauen. Viele der Freier kamen angetrunken in das Laufhaus und einige von ihnen machten sogar Ärger. Überhaupt hatten die meisten Probleme im Laufhaus mit angetrunkenen oder betrunkenen Freiern zu tun. Für die Frauen war es bereits ärgerlich, dass mit betrunkenen Freiern alles länger dauerte. Außerdem war deren Benehmen in einigen Fällen unangenehm oder sogar belästigend. Die Huren im Laufhaus haben nichts dagegen, für Geld gefickt zu werden. Sie mögen es jedoch nicht, angefasst oder in den Arm genommen zu werden. Kleine Küsschen von Freiern waren für mich stets unerträglich. Einige betrunkene Freier waren derart enthemmt, dass sie diese Grenzen andauernd überschritten.

Auf der anderen Seite gab es Frauen, die aus angetrunkenen oder betrunkenen Freiern das Letzte an Geld rausholten. Betrunkene, die sich nachts in den Puff begeben, laufen Gefahr, bis auf den letzten Cent ausgenommen zu werden. Ich selbst kannte Frauen, die sich geradezu auf diese Zielgruppe spezialisiert hatten. Meistens haben Sie dann auch mit ihren Zuhältern gemeinsame Sache gemacht. Das hieß dann für die Freier, dass diese nicht nur ihr Geld verloren, sondern auch noch ordentlich etwas auf die Mütze bekamen. Trotzdem gab es immer wieder Männer, die so dumm oder bekloppt waren und spät abends betrunken ins Laufhaus kamen.

Der Tagesablauf an den Wochenenden unterschied sich nicht grundlegend von den Abläufen an den Werktagen. An Freitagen, Samstagen sowie an den Vorabenden zu Feiertagen waren aber der Betrieb im Laufhaus sowie die Umsätze spürbar höher. Außerdem waren die Nächte länger und es gab auch häufiger Probleme. Die höhere Frequenz an Freiern hatte aber nicht zwingend zufolge, dass jede einzelne Frau auch wirklich mehr verdiente. An den Wochenenden war das Laufhaus vor allem an den Abenden besser mit Frauen belegt. So verteilte sich der Umsatz über mehr Frauen als an den Werktagen.

Ich selbst habe im Durchschnitt pro Woche an drei Werktagen sowie am Samstag gearbeitet. So kam ich auf eine Wochenarbeitszeit von ca. 40-45 Stunden. Weniger arbeiten war gar nicht möglich, da das Zimmer besetzt und bezahlt werden musste. Bei dieser Wochenarbeitszeit kann man wirklich nicht von einem ruhigen Job reden. Es gab aber auch Frauen im Laufhaus, die wesentlich mehr arbeiteten. Ich kannte Einzelfälle, die in der Woche sechs Schichten gemacht haben und so locker auf 60-70 wöchentliche Arbeitsstunden kamen. Das waren oft Frauen aus Osteuropa, die nur für einige Monate in Deutschland zum Anschaffen waren. Spätestens nach drei bis vier Monaten wurden die von ihren Zuhältern zurückgeschickt und gegen neue Frauen ausgetauscht. Was denen von ihrem Umsatz blieb, möchte ich gar nicht wissen.

Die Umsätze im Laufhaus variierten aber nicht nur zwischen den einzelnen Wochentagen und Tageszeiten. Es gab auch erhebliche Umsatzschwankungen über das Jahr. Es gab ein Sommerloch und es gab ein Weihnachtsgeschäft. Darüber hinaus waren die Tage, an denen es in der Stadt Volksfeste oder Messen gab, regelmäßig ausgesprochen umsatzstark. Stoßzeit herrschte zudem am Vatertag, dem Vorabend zum 1. Mai sowie zu Silvester.

Die schlechteste Zeit im Jahr war regelmäßig der Sommer. Vor allem sobald die Sommerferien begannen, brachen die Umsätze regelmäßig ein. Und das, obwohl wir Frauen uns im Sommer besonders viel Mühe gaben. Meistens hielten wir uns tagsüber auf dem Hof auf, und boten in unseren High-Heels und Bikinis einen tollen Anblick. Es nutzte aber alles nix, vernünftige Umsätze kamen, wenn überhaupt, nur an den Wochenenden zustande. In der Stadt waren einfach zu wenige Menschen. Das konnten auch die paar Touristen, die im Sommer unsere Stadt besuchten, nicht ausgleichen. Ich tat mir das in den letzten Jahren schon nicht mehr an. Stattdessen machte ich im Juli und August frei, wenn das Geld reichte, sogar etwas Urlaub. Für diese Zeit buchte Matthias auch das Zimmer für mich nicht mehr. Er sorgte aber dafür, dass ich zum Herbst hin wieder ein Zimmer in bester Lage bekam. Das war längst nicht selbstverständlich.

Wenn der Sommer die schlechteste Zeit im Jahr war, dann war die Zeit vor Weihnachten die beste Zeit. Schon ab Mitte November nahm das Geschäft spürbar zu. Im Laufhaus herrschte schon am Nachmittag Hochbetrieb. Es kamen aber nicht nur mehr Freier, sondern die, die kamen, ließen auch mehr Geld bei den Frauen. Dabei waren es keine weihnachtlichen Gefühle der Großzügigkeit, sondern schlicht der Wunsch vieler Männer sich mal was Besonderes zu gönnen. Gerade die Männer, die sonst nur mit abgezählten 30 Euro zu uns in den Puff kamen, legten in der Vorweihnachtszeit etwas drauf. Dafür erwarteten sie aber auch mehr als sonst. Sie trauten sich auch an die etwas teureren Frauen bei uns im Laufhaus. Meistens verlangten sie dann neben dem Ficken auch noch einige Extras, für die sie gerne bezahlten. Die Frauen konnten dann auch ruhig etwas jünger sein. Bestimmt hatten viele dieser Freier zuhause Töchter, die älter waren als die Kleine, die sie im Laufhaus fickten. Aber selbst zur Weihnachtszeit blieb es im Laufhaus dabei, dass es keine minderjährigen Frauen gab. In den wenigen Fällen, in denen sich ein Freier nach einer Minderjährigen erkundigte, informierten die Frauen umgehend die Zuhälter.

Für die Zuhälter waren solche Typen eine willkommene Abwechslung. An denen ließen sie ihre sämtlichen Aggressionen ab und hatten sogar noch ihren Spaß daran. Hochkonjunktur im Puff herrschte bis einen Tag vor Heiligabend. Über die Weihnachtstage habe ich selbst nie gearbeitet. Das wäre mir dann doch zu traurig gewesen. Überhaupt war die Vorweihnachtszeit nicht nur für mich schwer. Ich wurde sentimental und später auch regelmäßig depressiv. In dieser Zeit kam man gar nicht darum herum, sich mit der eigenen Person und seiner Situation zu befassen. Was ich da bei mir sah, war niederschmetternd und frustrierend. Um nicht völlig durchzudrehen, verschaffte ich mir so viel Abwechslung wie möglich. Nüchtern waren aber insbesondere die Weihnachtstage kaum zu ertragen. Ich achtete ganz besonders darauf, über die Weihnachtstage möglichst nicht alleine zu sein. Ähnlich ging es auch einigen anderen von den Frauen und den Zuhältern. Wir verbrachten darum möglichst viel Zeit gemeinsam. So wurden wir zumindest über die Weihnachtstage so etwas wie eine kleine Familie. Gegenseitig halfen wir uns durch diese Zeit. Ich war aber jedes Jahr froh, wenn nach Silvester alles vorbei war.

Ficken in Zahlen

Ich habe Ihnen, in den vorherigen Kapiteln beschrieben, wie sich die Umsätze über den Tag und über das Jahr im Laufhaus verteilten. In diesem Kapitel werde ich Ihnen nun zeigen, welches Einkommen ich selbst daraus generieren konnte. Anfangs habe ich mich nicht näher um meinen Verdienst gekümmert. Ich habe mit Matthias täglich abgerechnet und mit dem Geld von einem Tag auf den anderen gelebt. Das änderte sich aber. Ich fing schon im zweiten Jahr an, mir über meine Einnahmen einen genauen Überblick zu verschaffen. Später habe ich dann sogar angefangen meine Umsätze täglich in eine Liste einzutragen. Ich wollte einfach sehen, wie viel Geld ich verdiente und wo es blieb.

Mit dieser Liste ging ich natürlich sehr vorsichtig um. Die Beträge, die dort auftauchten, unterschieden sich nämlich von denen, die ich mit Matthias abrechnete. Ein anderes Kapitel war dann auch noch meine Steuererklärung. Um die kümmerte sich aber, wie auch um viele andere Dinge, Matthias. Meine Liste floss aber auch in diese Steuererklärung nicht ein. Da ich während meiner Zeit im Milieu vorsichtig und misstrauisch geworden war, legte ich meine Umsatzliste noch nicht einmal in Papierform an. Sie existierte überhaupt nur als Datei bei meinem E-Mail-Provider. Und selbst mit dieser Datei ging ich ausgesprochen vorsichtig um. Ich wählte eine E-Mail-Bezeichnung, die keinerlei Rückschlüsse auf meine Person zuließ. Ich wählte ein Passwort, das praktisch nicht zu knacken war. Außerdem benutzte ich dieses E-Mail-Konto nur für diese Liste. Ich gab diese Adresse niemandem und verschickte von dort auch keine E-Mails. Selbstverständlich griff ich ausschließlich von meinem Smartphone aus auf dieses Konto zu. Selbst auf dem Smartphone speicherte ich keine Passwörter und löschte regelmäßig meine Verlaufsdaten. Außerdem berichtete ich niemandem von diesem E-Mail-Konto.

In den Jahren 2009 und 2010 dokumentierte ich sämtliche Umsätze in dieser Liste. Danach tat ich es nur noch sporadisch, weil ich mittlerweile ein gutes Gefühl hierfür entwickelt hatte und außerdem meine Kenngrößen im Kopf hatte. Alle hier erwähnten Zahlen stammen aus den Jahren 2009 und 2010. Für Sie habe ich diese Zahlen noch einmal gründlich ausgewertet. Dabei half mir ein Student, der mit Statistik vertraut war. An dieser Stelle möchte ich ihm dafür danken. Ich gebe hier allerdings nur einen Teil dieser Auswertung weiter. Vielleicht veröffentliche ich das vollständige Material zu einem späteren Zeitpunkt.

Neben meinen persönlichen Umsatzdaten habe ich weiteres Zahlenmaterial gesammelt. Beispielsweise die Belegungspläne der einzelnen Etagen und andere Zahlen. Zumindest kann ich mit diesem Material relativ genaue Umsatzschätzungen der Jahre 2009 und 2010 für das gesamte Laufhaus erstellen.

Ich habe im Jahr 2009 an 152 Tagen gearbeitet. Ich war weitere 14 Tage arbeitsunfähig erkrankt und hatte mir im Juli und August einen Urlaub von insgesamt 39 Tagen genommen. Die restlichen Tage habe ich über das Jahr verteilt frei gehabt. Hinzu kommen noch die Tage, die ich von der Wohnung aus gearbeitet habe. Diese Tage und auch die entsprechenden Umsätze habe ich bei dieser Betrachtung außer Acht gelassen. Hier stelle ich nur die Zahlen aus der Arbeit im Laufhaus dar.

Im Verlauf des Jahres hatte ich an den 152 Arbeitstagen im Durchschnitt sieben zahlende Freier. Dieser Wert variierte aber sehr stark. Am schlechtesten Tag des Jahres hatte ich drei Freier. Am besten Tag hatte ich zwölf Freier. Die Dauer einer Schicht betrug zehn und ein Viertel Stunden (Durchschnittswert). Davon waren achteinhalb Stunden richtige Arbeitszeit, zu der ich entweder auf Freier wartete oder sie bediente. Die restliche Zeit waren Pausen. So hat im Durchschnitt jeder Freier ca. 70 Minuten in Anspruch genommen. Davon waren jeweils 37 Minuten Wartezeit und 33 Minuten Zeit für das Ficken oder Blasen sowie die «Vor- und Nachbereitung«.

Gegenüber Matthias wies ich pro Schicht einen durchschnittlichen Umsatz von 496 Euro aus. Das entspricht einem durchschnittlichen Umsatz von 68 Euro pro Besuch eines Freiers. Wie die Anzahl der Freier pro Schicht variierten auch die Tagesumsätze. Am schlechtesten Arbeitstag hatte ich einen Umsatz von 110 Euro. Am besten Tag hatte ich einen Umsatz von 1320 Euro. Die meisten Tage lagen aber im Bereich zwischen 380-550 Euro.

Nimmt man noch die Umsätze hinzu, die ich nicht mit Matthias abgerechnet habe, dann erhöhen sich diese Werte entsprechend. Der Anteil der nicht abgerechneten Umsätze betrug über das Jahr verteilt 17 Prozent der abgerechneten Umsätze. Somit ergab sich für die Arbeit im Laufhaus folgendes Einkommen für mich. Mein Anteil aus den abgerechneten Umsätzen betrug 25.130 Euro. Hinzu kamen 12.816 Euro, die ich nicht mit Matthias abgerechnet habe. Daraus ergibt sich ein Jahreseinkommen von 38.000 Euro. Das entspricht einem monatlichen Einkommen von 3162 Euro. Hinzu kam dann noch mein Umsatzanteil aus dem Geschäft in der Wohnung. Von dem Wert von 3162 Euro musste ich dann noch den monatlichen Beitrag für meine private Krankenversicherung bezahlen. Dieser betrug 410 Euro. Somit blieb mir für das Jahr 2009 ein monatliches Nettoeinkommen von 2750 Euro. Zu diesem Nettoeinkommen kamen dann noch zirka 100 Euro pro Monat aus meiner Umsatzbeteiligung am Getränkeausschank im Laufhaus hinzu.

Alle anderen Kosten bezahlte Matthias. Dafür erhielt er auch zwei Drittel meines Umsatzes.

So unzufrieden war ich mit diesen Werten nicht. Außerdem hatte ich zu dem Zeitpunkt schon gelernt, mit Geld umzugehen. Ich gab keinen Monat mehr aus, als ich einnahm und konnte mir so sogar etwas zusammensparen.

Dabei kamen aber keine großen Summen zu Stande. Das alles betrachtet ging es mir aber finanziell besser als vielen der anderen Frauen aus dem Laufhaus. Andererseits darf aber auch nicht vergessen werden, dass ich im Jahr 2009 für mein Geld insgesamt 1100 sexuelle Kontakte mit Freiern allein im Laufhaus hatte. In 710 Fällen wurde ich dabei gefickt. In praktisch allen Fällen hatte ich einen Schwanz im Mund. So betrachtet war das Geld sehr hart verdient.

Im Jahr 2010 stiegen meine Einnahmen noch einmal leicht. Ich verzeichnete ein Umsatzplus von knapp 3,5 Prozent. Das ist insbesondere deswegen erwähnenswert, weil die Umsätze im Laufhaus in dem Jahr sanken.

Die Angebotspalette

Im Laufhaus hatte ich die üblichen sexuellen Dienstleistungen im Angebot. Ich war nicht die Frau für besondere Dinge. Es ging bei mir los mit 30 Euro. Dafür gab es eine Handmassage sowie ein Blow Job. Beides natürlich mit Gummi. Außerdem durfte es nicht länger als 15 Minuten dauern. Meistens war der Freier aber bereits nach zehn Minuten wieder aus dem Zimmer. Für 30 Euro durfte sich der Kunde noch nicht einmal ausziehen. Da reichte es aus, die Jacke abzulegen und die Hose runter zu ziehen. Alles andere hätte auch viel zu lange gedauert. Ich selbst habe mich für 30 Euro bis auf den Tanga ausgezogen. Wollte der Freier, dass ich auch noch den Tanga auszog, so wurden weitere zehn Euro fällig und sollte ich meine High-Heels zum Blasen anziehen, dann kostete das auch meistens zehn Euro extra. Teuer wurde das Blasen, wenn ich mir besondere Mühe geben sollte und es länger dauerte. Eine besondere erotische Massage gab es bei mir erst ab 50 Euro. Dafür war dann aber auch schon einiges möglich.

Für 50 Euro konnte der Freier mich aber auch schon ficken. Obwohl für das Ficken 50 Euro die absolute Untergrenze waren. Dafür gab es vor dem Ficken keinen Blow Job, sondern nur eine einfache Handmassage. Es passierte, dass bereits bei der Handmassage der eine oder andere Kunde abspritzte. Dann fiel das Ficken natürlich aus und Geld zurück gab es auch nicht, selbst wenn der Kunde anfing zu meckern oder sich zu beschweren. Mit dem Abspritzen ist der Job getan. Wer für 50 Euro ficken wollte, konnte wirklich keine Extraleistung verlangen. Es gab also für das Geld weder einen Stellungswechsel noch Dirtytalk. Außerdem durfte sich der Freier zwar auf mich legen oder mich von hinten ficken, ich machte ihn aber nicht weiter an. Ich unterstützte ihn also weder durch eigene Bewegungen noch streichelte ich ihn. Das führte in einigen Fällen dazu, dass der Freier nicht dazu kam, in mir abzuspritzen. In solchen Fällen habe ich den Rest dann mit der Hand erledigt.

Legte der Freier allerdings noch ein paar Euro drauf, dann konnte es für ihn richtig schön werden. Ab 80 Euro fing ich an mir Mühe zu geben. Beim Ficken habe ich dann mit den Schenkeln und dem Becken mitgearbeitet. Außerdem habe ich ihm die Brustwarzen massiert und besten Dirty Talk geboten. Das alles verlief dann auch nicht so unter Zeitdruck.

Kamen dann noch verschiedene Stellungswechsel dazu, dann waren wir schon bei 100 Euro. Das volle Programm bot ich meinen Freiern dann für einen Betrag zwischen 120 und 150 Euro. Ich schaute dann auch nicht mehr auf die Uhr und zog alle Register. So eine Nummer konnte dann auch mal 30 oder 40 Minuten dauern.

Wer es noch länger wollte oder ganz spezielle Wünsche hatte, musste noch mal tiefer in die Tasche greifen. Leider kam das viel zu selten vor. Besonders lukrativ für mich waren kleinere Rollenspiele und Freier, die sich einfach Zeit nehmen wollten und auch bereit waren diese zu bezahlen.

Ich habe auch einige Dreier mitgemacht. Allerdings nur mit einer zweiten Frau, niemals mit einem zweiten Mann. Je nachdem, welche Aufgaben mir dabei zufielen, kostete das für den Freier zwischen 50 und 200 Euro extra für mich.

Im Laufhaus bestand auch die Möglichkeit für die Freier, sich Getränke in das Zimmer bringen zu lassen. Das passierte leider viel zu selten, aber wenn es passierte, erhielten die Frauen eine Umsatzbeteiligung. Da die Getränkepreise überhöht waren und nur in Flaschen bestellt werden konnte, war das trotzdem eine lukrative Einnahmemöglichkeit. Es gab sogar einige Freier, die mir nach dem Ficken ein kleines Trinkgeld gaben, weil es Ihnen so gefallen hatte. Das waren aber wirklich Ausnahmen und es ging dabei immer nur um kleine Beträge. In all den Jahren hatte ich aber auch einige Freier, die sich die Stunden im Laufhaus richtig etwas kosten ließen. Diese Kunden kann ich aber an meinen beiden Händen abzählen.

Zu den Extras, die ich meinen Freiern im Laufhaus anbot, gehörten aber auch einige schräge Geschichten. Auf die richtig ekligen Dinge habe ich mich aber nicht eingelassen. Dazu sind die Freier auch meistens gleich zu den älteren Frauen gegangen, die so was akzeptierten.

Zu dem ganzen Krempel, der bei Natursekt anfängt und mit irgendwelchen Sklavenspielen aufhört, muss ich aber sagen, dass sie zumindest bei uns im Laufhaus eher Randerscheinungen waren. Dafür schien es andere Orte zu geben. Bei uns gab es noch nicht mal einen SM-Keller. Nur einige der älteren Frauen, hatten einige SM-Spielzeuge in den Zimmern. Für mich war das nichts. Alles, was mehr war als nur Lack und Leder, war nie mein Ding.

Eine weitere Einnahmequelle möchte ich hier nicht unerwähnt lassen. So kam es vor, dass der eine oder andere Freier von uns ein wenig ausgenommen wurde. Einige der Frauen, hatten sich regelrecht auf das Neppen spezialisiert. Ich selbst habe mich daran sehr selten beteiligt. Andererseits habe ich natürlich nicht weggeschaut, wenn einem Freier das Geld geradezu aus der Tasche fiel. Wer nachts total betrunken und mit den Taschen voller Geld im Puff erscheint und anfängt, die Frauen zu nerven, der muss nicht nur damit rechnen, sondern kann sich sogar sicher sein, dass er das Etablissement ohne einen einzigen Cent wieder verlässt. Ich habe betrunkene Freier erlebt, die nachts mit einigen 100 Euro in der Tasche an der Küste erschienen. Die wurden dann von den Frauen in weniger als einer Stunde um ihr gesamtes Geld erleichtert. Am Ende kamen die nicht einmal zum Ficken und im schlimmsten Fall hatten die noch nicht mal mehr Geld, um ihre Zeche zu bezahlen. In solchen Fällen gab es dann auch noch Ärger mit den Zuhältern.

Dass man im Milieu besser keine Kreditkarten mitnimmt, brauche ich wohl nicht extra zu erwähnen. Ich habe

Fälle erlebt, da wurden Kreditkarten von Freiern abgeräumt, bis das Plastik glühte. So was führt dann zu einer bösen Überraschung.

Der Vollständigkeit halber möchte ich noch erwähnen, dass ich selbst bei allem Sex im Laufhaus niemals eigene sexuelle Erregung spürte. Ich habe niemals bei der Arbeit einen Orgasmus bekommen. Egal, um wen es sich auch handelte, ich war stets froh, wenn ich den Schwanz aus mir und den Freier aus meinem Zimmer hatte. Nichts von allem war für mich Vergnügen.

Bei mir gab es auch kein Geknutsche und kein Arbeiten ohne Gummi.

Der gemeine Freier

Eine Typologie der Freier ist ein Thema für sich. Es würde den Rahmen dieses Buches sprengen und zudem schnell langweilig werden. 80 Prozent der Freier waren für mich problemlos und es lohnt sich nicht, auch nur eine Zeile über sie zu verlieren. Der durchschnittliche Freier bleibt gesichtslos, solange er bezahlt, schnell abspritzt und auch sonst keine Probleme macht. Mit dem einen oder anderen habe ich sogar ein paar nette Worte vor dem Ficken gewechselt. Diese Freier verabschieden sich hinterher auch noch freundlich. Die meisten erwarteten auch nichts Besonderes von mir. Es ging um Sex und den wollten sie einfach mal mit einer Frau wie mir. Vielleicht entsprach ich einfach ihren sexuellen Fantasien. Oder sie wollten Dinge ausprobieren, die daheim nicht machbar waren. Es gibt ja Frauen, die haben schon Probleme damit, ihrem Ehemann einen zu blasen.

Natürlich gab es unter diesen Freiern auch eine Menge von einsamen Männern und Singles. Die suchten vielleicht im Puff auch mehr als nur den schnellen Sex. Da ging es auch um Zärtlichkeit, Gesellschaft und Nähe. Ich kann Männern mit derartigen Absichten aber nur dringend empfehlen, nicht in einen Puff zu gehen. Zärtlichkeit, Gesellschaft und echte Nähe sind nämlich genau die Dinge, die wir nicht im Angebot hatten. Für zwischenmenschliche Gefühle war das Laufhaus der falsche Platz. Es gab zwar auch bei uns die eine oder andere Frau, die meinte, auch eine sozialpädagogische Aufgabe im Puff erfüllen zu müssen. Sinn ergab das aber nie. Mit taten die Freier sogar leid, die an solche Frauen gerieten. Es gab sogar Frauen, die verstanden sich als eine Mischung aus Hure, Trösterin und Therapeutin. So was kann nur schiefgehen. Da kann ich jedem Mann nur raten, eine Frisöse vollzuquatschen und ihr anschließend ein gutes Trinkgeld zu geben. Aber selbst die große Gruppe der »normalen Freier« kann einem im Puff ganz schön auf die Nerven gehen. Das ist nämlich immer dann der Fall, wenn sie meinen, Mitleid mit deinem Schicksal empfinden zu müssen oder dir Ratschläge geben. Derartige Gespräche beginnen dann zum Beispiel so:

Freier:

»Sie sind doch eine so schöne junge Frau. Sie haben es doch gar nicht nötig hier zu stehen. Sie haben doch ganz andere Möglichkeiten.«

Auf derartige Gespräche habe ich mich nie eingelassen. Da ist jedes Wort falsch, das man antwortet. Meistens beginnen solche »Gespräche« nach dem Ficken, wenn der Freier sich anzieht. Schließlich wollen sich sogar solche Typen den Spaß am Sex nicht nehmen lassen.

Freier:

»Sie könnten doch auch was ganz anderes machen. Sie könnten doch bei einem Discounter an der Kasse arbeiten.«

Ich habe es stets vermieden, mit solchen Freiern ein Gespräch zu führen. Stattdessen habe ich nur freundlich gelächelt und gedrängelt, damit ich sie schnell aus dem Zimmer hatte. In ganz schlimmen Fällen habe ich auch einfach schon mal die Zimmertür aufgemacht und bin auf den Gang gegangen. Ich kannte aber auch Frauen, die sind mit solchen Zeitgenossen ganz anders umgegangen. Das klang dann ungefähr so:

Hure:

»Ich mache das hier nicht nur wegen des Geldes. Es bringt mir sogar Spaß. Außerdem mache ich das nur nebenbei. Hauptsächlich bin ich Studentin. Ich studiere Mathematik und…….«

Solche Gespräche konnten dann aber auch mal länger dauern. Für mich war das nichts. Mich haben solche Geschichten immer nur angekotzt. Bei uns im Laufhaus gab es auch keine Teilzeithuren und schon gar keine Studentinnen. Das sind alles nur Märchen gewesen.

Der zerstreute Professor

Unter meinen Freiern gab es eine Menge komischer Vögel. Einer dieser komischen Vögel der angenehmen Art war der Herr Professor. Er zählte zu den typischen Frühschichtkunden. Er hielt sich am frühen Nachmittag im Laufhaus auf und schlich gemütlich durch die Bordelle. Unser Haus stand ebenfalls auf seinem Tourenplan.

Ich hatte ihn bereits verschiedene Male im Laufhaus rumstreunen gesehen und auch schon ins Visier genommen. Mehrmals war er bereits meinen Flur auf und ab geschlichen. Er hatte auch bereits ein Auge auf mich geworfen, aber wohl noch nicht den Mut gehabt, mich anzusprechen. So ging es einige Tage. Mittlerweile grüßten wir uns sogar gegenseitig freundlich, wenn er an meinem Zimmer vorbeikam.

Vom Typ her zählte er zu der Kategorie der mir angenehmen Kunden. Er war zwischen fünfzig und sechzig Jahre alt, gepflegt und stets in Anzug und Krawatte bei uns im Puff unterwegs. Er blickte immer schüchtern vor sich auf den Boden und schaute uns Frauen immer nur ganz kurz und verstohlen an. Solche Typen sprechen dich überhaupt nur an, wenn du alleine stehst. Wenn du mit anderen Frauen zusammenstehst oder dich auch nur mit deiner Nachbarin unterhältst, dann kannst du es vergessen. So schüchtern wie er war, ging er in einem solchen Fall rasch an dir vorbei. Bei ihm hatte ich überhaupt nur eine Chance, wenn ich alleine im Eingangsbereich meines Zimmers stand. Selbst wenn ich allein auf meinem Bett gelegen hätte, wäre er nicht ins Zimmer gekommen. Für solche Menschen sind bereits einige Schritte auf unbekanntem Terrain zu viel. Nur, wenn ich alleine war und weder direkt auf dem Flur stand, noch auf dem Bett lag, gab es eine Chance, ihn ins Zimmer zu bekommen. Dann sollten aber ein paar liebe Worte reichen, um ihm einen Fick zu verkaufen. So, wie er aussah, schien es ihm zumindest nicht an Geld zu mangeln.

Nach vorsichtigem Anpirschen stand er dann doch einmal vor meinem Zimmer und schaute mich an. Nach einer kurzen Preisverhandlung konnte ich dann auch die Tür hinter ihm schließen und abkassieren. Bei ihm war es wirklich leicht verdientes Geld. Er wurde zu einem Stammkunden und besuchte mich regelmäßig, verlässlich und pünktlich. Weil er so ein angenehmer Kunde war und ich mit ihm sogar eine Menge Spaß hatte, widme ich ihm dieses Kapitel. Ich bin mir sicher, dass er es lesen wird und wünsche ihm viel Spaß dabei.

Der Herr Professor hatte ganz klare Vorstellungen von dem, was er von mir erwartete. Er hatte auch keine Probleme, mir sehr genau zu schildern, was er wollte.

Herr Professor:

»Junge Dame, ich möchte mit ihnen schlafen. Ließe sich das einrichten? Und was für eine finanzielle Vorstellung haben Sie?«

Anja:

»Das ließe sich machen. Ich hätte sogar jetzt sofort Zeit für Sie. Was stellen Sie sich denn genau vor?«

Wir gingen ins Zimmer. Leider gab es keine bequeme Sitzecke in dem Rattenloch, sonst hätte ich ihn bestimmt zu einer Tasse Tee an den Tisch gebeten. So bot ich ihm einen Platz auf dem Bett an. Er dankte und setzte sich an eine der Bettkanten. Ich setzte mich daneben, hielt aber einen angemessenen Höflichkeitsabstand.

Herr Professor:

»Ach wissen Sie, Sie sind so eine schöne und aufregende Frau. Ich möchte gerne mit Ihnen eine schöne Stunde verbringen. Wäre Ihnen das mit einem alten Mann wie mir überhaupt möglich? Ich möchte Ihnen aber auf keinen Fall zu nahe treten. Ich bin nur mit den Gepflogenheiten Ihres Hauses nicht vertraut.«

Er hatte eine angenehme dunkle Stimme mit einem unüberhörbaren wienerischen Akzent. Dazu sprach er ruhig, nicht zu schnell und stets mit einer gewissen Freundlichkeit. Man hätte ihm stundenlang zuhören können. Er benutzte zudem auch öfter mal typisch österreichische Begriffe und Wortwendungen. In diesem Buch lasse ich ihn aber hochdeutsch sprechen. Wenn ich versuchen würde, hier sein Wienerisch wiederzugeben, würde es nur aufgesetzt wirken. Sie müssen es sich einfach vorstellen.

Anja:

»Das machen Sie schon ganz richtig. Und es ist gut, dass wir alles im Vorhinein besprechen. Sie können mich hier für eine schöne Stunde buchen. Wie wir diese Stunde ausgestalten, das können sie dann entscheiden. Eine Stunde kostet Sie 160 Euro. Da ist dann aber schon alles mit drin. Sie bestimmen dann, was wir in dieser Stunde machen sollen. Besser gesagt, Sie sagen mir, was Sie sich wünschen.«

Für den frühen Nachmittag waren 160 Euro für eine Stunde ein recht hoher Kurs. Ich ging aber davon aus, dass er versuchen würde, ein wenig zu handeln. Am Ende hätte ich mich auch auf 120 Euro für die Stunde eingelassen. Es zeigte sich aber, dass das gar nicht nötig war. Er akzeptierte die 160 Euro für eine Stunde. Gleichzeitig formulierte er aber auch seine Anforderungen. Er hatte ganz klare Vorstellungen von dem, was er von mir erwartete.

Herr Professor:

»Ich möchte, dass wir alles ganz ruhig und gemütlich machen. Bitte keine Hektik. Ich möchte mit Ihnen frisch geduscht ins Bett gehen. Dann möchte ich es zuerst französisch. Anschließend möchte ich dann mit Ihnen schlafen. Ich möchte, dass Sie sich auf mich raufsetzen. Wie Sie sicherlich bereits festgestellt haben, bin ich nicht mehr der Jüngste. Sie müssen sich daher wirklich Mühe geben und trotzdem mit mir geduldig sein. Ich denke aber, mit einer Stunde sollten wir schon hinkommen. Wäre das alles so möglich?«

Anja:

»Ja, das können wir genauso machen. Ich kann Ihnen auch versichern, mir größte Mühe zu geben. Seien Sie sich aber gewiss, dass es bei mir noch nie zu Beschwerden gekommen ist.«

Herr Professor:

»Das glaube ich Ihnen gerne, hübsche Frau. Wie darf ich Sie ansprechen?«

Anja:

»Tiffany.«

Der Herr Professor nahm seine Brieftasche aus der Innentasche seines Sakkos. Dann gab er mir 160 Euro. Die einzelnen Scheine waren in der Mitte ordentlich gefaltet. Ich nahm das Geld entgegen, bedankte mich und brachte es in Sicherheit.

Anja:

»Sie können sich gerne schon entkleiden. Ich bringe Ihnen frische Handtücher, dann können Sie anschließend duschen gehen.«

Er stand dann auf, zog sich ordentlich die Kleider aus, ließ sich von mir die Handtücher geben und ging ins Bad. Ich hoffe nur, dass er dort keinen Schrecken bekommen hat. Ich hielt das Bad zwar sauber, aber es war doch insgesamt ein heruntergekommenes Loch. Ich reichte ihm noch ein Shampoo und er duschte dann heiß und ausgiebig. Als er dann fertig war, kam er, nur mit dem Handtuch um die Lenden, zurück ins Zimmer. Ich hatte bereits einige frische Handtücher auf dem Bett ausgebreitet. Mit meiner rechten Hand wies ich ihm höflich das Bett. Er legte sich hin und suchte sich eine bequeme Position. Vor dem Spiegel bürstete ich mir noch einmal mein Haar, zog den Lippenstift nach und ging dann zu ihm ans Bett. Ich lächelte ihn freundlich an und zog mich aus. Vollständig nackt hockte ich mich dann neben ihn.

Anja:

»Ist das hier alles nach Ihren Wünschen?«

Herr Professor:

»Ja, Fräulein Tiffany. Sie haben eine sehr angenehme Atmosphäre geschaffen. Vielen Dank. Sie hier nackt neben mir sitzen zu haben, ist mir ein besonderes Vergnügen. Ich genieße Ihren jugendlichen Körper. Ich verehre die Schönheit Ihrer Brüste. Ich rieche die Frische Ihrer Haut.«

Derart schöne Dinge hatte noch nie ein Mann im Laufhaus zu mir gesagt. Wenn er 30 Jahre jünger gewesen wäre und wir uns nicht in einem Puff begegnet wären, dann hätte das hier noch zu einer Romanze werden können. So wurde es zumindest zu einem angenehmen und gut bezahlten Job. Er legte sogar noch mit seinen Komplimenten nach und ich konnte mir ein Schmunzeln nicht verkneifen. Egal, unter welchen Umständen auch immer, egal, wo auch immer, mit guten Komplimenten liegen Männer bei mir immer richtig.

Das Licht im Zimmer war wie immer stark gedimmt. Gerne hätte ich ihn gefragt, ob er eine spezielle Musik beim Ficken hören wollte. Ich habe ihn so eingeschätzt, dass er sicherlich etwas klassische Musik zum Sex gemocht hätte.

Daran war in diesem Loch aber nicht zu denken. Es gab eine zentrale Musikanlage, die die Flure rund um die Uhr mit einem nervigen Privatsender beschallte. Man hörte die Musik bis ins Zimmer, selbst, wenn die Tür geschlossen war. Eine brauchbare Anlage oder CDs gab es natürlich nicht.

Ich schaute mir seinen Körper genau an und lächelte freundlich.

Anja:

»So frisch geduscht ist der Sex doch am angenehmsten.«

Frisch geduschte Freier erleichtern einer Frau die Arbeit schon ungemein. Dazu kam bei ihm der insgesamt sehr gepflegte Eindruck. Was ich aber schon bemerkte, war dass er wirklich sehr langsam war. Alles, jeder Handgriff, geschah bei ihm wie in Zeitlupe. So, wie ich ihn erstmalig auf dem Bett liegen sah, dachte ich mir auch, dass ich mich mit einem Alter zwischen 50-60 Jahren wahrscheinlich doch geirrt hatte. Ich denke mal, er war doch deutlich über sechzig. Er war sehr hager und dadurch erschien mir seine Haut noch faltiger. Sein Penis war winzig. Ich ließ jetzt keine Zeit mehr verstreichen. Zuerst nahm ich etwas Massageöl und trug es zu einem dünnen Film auf seinen Penis auf. Mit der Hand versuchte ich dann, seinen Penis in Form zu bringen. Es war jetzt noch nicht möglich, ein Kondom darüberzuziehen. Mit der andern Hand kraulte ich ihm den runzligen Sack.

Seine Haut war am ganzen Körper nicht nur sehr faltig, sondern auch übersäht mit Altersflecken. Das störte mich aber nicht. Beim Wichsen schaute ich ihm in die Augen und lächelte freundlich. Ich ging auch ganz langsam ans Werk.

Anja:

»Gefällt Ihnen das so? Mache ich alles richtig?«

Herr Professor:

»Ja, Sie machen das sehr gut. Für mich ist es sehr angenehm.«

Sehr einfühlsam massierte und streichelte ich ihn eine ganze Weile. Ich drängelte nicht und ließ mir Zeit. Ich achtete darauf, Augenkontakt zu halten und lächelte stets sehr süßlich. Ab und zu warf ich einen Blick an den Ort des Geschehens. Es entwickelte sich alles nur sehr langsam. Ich begann dann mit etwas Dirty Talk der etwas harmloseren Art. Das alles schien ihm aber gut zu gefallen und kam an. Ich spürte, wie sein Penis wuchs und hart wurde. Es war dann mein erster Teilerfolg, als ich ihm ein Kondom überziehen konnte. Er wirkte auch erleichtert. Wie bei vielen Freiern spielte wohl auch bei ihm, die Aufregung eine gewisse Rolle. Ich unterbrach kurz, um mich umzusetzen.

Bei ihm musste ich wirklich am Ball bleiben. Selbst diese kleine Unterbrechung führte dazu, dass sein Penis wieder erschlaffte. Er hatte wirklich recht gehabt, als er mir sagte, dass es bei ihm eine langwierige Angelegenheit werden würde. Wahrscheinlich hätte eines der gängigen Potenzmittel etwas genutzt. Diesen Vorschlag habe ich ihm aber nicht gemacht. Ich kannte mich damit nicht aus. Außerdem war er wie gesagt schon zu alt und eine Herzattacke bei ihm hätte mir gerade noch gefehlt.

Also legte ich mich wieder ins Zeug. Ich nahm dann seinen Penis in den Mund. Gleichzeitig wichste ich ihm am unteren Ende den Penis. Er wurde wieder fest und hart. Ich behielt ihn noch eine Weile im Mund und wichste ihn dabei kräftig. Dabei setzte ich ein erotisches Stöhnen und Schmatzen auf. Das alles zeigte Wirkung, aber von seinem Orgasmus war er noch sehr weit entfernt. Ich nahm seinen Penis immer mal wieder aus dem Mund und wichste ihn mit der Hand. Die Kombination aus den beiden Techniken gefiel ihm. Sein Atem wurde schwerer und tiefer.

Mir war natürlich klar, dass es noch nicht ausreichen würde, aber ich dachte, es wäre jetzt gut, wenn ich mich auf ihn setzen würde. Außerdem konnte ich schon langsam nicht mehr und meine rechte Hand zeigte erst Ermüdungserscheinungen. Ich beeilte mich mit dem Raufhopsen. Es war dann für mich schon schwierig, seinen Penis reinzubekommen. Er war weich und wenig standfest. Da ich aber in derartigen Dingen geübt war, gelang es mir. Ich legte dann sofort los. Ich hatte mich auf ihn gehockt und ritt ihm seinen Penis im Takt. Von ihm hatte ich wenig Unterstützung und Mitarbeit zu erwarten. Dabei war es nicht so, dass er nicht gewollt hätte. Ihm fehlte einfach die Kraft. Dass er sich trotzdem nach allen Kräften mühte, merkte ich an seinem Atem. Außerdem war sein Kopf hoch rot. Er hatte kaum noch Haare auf dem Kopf und das verstärkte das dunkle Rot scheinbar noch. Schon nach wenigen Minuten bemerkte ich zudem, dass sein Penis in mir wieder schwächelte. Nachdem er dann auch ein paar Mal rausgeflutscht war, wusste ich, dass es so nichts werden würde. Das schien ihm auch klar zu sein. Es tat mir zwar leid, aber er würde ihn mir nicht abspritzen. Selbst wenn er noch einmal 100 Euro draufgelegt hätte, hätte ich nicht gewusst, wie ich es besser hätte machen können. Seine Konstitution ließ es einfach nicht zu. Ich stieg also von ihm ab und setzte mich neben ihn. Ich hätte ihm natürlich einen Positionswechsel gestattet, aber ich war mir sicher, dass auch das nicht zum Ziel geführt hätte. Ihn jetzt zu drängeln oder unter Druck zu setzen, wäre der völlig falsche Weg gewesen. Ein Blick auf seinen Penis, machte mir aber auch wenig Hoffnung.

Anja:

»Was kann ich denn machen, damit es schöner wird?«

Ich sprach leise und freundlich und streichelte ihn dabei.

Herr Professor:

»Fräulein Tiffany, Sie geben sich schon alle Mühe. Ich spüre auch, wie es sie anstrengt. Ich bin wirklich nicht leicht zu knacken.«

Anja:

»Das mache ich doch gerne. Es wäre aber noch viel schöner, wenn Sie mir sagen würden, was ich noch besser machen kann. Ich möchte Ihnen Ihre erotischen Wünsche erfüllen. Sagen Sie mir einfach, womit ich Sie glücklich machen kann.«

Natürlich hätte es jetzt passieren können, dass er mit irgendwelchem ekligen Zeug angefangen hätte. Schließlich hätte er ja auch ein perverser Sack sein können. Ich war mir aber irgendwie ganz sicher, dass dies nicht der Fall war.

Herr Professor:

» Wenn Sie mich schon so direkt fragen, dann möchte ich es Ihnen gerne erklären. Wie Sie hier so ganz nackt neben mir auf dem Bett sitzen, ist es schon sehr schön. Es war aber noch viel erotischer für mich, als Sie vorhin vor dem Spiegel standen und sich das Haar kämmten. Verstehen Sie es bitte nicht falsch, Ihr Körper ist makellos. In Ihrer reizenden Wäsche und mit Ihren hohen Schuhen waren Sie für mich aber eine erotische Offenbarung. Dazu Ihr Haar und Ihre knallroten Lippen.«

Das klang doch alles vernünftig und erfüllbar. Ich stand auf und ging zu der Kommode vor dem Spiegel. Ich öffnete die oberste Schublade und Griff hinein. Ich nahm einige

Dessous heraus und hielt Sie in der Hand. Dann drehte ich mich zu dem Herrn Professor um.

Anja:

»Haben Sie einen speziellen Wunsch? Gibt es eine Farbe, die Sie besonders mögen?«

Herr Professor:

»Wenn Sie etwas in schwarz hätten, wäre es schön«

Anja:

»Damit kann ich doch gerne dienen.«

Herr Professor:

»Und schöne Strümpfe dazu wären auch wunderbar.«

Ich zeigte ihm verschiedene Stücke zum Angebot. Er entschied sich für einen schwarzen Zweiteiler mit goldenen Stickereien. Dazu wählte er halterlose schwarze Strümpfe sowie Pumps mit hohem, spitzem Absatz. Ich ließ ihm Zeit beim Auswählen und bot ihm anschließend einen »Rückwärts- Striptease«. Ich ließ mir Zeit und gab mir viel Mühe. Ich spürte, wie er den Anblick genoss. Darum zappelte ich noch ein wenig vor dem Spiegel rum. Abschließend legte ich mir noch ein wenig Schmuck an und schminke mich sogar noch ein wenig nach. Bei dem Schmuck handelte es sich um typische Nuttenklunker. Dass Zeug war golden, auffällig und völlig wertlos. So schien ich ihm aber zu gefallen.

Anja:

»Geht es so?«

Er schaute mich lange mit glänzenden Augen an. Ich bot ihm einige erotische Posen. Mit seiner rechten Hand hatte er schon angefangen, sein Glied zu wichsen. Wahrscheinlich hätte ich einfach nur stehen bleiben und ein wenig posen müssen. Ich dachte mir aber, dass das nicht fair gewesen wäre. Darum setzte ich mich zu ihm aufs Bett. Ich setzte mich so, dass er alles von mir, sogar die Schuhe ,sehen konnte. Die zahlreichen Spiegel taten den Rest. Sein Penis war jetzt ausreichend steif. Ich wichste ihn weiter und nahm ihn sogar ein paar Mal in den Mund. Es zeigte sich aber, dass es ihm fast besser gefiel, wenn er selbst seinen Schwanz wichste. Ich ließ ihn gewähren, stieg dicht an ihn heran und fuhr ihm mit meinen rosa lackierten spitzen Fingernägeln, über die Bauchdecke und die Brust. Dazu hielt ich Augenkontakt, lächelte und heizte ihm ein wenig verbal ein. Jetzt schien für ihn alles richtig zu sein. Er atmete hektischer und ich tat ihm den Gefallen und nahm seinen Penis noch einmal in meinem Mund. Damit war ich keine Sekunde zu früh. Er gab einige laute Geräusche von sich und spritzte dann ab. Ich behielt seinen Penis noch einen Moment im Mund. Dann nahm ich ihn heraus und schaute ihn freundlich an. Ich glaube, in diesem Moment war ich sogar noch erleichterter als er. Ich nahm mir Papiertücher, zog das Kondom ab und putzte ihn rundherum.

Anja:

»So!«

Herr Professor:

»Fräulein Tiffany, das haben Sie ganz hervorragend gemacht. Es war wunderbar für mich. Ich fühlte mich wie im Himmel. Ich kann Ihnen gar nicht sagen, wie dankbar ich Ihnen bin. Wenn Sie gestatten, möchte ich Sie gerne wieder besuchen.«

Anja:

»Das können Sie gerne jederzeit tun. Es war für mich ein Vergnügen. Sie sind stets gerne gesehen bei mir. Jetzt weiß ich ja auch, wie ich Sie glücklich machen kann. Darauf werde ich mich in Zukunft gerne einstellen. Ich freue mich, Ihnen zu Diensten zu sein. Gerne jederzeit und immer wieder.«

An diesem ersten Tag mit ihm als Kunden unterhielten wir uns dann noch ein wenig miteinander. Er kam dann tatsächlich regelmäßig zirka einmal in der Woche. Er kam stets an einem Werktag. Schon nach kurzer Zeit waren wir ein eingespieltes Team. Es blieb bei der vereinbarten Bezahlung, obwohl ich im Grunde bereits nach einer halben Stunde mit ihm durch war. Er blieb trotzdem die ganze

Stunde und wir unterhielten uns einfach ein wenig. Meistens war er es, der lustige Geschichten erzählte. Natürlich erzählten weder er noch ich private Dinge. Er schien tatsächlich so etwas wie ein Professor zu sein. Was er genau tat, habe ich ihn aber nie gefragt.

Sie werden es wahrscheinlich ähnlich beurteilen: Die Nummern mit dem Professor waren im Grunde problemlose Angelegenheiten. Von dieser Sorte Freiern konnte ich mir eigentlich nur noch mehrere wünschen. Leider waren solche Freier sehr selten. Und dass die dann auch noch gut bezahlen, kommt noch viel seltener vor.

Ich habe Herrn Professor nie nach seinem richtigen Namen gefragt. Er hatte sich bei mir auch nie mit seinem Namen vorgestellt. Wir Frauen im Laufhaus haben uns unseren Freiern immer mit Namen vorgestellt. Natürlich nannte keine von uns ihren wirklichen Namen.

In dem folgenden Kapitel schildere ich nochmal einen Freier der angenehmen Sorte. Sie können sich aber gewiss sein, dass die unangenehmen Kunden in diesem Buch auch nicht zu kurz kommen werden.

Was die sexuellen Vorlieben des Herrn Professor anbetrafen, so waren diese gar nicht so außergewöhnlich und selten. Bei den meisten Freiern im Laufhaus begann das Vögeln im Kopf. Richtig geschminkt, mit den richtigen Klamotten und Schuhen, war wesentlich mehr möglich als nackt und barfuß. Ich wäre nie auf die Idee gekommen, ungeschminkt und in flachen Schuhen zu arbeiten.

Angelo

Ein weiterer meiner angenehmen Kunden, war Angelo. Mit ihm hatte ich an diesem Tag einen Termin in der Wohnung. Ich wartete im Zimmer auf Angelo, der eigentlich ****** hieß. Lange würde ich nicht warten müssen. Ich terminierte stets knapp, hielt mich an die gebuchten Zeiten und Angelo war stets pünktlich. Bei festen Terminen achtete ich darauf, dass es zwischen meinen Terminen möglichst wenig Wartezeit gab. Ich habe meine Termine in der Wohnung stets in zusammenhängenden Blöcken abgearbeitet, soweit das möglich war.

Angelo kannte ich damals schon seit einigen Monaten und er war mir, anders als die meisten sonstigen Freier, sehr sympathisch. Außerdem war er ein zuverlässiger Stammkunde und verlangte keine Dinge von mir, die mir eklig waren. Angelo war körperbehindert und saß in einem Rollstuhl.

Er war mir nicht sympathisch, weil er körperbehindert war und ich hatte auch kein Mitleid. Er war einfach ein feiner Kerl. Mir gefielen seine offene Art und das Spitzbübische in seinem Wesen. Tatsächlich kannte ich ihn aber nicht sehr genau. Ich wusste nicht einmal genau, wie alt er war. Ich kannte weder seinen vollständigen Namen noch seine Adresse und ich kann auch nicht genau sagen, wie seine Behinderung medizinisch richtig bezeichnet wird.

Im Puff ging es ums Ficken und Blasen und nicht um das Austauschen persönlicher Daten.

Ich mochte Angelo.

Trotzdem ließ ich es mir nicht anmerken. Ich war stets freundlich zu ihm und gab mir auch Mühe, mehr aber nicht. Dabei wusste ich längst, dass er viel mehr in mir sah.

Das machte die Sache für mich komplizierter. Es erschwerte mir einen unbefangenen und professionellen Umgang mit ihm.

Er ließ mich seine Gefühle überdeutlich, manchmal sogar unangenehm deutlich, spüren. Sie hatten aber keine Aussicht auf Erfolg. Ich mochte ihn zwar, es war jedoch nichts, was irgendwie mit Liebe zu tun gehabt hätte.

Es ist nicht besonders unüblich, dass sich Freier in Huren verlieben oder zumindest für eine Weile glauben, sie hätten sich verliebt.

Auch mir passierte das gelegentlich. Es mag auch Fälle geben, wo das sogar klappt und nicht damit endet, dass der Freier von der Hure ausgenommen wird wie eine Weihnachtsgans und dann auch noch von deren Zuhälter vermöbelt wird. Das kann sein. Für mich war ein Verhältnis mit einem Freier undenkbar und kategorisch ausgeschlossen.

Es gab auch Frauen im Milieu, die sich in Freier verliebten. Leider kenne ich auch für solche Fälle keinen mit Happy End. Am Ende steht die Frau meistens doppelt beschissen da.

Weiter hinten im Buch werde ich dieses Thema noch einmal ausführlich behandeln.

Liebe war für mich im Puff nicht vorstellbar. Mir konnte so was nicht passieren. Ich zog einen klaren Strich zwischen dienstlichen und privaten Dingen. Neben meinem Leben auf dem Strich gab es bei mir tatsächlich noch so was wie ein privates Leben, auch wenn dieses damals nur einen sehr kleinen Platz einnahm.

Jeder Termin mit Angelo war also schon aufgrund seiner Gefühlslage ein Balanceakt für mich. Ich wollte ihn aber als Kunden nicht verlieren. Ich wollte ihm aber auch nicht ein Gefühl von Freundschaft oder Liebe geben.

Angelo war schwer körperbehindert und auf ständige Hilfe angewiesen. Das war für mich allerdings überhaupt kein Problem. Er war trotzdem einer meiner angenehmen Freier. Wäre er nicht mein Freier gewesen, sondern zum Beispiel einer meiner Nachbarn, dann hätte ich mir auch vorstellen können, mit ihm einen Kaffee zu trinken und zu reden.

Wir trafen uns aber nicht zum Kaffeetrinken, sondern zum Ficken. Das war und blieb für mich stets eine rein geschäftliche Angelegenheit. Trotzdem gab es Freier, die mir mehr und welche, die mir weniger sympathisch waren. Er zählte eindeutig zu den sympathischen Freiern.

Das ich seine Art von Liebe nicht erwidern konnte, lag nicht an seiner Körperbehinderung. Es war vielmehr so, dass ich selbst seit Jahren unglücklich verliebt war. Für mich hatte ich den Mann fürs Leben bereits gefunden und wie bei Angelo wurde meine Liebe nicht so erwidert wie ich es mir gewünscht hätte. Einen Namen werde ich Ihnen wohl nicht nennen müssen.

Eigentlich war es bei mir sogar noch schlimmer. Der Mann, den ich seit Jahren liebte, nutzte mich schamlos aus und manchmal schlug er mich sogar. Trotzdem kam ich nicht von ihm los. Zumindest war es mir damals noch nicht möglich.

Angelo saß damals im Rollstuhl. Dieses Ding war nicht so ein handliches Teil, wie man sie manchmal auf Flughäfen sieht. Sein Rollstuhl war ein Monster, riesengroß mit jeder Menge Technik. Mit dem Teil kam er im Laufhaus gar nicht bis aufs Zimmer. Da war die Wohnung viel besser. Eingang und Treppenhaus waren barrierefrei und auch in der Wohnung konnte er problemlos manövrieren. Überhaupt war das Geschäft nicht nur für die Freier in der Wohnung viel angenehmer als im Laufhaus.

Wir achteten stets auf ein gepflegtes und sauberes Ambiente in den Zimmern.

Angelo sprach sehr langsam, stotterig und undeutlich. Darum arrangierte Jan für ihn die Termine. Jan war sein Betreuer, Mädchen für alles, Pfleger oder was auch immer. Zumindest kümmerte er sich um viele Dinge, die von den Pflegern und Pflegerinnen im Heim nicht abgedeckt wurden. Seine »offizielle Berufsbezeichnung« kannte ich nicht.

Er besorgte ihm auch mal Wodka, den er dann mit einem Energy-Drink für ihn mischte und mit Strohhalm kredenzte. An Samstagen ging er mit ihm in eine Sportbar, guckte Bundesliga und trank Bier.

Und weil es bei jungen Männern dazugehört, kümmerte er sich eben auch um seine Sexualität. Eigentlich war er ein feiner Kerl und der Mann für die Dinge, die Angelo Spaß machten.

Für Angelo hatte ich Jan einen Termin am frühen Abend gegeben. Da die beiden pünktlich und zuverlässig waren, konnte ich so einen Termin gut bei mir einbauen und planen.

Die beiden brauchten immer etwas Zeit, um sich durch das Treppenhaus in die Wohnung vorzukämpfen. In der Wohnung kümmerte sich Jan dann auch erst mal weiter um Angelo. Er nahm ihn aus dem Stuhl und legte ihn auf das Bett. Er lagerte ihn bequem und so, dass ich ihn beim Blasen und Massieren seines Schwanzes gut erreichen konnte und ich es so auch bequem hatte. Ich setzte mich dann immer in Höhe seines Bauches neben Angelo auf das Bett.

Jan zog ihn auch vorher aus und legte seine Kleidungsstücke ordentlich auf einen Stuhl. Das Ausziehen war dabei gar nicht so einfach. Angelos Arme und Beine waren irgendwie verkrampft und das Ausziehen erforderte schon einiges an Übung und auch etwas Kraft.

Jan kümmerte sich auch um die Vorbereitungen vor dem Besuch. Er machte nicht nur den Termin und übernahm die Begleitung. Er sorgte außerdem dafür, dass Angelo frisch geduscht war und gut roch. Außerdem trug Angelo bei seinen Besuchen immer frische Klamotten. Er kam immer in einem frisch gebügelten Hemd und natürlich in sauberer und frischer Unterwäsche.

Gerade auf sein Äußeres achtete Angelo sehr und für mich war es auch angenehm, wenn er frisch geduscht war und gut roch.

Mit Jan regelte ich vorher auch das Geschäftliche. Wobei es hier nicht viel zu regeln gab. Er bezahlte 100 Euro für eine halbe Stunde. Ich arbeitete die halbe Stunde durch und Angelo spritzte garantiert einmal ab. Er durfte mir mit Kondom in den Mund spritzen.

Gefickt wurde nicht. Wir haben das mal probiert. Das klappte aber überhaupt nicht. Darum ließ ich es jetzt, auch wenn er es gerne wollte. Beim Wichsen fickten wir zumindest verbal.

»Angelo, stell Dir vor, Du fickst mich. Stell Dir vor, Du spritzt in mich rein. Du spritzt mir deinen ganzen Saft ganz tief rein. Mach Deine Augen zu und stelle Dir vor, wie Du mich durchbumst…..«

Das ist genauso gut wie richtig vögeln.

Ich weiß, 100 Euro sind nicht wenig und es gab Frauen, die hätten es ihm auch für weniger gemacht. Trotzdem konnte ich nicht von diesem Preis runtergehen. Ich war jung und hübsch und das waren meine Preise in der Wohnung. Wir hatten auch in der Wohnung so eine Art Preisstruktur, die mehr oder weniger verbindlich war.

Es ging bestimmt auch irgendwo billiger für ihn, aber bestimmt nicht in dieser Qualität. Ich hatte auch meine Kosten und konnte nichts verschenken. Für Angelo konnte und wollte ich keinen Rabatt geben.

Ich hielt mich stets sehr genau an die bezahlte Zeit. Ich begann pünktlich und arbeitete die halbe Stunde durch. Erst nach der halben Stunde holte ich Jan, der sich dann um das Ankleiden und den Rest kümmerte. Auch die Zeit, die Jan vorher für das Ausziehen benötigte, ging nicht von der halben Stunde ab. Für Angelo war ich eine zuverlässige und faire Geschäftspartnerin.

Wenn ich mich dann um Angelo kümmerte, versuchte ich es zu vermeiden, auf meine Uhr zu schauen. Wenn ich es trotzdem tat, dann so unauffällig wie möglich. Trotzdem musste ich das Geschehen zeitlich präzise eintakten. So nach 25 Minuten musste er abspritzen, damit noch Zeit blieb, um einen gemeinsamen, entspannten Ausklang zu finden. Ich wollte ihm nicht das Gefühl geben, dass er sich zu beeilen hätte. Zeitdruck versuchte ich zu vermeiden.

Das wäre für uns beide nicht schön gewesen.

Um also das Geschehen zeitlich zu strukturieren, arbeitete ich mit Musik und nach einem festen Schema. Das machte ich nicht nur bei Angelo so, sondern bei fast allen Kunden, wenn nach Zeit abgerechnet wurde. Ich wollte meine Freier nicht um ihre bezahlte Zeit betrügen, ich wollte aber auch nicht überziehen.

Anders als im Laufhaus gab es in jedem Zimmer der Wohnung eine hochwertige Musikanlage mit wundervollem Sound.

Für geschäftliche Zwecke hatte ich auf meinem Smartphone Listen mit verschiedenen Songs erstellt. Ich kannte die Reihenfolge und die Länge der einzelnen Stücke genau und konnte mir so die Zeit einteilen und strukturieren. Außerdem habe ich Musik ausgewählt, die gut zum Sex passte. Langsame und getragene Songs, die zur Entspannung einluden und halfen, den Stress abzubauen.

Das alles war hier in der Wohnung so ganz anders als im Laufhaus.

Die Musik ließ ich leise im Hintergrund laufen, weil ich beim Sex viel mit den Freiern redete, wenn sie es wünschten. Die meisten Freier wünschten es.

Zu laute Musik störte und lenkte ab. Bei Angelo war das besonders wichtig. Bei ihm hatte meine Stimme und jedes einzelne Wort eine besondere Bedeutung. Ich konnte mich nicht auf ihn raufsetzten und mich ficken lassen. Aber wenn ich mit ihm redete:

»Stell dir vor, wie du mich fickst. Stell dir vor, dass ich auf dir reite! « und ihm dabei seinen Schwanz wichste, dann spürte er seinen Penis in meiner Fotze. Zu laute Musik hätte dabei nur gestört.

Anders als Matthias war ich keine Musikkennerin. Ich hatte keine Ahnung von klassischer Musik. Ich kannte nur Stücke, die ich schon irgendwann einmal im Kino oder im

Fernsehen gehört hatte. So ein Stück war der Bolero von Maurice Ravel. Das Stück gefiel mir nicht nur besonders, es war auch wunderbar beim Ficken. Ich spielte es aber nur bei ganz wenigen Freiern ab. Es verbreitete einen Hauch von Begierde, Romantik und in den ersten Minuten auch von intimer Zärtlichkeit. Bei Angelo gehörte der Bolero immer dazu.

Vor und nach dem Bolero gab es zudem immer kürzere Stücke mit ruhiger und entspannender Musik. Das alles musste exakt in eine halbe Stunde passen.

Der Bolero ist gut eine Viertelstunde lang. Er beginnt sehr leise und ruhig. Dann baut er sich kontinuierlich auf und endet schlussendlich laut und tosend. Spätestens vor den letzten Takten sollte der Freier abgespritzt haben. Bei Angelo ist mir das immer gelungen. Die Schlussakkorde gehörten für ihn schon mit zum Orgasmus.

Danach brauchte ich noch mindestens fünf Minuten, damit ich den Freier zum Ablauf der Zeit aus dem Zimmer bekam. Nach dem Ficken haben es viele Freier meistens sehr eilig und daher geht meine Kalkulation auch meistens auf. Natürlich gab es auch Freier, die nach dem Ficken noch reden wollten. Die wollten hören, wie gut sie waren oder ob es mir denn auch gefallen hätte. Dann fiel es mir schwer, nicht die Wahrheit zu sagen. Ich fing dann immer an zu drängeln, um sie aus dem Zimmer zu bekommen.

Mit Angelo gab es da keine Probleme. Er wusste, wann Schluss ist und nach langem Reden stand ihm nie der Sinn. Ich gab ihm dazu aber auch nicht die Möglichkeit.

Wie im Laufhaus war es auch in der Wohnung üblich und wichtig, den Freier schnell wieder aus dem Zimmer und aus der Wohnung zu bekommen. Ich achtete selbst darauf, wenn ich keinen direkten Anschlusstermin hatte. Die Zeit zu strukturieren war für mich sowohl in der Wohnung als auch im Laufhaus besonders wichtig. Ich wollte die Freier nicht länger als unbedingt nötig im Zimmer haben und unternahm zu dem einiges, um die Wartezeit zwischen den Freiern nicht unnötig in die Länge zu ziehen.

Bei einigen Frauen war das ganz anders. Im Laufhaus ließen manche Frauen auf ihren Zimmern den ganzen Tag den Fernseher laufen und schauten sich eine Serie nach der anderen an. Einige waren so hinter bestimmten Serien her, dass sie den Fernseher auch laufen ließen, wenn ein Freier gerade auf ihnen lag und fickte. Sie versuchten dann zumindest aus dem Augenwinkel weiterzuschauen. So was zieht das Ganze nur unnötig in die Länge. Für den Freier befreiend waren dann geradezu die Werbeunterbrechungen. Die nutzten die Frauen dann, um wieder in das Geschehen einzusteigen. Sie feuerten den Freier dann verbal an und fingen an, am Sack zu kraulen oder an den Brustwarzen zu spielen. Ziel war es, ihn zum Abspritzen zu kriegen, bevor die Werbeunterbrechung beendet war.

Man sollte als Freier also bei solchen Frauen fast schon in das Fernsehprogramm gucken. Liefen sentimentale Serien, dann konnte einem so was passieren. Am besten geht man zu denen, wenn ein wichtiges Fußballspiel läuft. Fußball interessiert keine von den Frauen und der Puff ist auch nicht so voll. Die Frauen sind gelangweilt und geben sich mit den Freiern mehr Mühe.

Es gab auch Frauen, die ließen in ihren Zimmern Pornos laufen. Auf einem Kanal wurden im Laufhaus Pornos direkt eingespeist. Das war für neue Huren aus dem Ausland eine ganz gute Methode, um Deutsch zu lernen. Zumindest lernten sie die Wörter, die sie zum Arbeiten gebrauchen konnten.

Dann gab es noch einige Huren, meistens junge und noch ganz neue, die beschallten den halben Flur mit irgendwelcher aktuellen Chart-Musik und versuchten dabei sogar noch ein wenig zu tanzen. Zusammen mit der Musik aus der Hausanlag, ergab das eine fürchterliche Mischung.

Ich erklärte mir das so, dass diese Mädchen noch gar nicht richtig geschnallt hatten, dass sie im Puff standen und sich immer noch in einer Art Disko wähnten. Die meisten von ihnen wurden mit den Jahren ruhiger, wenn sie kapiert hatten, dass sie im Laufhaus standen, um für Geld gefickt zu werden und niemand sich für ihr dämliches Gehopse interessierte.

Ich habe bereits mehrmals darauf hingewiesen, dass es im Laufhaus keine minderjährigen Frauen gab. Das galt ausnahmslos auch für das Geschäft in der Wohnung. Trotzdem gab es aber Frauen, die waren zwar auf dem Papier volljährig, hatten tatsächlich aber einen geistigen Reifezustand wie ein vierzehnjähriges Mädchen. Matthias sagte das einmal passend wie folgt:

»Mandy ist jetzt 19 Jahre alt. Das steht zumindest in ihrem Ausweis. Tatsächlich hat sie aber einen Verstand wie eine Vierzehnjährige. Dafür hatte sie aber mit vierzehn Jahren auch schon Titten wie eine Neunzehnjährige. Du siehst, es gleicht sich also alles aus.«

Zurück zu Angelo. Ich möchte Ihnen nämlich noch eines unserer Treffen im Detail schildern.

Dass diese Treffen für mich in der Regel problemlos waren, habe ich bereits erwähnt. Wenn ich also Angelo und Jan in der Wohnung hatte, dann regelte ich mit Jan die finanziellen Angelegenheiten. Immer hatte er das Geld passend in mehreren kleinen Scheinen dabei. Das alles ging schnell, höflich und ohne viele Worte im Flur über die Bühne. Ich zählte das Geld noch nicht mal ab und verstaute es unauffällig und sicher. In der Wohnung gab es hierfür ein intelligentes Aufbewahrungssystem.

Anfangs hatte ich es Jan erlaubt, im Flur der Wohnung zu warten. Das wollte ich aber schon lange nicht mehr, weil ich den Eindruck hatte, dass er versuchte uns zu beobachten oder zumindest zu belauschen. Außerdem waren oft auch noch andere Frauen in der Wohnung und auch die und deren Freier schätzten diese Art von Wartezimmeratmosphäre nicht.

Ich wusste, dass er Angelo vor dem Bezahlen schon soweit vorbereitet hatte und schickte ihn weg. Wie immer musste er sich eine halbe Stunde draußen rumschlagen.

Ich ging in das Zimmer und Angelo lag schon auf dem Bett. Jan hatte wieder alles wie gewünscht vorbereitet. Wenn es auch einiges gab, was mir an Jan nicht gefiel, so fand ich es toll, wie er Angelo gerade in solchen Situationen half und dabei auch alle Details beachtete.

Ich möchte Ihnen jetzt genau berichten, wie diese halbe Stunde mit Angelo aussah. Dazu springe ich in das Präsens. Ich möchte, dass sie alles exakt nachvollziehen können.

Es ist 16:53 Uhr.

Ich bin gerade durch die Tür in das Zimmer gegangen und spüre schon, wie Angelos Blicke an mir hängen. Ich trage wie immer für ihn High-Heels und habe noch Rock und Top an. Ich gehe langsam, Schritt für Schritt, durch das Zimmer zum Bad. Natürlich trage ich bei der Arbeit immer High Heels. Das erwarten die Freier. Ich achte aber auch darauf, dass sie möglichst bequem sind. In der Wohnung muss ich nicht viel gehen oder stehen. Darum trage ich hier meine höchsten High Heels.

Wenn im Laufhaus viel los ist, dann verzichte ich auch mal auf High-Heels mit spitzen Absätzen und trage offene Latschen mit hohen Absätzen. Die wirken zwar billig und nuttig, kommen aber bei den Kunden auch gut an. Zudem sind sie sehr bequem.

Beim Ficken behalte ich meine High-Heels meistens an.

»Hallo Angelo, mein Schatz.«

Er verrenkt den Kopf ein wenig und guckt aufgeregt und angespannt.

»Hallo Anja.«

Angelo hat Probleme mit seiner Aussprache. Jedes Wort klingt verstottert und ungelenk. Er versucht die Wörter wie unter Schmerzen oder zumindest starker Anstrengung hervorzupressen.

Ich werde diese Artikulationsprobleme hier nicht in geschriebenen Worten zum Ausdruck bringen. Auch im Hörbuch und auf dem Video hört ihr Angelos Stimme nicht.

Ich habe sie durch ein Double sprechen lassen.

In der Zeit, die ich mit Angelo verbracht habe, habe ich auf seine Sprachprobleme Rücksicht genommen. Ich habe ihn immer so angesprochen, dass er nur kurz antworten musste und stets versucht seine Körpersprache zu verstehen und in seinen Augen zu lesen.

Ich lasse die Tür zum Bad offen und stelle mich vor den Spiegel. Im Spiegel kann ich ihn beobachten. Er ist unruhig und versucht seinen Hals zu strecken, damit er mich besser sehen kann. Ich stelle mich so vor den Spiegel im Bad, dass er mich gut sehen und beobachten kann. Ich werfe ihm eine Kusshand zu. Das gefällt ihm und steigert seine Erregung noch.

Ich wackle dezent mit meinem Körper, fasse mir durch die Haare und wechsle mein Standbein mehrmals, wobei ich dann einen Fuß leicht anhebe.

Ich nehme mir ein frisches weißes Handtuch und mache es mit warmem Wasser nass. Damit gehe ich zurück ins Zimmer und ziehe Rock und Top langsam aus. Beides lege ich sorgfältig auf einen Stuhl.

Die letzten Schritte zum Bett gebe ich mir mit jeder Bewegung noch einmal Mühe, um ihm etwas für seine Augen zu bieten. Das alles ist Teil der Show, die ich ihm biete.

Vorher schalte ich noch die Musik ein. Ganz leise, kaum zu hören, kommt die Musik aus dem Lautsprecher. Die Musik soll nur ganz dezent im Hintergrund zu hören sein. Ich werde mit meiner Stimme das Geschehen dominieren.

Der erste Song hat eine Länge von knapp fünf Minuten. Ich setze mich neben Angelo auf das Bett.

Ab jetzt läuft die Zeit.

30 Minuten für 100 Euro

Setzen Sie sich jetzt für eine halbe Stunde zu uns auf die Bettkante und erleben Sie mit, was sich zwischen Angelo und mir abspielt. Es soll eine kleine erotische Reise für das Kopfkino sein und ohne pornografisches Bildmaterial funktionieren.

Angelo liegt bequem. Ich setze mich so auf das Bett, dass ich ihn und seine entscheidenden Körperteile gut erreichen kann.

Ich wichse mit meiner rechten Hand und das Wichsen erfordert eine richtige Sitzposition, damit es für mich bequem und nicht so anstrengend ist. Ein männliches Glied richtig zu massieren ist Präzisionsarbeit. Eine falsche Position ist da hinderlich.

Außerdem muss ich so sitzen, dass mir Angelo bequem an den Busen und zwischen die Beine fassen kann.

Beim Blasen guckt mir Angelo immer in die Augen oder auf meinen Mund. Beim Wichsen und Dirty Talk versucht er zwischendurch einen Blick auf meine High-Heels zu erhaschen. Ich sitze also leicht schräg, damit ich ein wenig mit meinen High-Heels an den Füßen spielen kann, während ich mich um ihn kümmere.

Um das Bett herum und über dem Bett sind große Spiegel angebracht. Die Freier haben so die Möglichkeit die Frau und das Geschehen aus den verschiedenen Perspektiven zu erleben. Am wichtigsten ist der große Spiegel direkt über dem Bett.

Die Gardinen sind zugezogen und die Beleuchtung ist insgesamt warm und gedämmt. Ich habe persönlich dafür gesorgt, dass es in den Zimmern der Wohnung kein rotes Licht gibt wie im Laufhaus, sondern eben diese warme, dezente Beleuchtung ohne farbliche Tönung.

Zum Ficken mit meinen Freiern ziehe ich mich nie

schon zu Beginn komplett nackt aus. Die letzten Kleidungsstücke an meinem Körper sollen die erotischen Gefühle des Mannes noch weiter steigern. Ebenso wie die High Heels trage ich jetzt noch Strümpfe, BH und String-Tanga.

Den BH behalte ich solange an, bis mich Angelo bittet, ihn auszuziehen, damit er an meinen Nippeln spielen und saugen kann.

Den Tanga behalte ich an. Wir ficken nicht und wenn er mir mit seinen Fingern an die Möse fassen möchte, schiebe ich den String zur Seite. Angelo hat immer gewaschene Hände und saubere, kurze Fingernägel. Er darf mir an die Fotze fassen und auch seine Finger reinstecken und meinen Kitzler ein wenig massieren.

Er ist der einzige Freier, der mir seine Finger in die Möse stecken darf. Er darf es, weil es mit dem Ficken nicht klappt, obwohl das bei dem Preis eigentlich mit drin wäre. So gebe ich ihm zumindest das Gefühl, er ficke mich mit seinen Fingern. Wenn er fingert, stöhne ich brav und spiele ihm starke Erregung vor. Natürlich verspüre ich dabei praktisch keine Erregung. Ich denke aber, das weiß er. Tatsächlich ist es mir unangenehm und richtig tief lasse ich ihn auch nicht mit seinen Fingern rein.

Ich schaue ihn die ganze Zeit an. Das mache ich bei allen Freiern so. Bei Angelo ist auch das besonders wichtig, weil er so schlecht sprechen kann und ich seine Erregung und seine Wünsche aus seinem Gesicht und vor allem seinen Augen lese.

Es gehört zu meinem Arbeitsstil, dass ich beim Ficken viel rede. Natürlich nur bei Kunden. Privat läuft das alles bei mir ganz anders. Aber das bleibt privat. Im Moment habe ich aber privat praktisch keinen Sex.

Wenn man/frau sich Tag für Tag für Geld ficken lässt, dann verändert man/frau sein/ihr sexuelles Verhalten zwangsläufig.

Ich sitze jetzt richtig und schaue Angelo mit einem

freundlich lächelnden Blick an.

»Na Angelo, na mein süßer Angelo?«

»Hallo Anja.«

»Auch mal wieder bei uns?«

Ich spreche mit zarter Stimme und sehr lieblich, aber laut, damit er mich und jedes einzelne Wort gut versteht. Zwischen den Sätzen lasse ich lange Pausen. Ich atme laut und stöhne lustvoll, anfangs ganz leicht, nur angedeutet. Später stöhne ich dann lauter.

Ich schildere den Verlauf dieser halben Stunde quasi als »Abschrift«, also in seinem tatsächlichen Ablauf. Das hat zur Folge, dass bestimmte Aufforderungen und Ausdrücke, wie zum Beispiel »Fick mich!« oder auch »Spritz ab!« ,wiederholt vorkommen.

Das mag gewöhnungsbedürftig sein, gerade wenn man diesen Text liest und nicht hört. Um den Ablauf dieser halben Stunde jedoch weitestgehend authentisch darzustellen, bleibt mir aber keine andere Möglichkeit.

Wenn Sie ihr eigenes Verhalten und Erleben beim Sex betrachten, dann werden Sie mir hier bestimmt zustimmen. Dem guten Sex sollten Sie Zeit lassen und Wiederholungen befördern die Stimulation.

Auf der anderen Seite darf Dirty-Talk natürlich keine einfallslose und dumpfe Wiederholung weniger Ausdrücke sein. Er muss vielmehr bunt, interessant und voll von den verschiedensten Variationen sein. Ich gebe mir beim Dirty-Talk sehr viel Mühe.

»Mein süßer Angelo, was kann ich heute für dich tun?«

Ich erwarte keine Antwort, sondern schaue ihn lächelnd an.

Ich lege meine linke Hand auf seine Bauchdecke. Angelo hat einen weichen, wenig muskulösen Bauch mit einem kleinen Fettansatz. Ich spüre, dass seine Muskulatur verkrampft ist. Seine Augen sind unruhig und weit aufgerissen. Er atmet hektisch und etwas schwer durch den Mund.

Meine Hand lasse ich aufliegen und fange an, ihn mit

zwei Fingern, nur mit diesen zwei Fingern, sanft zu streicheln. Dann nehme ich den Daumen der Hand dazu.

Es ist jetzt wichtig, ihm zuerst die innere Anspannung und Unruhe zu nehmen, damit er sich voll in eine Stimmung aus Ruhe und später dann Erotik ergeben kann. Daher sind meine ersten Berührungen nicht fordernd, sondern zärtlich, fließend und ruhig.

Ich streichle ihn mehr wie ein Baby oder ein kleines Kätzchen als wie einen Liebhaber.

»Ist es Dir nicht zu kalt hier?«

Angelo liegt nackt auf dem Bett. Es gibt keine Decke, sondern nur Kissen für den Kopf. Trotzdem weiß ich natürlich, dass ihm nicht kalt ist und selbst wenn es so wäre, würde er es verneinen. Für ihn stand ich jetzt im Mittelpunkt und nicht die Wärme oder Kälte des Raumes.

Außerdem ist mir selbst nicht kalt und dabei bin ich praktisch unbekleidet. Da ich sehr schnell friere, habe ich die Heizungen in der gesamten Wohnung ständig voll aufgedreht. Es sind bestimmt 23 oder 24 Grad.

Wie erwartet lässt Angelo mich wissen, dass es ihm nicht zu kalt ist.

»Das ist gut. Das ist gut. Ich will, dass du dich wohl fühlst. Dein ganzer Körper soll sich wohlfühlen. Du sollst dich entspannen.«

Natürlich läuft bereits die Zeit und dreißig Minuten sind für einen Freier wie Angelo eigentlich viel zu wenig. Trotzdem benehme ich mich, als hätten wir beide alle Zeit der Welt. Ich mache alles langsam, ganz langsam und statt vieler Worte schnurre ich und hauche. Erst später ziehe ich das Tempo an, damit Zeit und Choreografie im Einklang bleiben.

Bei Angelo wäre es viel besser, wenn wir eine ganze Stunde Zeit hätten, was aber letztlich eine Kostenfrage ist. Angelo, dessen finanzielle Möglichkeiten begrenzt sind, hat also die Wahl zwischen zwei Terminen von jeweils einer halben Stunde oder nur einem Termin von einer Stunde. Er kommt lieber häufiger zu mir.

»Möchtest du heute, dass ich auf dir reite? Möchtest du mir mit deinem großen Schwanz in meine enge Möse ficken? Oder möchtest du, dass ich ihn dir blase?«

»Oh ja.«

Ganz langsam gleite ich mit meiner linken Hand über seine weiche, blasse Bauchdecke. Mit der rechten Hand fasse ich ihn am Unterarm und halte ihn. Langsam gleite ich mit meinen Fingern nach unten, in Richtung seiner Hand. Zwei Finger lass ich so liegen, dass ich deutlich seinen Puls fühlen kann.

Natürlich werden wir nicht ficken. Das weiß er auch. Aber ich möchte, dass er es sich vorstellt. Ich möchte dieses Bild, wie ich auf ihm sitze und er mich fickt und wir beide stöhnen, in seinen Kopf zaubern.

Zwischen den kurzen Sätzen lasse ich Pausen. Ich spreche langsam und führe die Bewegungen meiner Hände weiter.

Sie sollten diese Passagen auch unbedingt langsam und Wort für Wort lesen. Beim schnellen Lesen geht Ihnen viel zu viel verloren. Bitte vergessen Sie nicht, dass Sie auf der Bettkante sitzen.

»Das ist gut.»

»Ich spüre, wie du entspannst. Lass alles fallen. Genieß den Moment. Spür meine kleinen Fingerchen auf deinem Körper. Spüre meine süßen, kleinen Finger auf deiner warmen, männlichen Haut.«

Mit meiner Zunge befeuchte ich die Finger meiner rechten Hand. Ich strecke meine Zunge ein Stück aus dem leicht geöffneten Mund und lass sie langsam über die Lippen gleiten. Angelo beobachtet mich dabei. Dann schließe ich die Augen und gebe ihm einen Kussmund. Ich streichle ihm mit den feuchten Fingern die Brust, um seine Brustwarzen herum.

Ich atme laut in tiefen Zügen ein und aus.

Mit seiner rechten Hand fasst er mir jetzt außen an den

Oberschenkel. Obwohl er mich problemlos erreicht, rücke ich ein winziges Stück näher an ihn heran und fange an, meine Beine einige Zentimeter auf und ab zu bewegen. Mit meinen Bewegungen möchte ich ihn auffordern hier weiterzumachen. Er soll mich streicheln, meine Haut und meine Nylons spüren. Seine Hand gleitet über meinen Strumpfansatz auf meine nackte Haut. Ich habe die Beine noch nicht gespreizt.

Mit meiner einen Hand streichele ich seine Brust, meine andere Hand liegt jetzt mit zwei Fingern und dem Handballen auf seinem Bauch.

»Fass mir zwischen die Beine, streichle mich!«

Ich spreize meine Beine ein Stück auf. Sofort gleitet seine Hand nach innen und oben, bis zu meinem Tanga. Dort spielt Angelo mit seinen Fingern. Ich lasse ihn noch nicht unter meinen Tanga. Seine Finger drücken auf den Stoffteil, der direkt auf meiner Möse aufliegt. Hier ist er weich, warm und etwas feucht. Hier kann er mit seinen Fingern etwas ins Weiche drücken.

»Ich fühle, wie Dein starkes Herz schlägt.«

Mit meinem feuchten Mittelfinger zeichne ich einen Kreis rund um sein Herz.

»Es schlägt ganz stark.«

»Es bummert.«

»Du bist ganz aufgeregt.«

»Bist du noch aufgeregt, oder wirst du geil?«

»Ja, du wirst schon ganz geil. Du wirst jetzt richtig geil.«

Es sind erst wenige Momente vergangen, aber ich spüre schon deutlich, dass er zwar noch aufgeregt, aber schon viel ruhiger und entspannter ist.

In den 30 Minuten werde ich genau diesen emotionalen Bogen spannen. Zuerst werde ich ihm die Unruhe und Aufgeregtheit nehmen. Dann werde ich ihn aus dem Zustand der Entspannung direkt in die brodelnde Gefühlswelt der Erotik herüberziehen und eine sexuelle Spannung aufbauen, die sich dann in seinem Orgasmus gewaltsam und stürmisch entlädt. Nach dem Abspritzen werde ich die entladene Spannung ruhig wieder in einen Zustand des wohligen Genießens für ihn überleiten.

Er wird die Wohnung dann später entspannt, zufrieden und ein wenig glücklich verlassen.

Jetzt befindet er sich aber noch ganz am Anfang dieser erotischen Achterbahn.

Beim Streicheln komme ich immer dichter an seine Brustwarze, ohne diese jedoch zu berühren. Ich folge mit den Bewegungen meiner Finger der Musik aus dem Hintergrund, ein wenig wie eine Dirigentin.

»Magst du das?«

»Ja, das gefällt dir. Ja, das weiß ich doch.«

Ich beuge mich mit meinem Oberkörper weit und einladend über ihn, ohne ihn dabei mit meinen Brüsten zu berühren.

»Du riechst gut. Du riechst so gut.«

Ich atme tief und hörbar ein und aus. Mit beiden Händen fange ich an, ihn etwas, wirklich nur etwas, stärker zu streicheln. Bei allem folge ich keinem einstudierten Plan. Ich lasse mich vielmehr von ihm und meiner eigenen Stimmung inspirieren und improvisiere innerhalb meines eigenen Drehbuchs und Zeitplans. In diesem Moment nehme ich tatsächlich den angenehmen, frischen Duft seines Körpers auf. Seine Haut duftet angenehm nach einem blumigen Deo oder Parfüm.

»Du riechst so wunderbar.«

»So wunderbar.«

»Hast Du das für mich gemacht?«

»Ja?«

»Du hast dich ja heute mal wieder richtig rausgeputzt.«

»Ja?«

»Ich liebe das, wenn Du so gut riechst.«

»Ich streichle Dich ein bisschen. Ja? Oh!«

»Oh, Du hast so weiche Haut. Das ist so schön. Ganz zart. Und deine Brustwarzen werden schon ganz hart. Du bist schon richtig erregt.«

Wenn wir mehr Zeit hätten, dann würde ich hier mit meinen Händen langsam, ganz langsam noch mindestens eine Viertelstunde weitermachen, ohne seinen Schwanz und auch ohne seine Brustwarzen auch nur zu berühren. Soviel Zeit ist aber nicht und darum steigere ich schon jetzt von purer Zärtlichkeit zur Erotik. Es sind jetzt keine zwanzig Minuten mehr bis er abspritzt.

Mit den ersten Brührungen seiner Brustwarzen steigt die Erregung erfahrungsgemäß und das Spiel meiner Hand wird für ihn zu einem puren erotischen Erlebnis.

»Möchtest du auch meine Brustwarzen ein bisschen streicheln?«

»Ja?«

»Komm, ich lecke dir erst mal deine Brustwarzen.«

Ich beuge mich weiter vor und mein Mund befindet sich direkt über seiner rechten Brustwarze. Ich strecke die Zunge raus und lecke sie, berühre sie dabei aber nicht mit den Lippen. Mit einer Hand spiele ich an seiner anderen Brustwarze. Ich versuche hörbar zu lecken und schmatze laut.

»Oh, du schmeckst so gut.«

»Ja, das ist so wunderbar mit dir. Ich freue mich jedes Mal wenn du kommst.«

Angelo:

»Ich auch!«

»Ja?«

»Das ist immer so richtig schön mit dir. Nicht so wie mit den anderen Männern.«

»Du bist immer so zärtlich.«

Angelo:

»Du auch.«

»Komm ich küsse dich noch ein wenig auf deine Brustwarzen.«

Ich berühre weiter mit meiner Zungenspitze abwechselnd seine Brustwarzen und stöhne und schmatze dabei hörbar laut. Jetzt hat er seinen Kopf leicht angehoben und beobachtet meine roten Lippen und meine nasse Zunge dabei erregt und angestrengt. Es ist kein Küssen, aber für ihn fast noch geiler.

Die Musik im Hintergrund ist noch leise und für ihn kaum zu vernehmen. Ich spüre, dass er mit seiner Konzentration vollkommen im Geschehen präsent ist. Ich bin jetzt sein Mittelpunkt und sein Verlangen ist es, mich zu ficken und vollzuspritzen.

»Ich lecke so gerne deine Haut.«

»Deine Haut ist so schön weich und sie riecht so gut.«

Ich streichle seinen Oberkörper weiter und gleite mit meinen Händen über seine Brust, den Bauch bis ans Becken. Wie aus Versehen berühre ich mit meinem Unterarm mehrfach seinen Schwanz. Sein Schwanz ist schon ganz hart und fest. Ich fasse ihn aber noch nicht an.

»Du bist mein liebster Kunde.«

»Kannst du deinen BH ausziehen? «, stottert er.

»Natürlich, für dich tue ich das doch immer.«

Langsam beende ich das Streicheln. Dabei streich ich mit den Handflächen über seinen Oberkörper, ziehe kurvige Bahnen und führe sie dann oberhalb seines Bauches zusammen, bevor ich noch mal sanft drücke und sie dann hebe.

Erst jetzt richte ich meinen Oberkörper auf. Gekonnt und langsam öffne ich meinen BH und verdecke mit überkreuzten Armen einen langen Moment meine Brüste. Dann lasse ich den BH auf das Bett fallen.

»Ups!«

Ich schaue ihm in die Augen, lächle und fange an, mir mit der Zunge über meine Oberlippe zu streichen.

»Du darfst jetzt meine Titten gerne streicheln.«

Fast ruckartig greift er sich meine Titten und fängt an zu drücken und zu massieren. Ich spüre seine Erregung in den Bewegungen seiner Hand. Seine andere Hand hat er noch zwischen meinen Beinen und drückt und reibt dabei mit seinen Fingern gegen meine Fotze.

»Du hast so schöne warme Hände. Streichle mich weiter.«

Angelo streichelt mich zwischen den Beinen. Mit zwei seiner Finger, reibt er mir das Stückchen Stoff, das meine rasierte Möse bedeckt. Er versucht an dem Stoff vorbei und tiefer zu gelangen.

»Oh Angelo, was machst du da?«

»Na, ich werde ganz feucht.«

Ich fang mit dem Stöhnen an und bewege meinen Unterleib und die Beine in fordernden Bewegungen gegen seine Hand. Zugegeben ist das ein wenig theatralisch und aufgesetzt. Ich achte aber darauf, dass es nicht in das Nuttige abgleitet.

Ich streichle ihn weiter und versuche dabei, den Rhythmus seiner Finger auf meiner Möse in die Bewegung meiner Hände zu übertragen. Drückt er mit einem seiner Finger tief gegen den Stoff in die Möse, dann packe ich fester zu.

»Mach mich geil, mach mich richtig geil mit deinen Fingern.«

»Ja, du kannst jeden Tag zu mir kommen, wenn Du Geld hast.«

Mein Stöhnen wird lauter und mein sitzender Körper bewegt sich wie unter starker Erregung.

Das mag für den einen oder anderen sehr befremdlich klingen. Mein Gestöhne, mein Spielen, als ob es mich erregen würde. Was es natürlich nicht tat.

Es gibt auch bestimmt Menschen, die mich dafür verurteilen, dass ich dem lieben Angelo hier etwas vorspiele. Moralisch kann man das doch nicht gut heißen?

Wirklich nicht?

Versteht Angelo wirklich nicht, wo er hier ist und wer ich bin? Ist er nicht genauso wie alle anderen Männer, die mir Geld geben und mich dann ficken? Ist er hier bei mir nicht ein ganz normaler Mann?

Und was heißt, er sei in mich verliebt. Ich sehe sehr gut aus und ich bediene ihn. Das gefällt vielen Männern, aber kann man da von Liebe sprechen? Er kennt mich doch gar nicht! Wenn ich den Mund aufmache, dann nur um seinen Schwanz zu blasen oder für den Dirty Talk.

Und was wäre mit der Liebe, wenn er schon morgen an eine andere Frau geraten würde. Eine noch besser aussehende und geilere. Eine, bei der er für 100 Euro die ganze Nacht bleiben und ficken könnte? Wo würde dann wohl die Liebe zu mir bleiben? Würde er sich nicht entscheiden, wie jeder andere Mann auch?

Angelo kommt auch nicht zu mir, legt das Geld auf den Tisch um dann mit mir über die Schönheit der Natur zu sprechen und einen Tee zu trinken.

Er kommt, bezahlt und spritzt ab. Sieht so Liebe aus? Mache ich was Unmoralisches oder Falsches mit ihm? Alles sind sie ja so nett zu ihm und so zuvorkommend. Aber andererseits verwehren sie ihm seine Sexualität. Angelo ist ein junger Kerl. Bei mir findet er keine Liebe, da muss er woanders suchen und dabei kann ich ihm nicht helfen.

Bei mir kann er ein wenig seine Sexualität ausleben. Bei mir geht es um blasen und ficken. Ich behandle ihn wie einen Mann, wie einen netten, ganz normalen Mann.

Mit seinen Fingern spielt er weiter zwischen meinen Beinen. Ich kümmere mich jetzt um seine Brustwarzen. Ich reibe und knete sie. Manchmal zwicke ich sie bis an die Schmerzgrenze. Ich erkenne dann den Schmerz in seinen Augen und lasse nach. Für ihn ist dabei die Erregung wichtiger als der Schmerz. Ihm kommt kein »Aua« über die Lippen.

»Ist es angenehm?«

Angelo:

»Ja«

»Du sagst mir, wenn etwas nicht in Ordnung ist, ja?«

Angelo:

»Ja.«

»Jetzt gleite ich ganz langsam zu deinem Bauchnabel und fahre langsame Kreise um deinen süßen, kleinen Bauchnabel.«

»Ja, das ist schön. Ich merke, dass du jetzt ganz entspannt bist. Deine Muskeln sind lockerer. Du bist ganz angekommen. Ja!«

»Du darfst mich weiter streicheln. Oh! Genießt du es so wie ich?«

»Ja.«

»Du bist ein ganz Lieber.«

Er drückt jetzt nicht mehr so stark mit seinen Fingern gegen den Stoff, der meine Fotze bedeckt, sondern streichelt mich zwischen den Beinen. Er kann es kaum noch erwarten, dass ich mich um seinen Schwanz kümmere.

Ich fasse seinen Schwanz aber noch nicht an. Es ist noch zu früh.

»Ist es dir diese Woche gut gegangen?«

Angelo

»Ja.«

»Das ist schön.«

»Du hast dich auf diesen Besuch bestimmt gefreut.«

Angelo:

»Ja.«

»Ich mich auch.«

»So, jetzt komme ich immer näher an deinen schönen, großen Schwanz.«

»Ich merke, dass dein Herz noch ganz schnell schlägt, aber du sollst entspannen.«

Angelo:

»Ja.«

»Ich werde dich ganz langsam streicheln. Deine Eier und deinen Schwanz. Aber vorher werde ich dir deinen geilen Schwanz noch richtig putzen.«

Ich nehme das feuchte Handtuch und wisch rund um seinen Schwanz. Ich ziehe ihm die Vorhaut zurück und reibe alles zärtlich. Dieses Reinigungsritual dient nicht nur der Hygiene.

»Du bist immer so schön sauber und geduscht, wenn du

zu mir kommst.«

»Eigentlich brauche ich das Handtuch gar nicht.«

Angelo:

»Ja.«

»Duscht du alleine oder hilft dir jemand?«

Angelo:

»Ich dusche alleine, aber jemand hilft mir dabei.«

»Ach, wer hilft dir denn? Bestimmt eine hübsche, junge Schwester.«

Angelo:

»Nein.«

»Ach Angelo, bei mir kannst du doch ehrlich sein. Bestimmt hilft dir eine hübsche, junge Schwester. Und wenn du dann unter der Dusche alleine bist, dann nimmst du dir doch bestimmt deinen Schwanz und wichst ihn dir? Oder macht sie das für dich?«

Mit meiner rechten Hand nehme ich mir jetzt seinen Schwanz zärtlich und fange ganz langsam an ihn zu wichsen. Das ist ein schöner Einstieg. Die Geschichte mit der Schwester ist mir jetzt ganz spontan und ungeplant eingefallen. Ich werde dieses Bild jetzt in seinem Kopf verstärken.

»Stell dir vor, ich bin die Krankenschwester. Ich bin die geile, versaute Krankenschwester. Ich habe dich gerade geduscht.«

»Ich habe deinen Körper mit dem heißen Wasser geduscht. Dann habe ich den Schwamm genommen und die Seife.«

»Ich habe deinen ganzen Körper eingeschäumt. Den Bauch, den Rücken, deine Beine.«

Mit der linken Hand gehe ich die benannten Körperteile zärtlich ab, als hätte ich einen nassen Schwamm in der Hand. Mit der rechten Hand fange ich jetzt an seinen Schwanz langsam, aber schon etwas stärker zu wichsen.

»Deine Haut ist so sanft und zart. Und du riechst so gut.«

Angelos Erregung steigt explosionsartig an. Wir liegen sehr gut in der Zeit. Trotzdem muss ich jetzt ein wenig aufpassen. Angelo spritzt sehr schnell ab. Wenn ich jetzt weiter wichse und noch ein bisschen rede, dann kommt er in weniger als fünf Minuten und damit viel zu früh. Ich muss also den Spannungsbogen noch etwas auf diesem Niveau halten und darf es nicht übertreiben.

Ich wichse ihn nicht so fest, sondern zart und langsam. Mit der anderen Hand nehme ich meinen String-Tanga ein kleines Stück zur Seite.

Nach jedem Kunden wechsle ich meinen Tanga. Für die Arbeit kaufe ich mir die Tangas im Internet. Ich kaufe ganz billige, in verschiedenen Farben und bei jeder Bestellung gleich 50 oder 100 Stück. Dann kostet das Stück weniger als einen Euro. Natürlich taugen die Dinger auch nichts, das spielt aber keine Rolle, denn die sind ja nur für die Arbeit.

Weil diese Dinger so billig und schlecht verarbeitet sind, geht auch mal der eine oder andere kaputt. Er reißt ein, wenn ich ihn zur Seite ziehe. Das macht natürlich nichts. Ganz im Gegenteil, viele Freier macht das sogar noch geiler. Das wirkt so hemmungslos und stürmisch.

Egal ob die Dinger nun zerreißen oder nicht, ich trage sie sowieso nur einmal. Anschließend gebe ich sie den Freiern als kleines Geschenk mit oder schmeiße sie weg.

Die meisten nehmen den Tanga aber an. Die scheinen sogar richtig beliebt zu sein. Vielleicht sollte ich mir mal überlegen, sie zu verkaufen.

Angelo hat auch schon einige von meinen Tangas bekommen.

Privat trage ich diese Tangas nicht. Da achte ich dann schon auf Qualität.

»Komm, mein süßer Angelo, steck mir deinen Finger in die Fotze.«

Während ich ihn weiter wichse, steckt er mir einen Finger in meine Möse. Aus dem Becken heraus bewege ich meinen Unterleib und dann spreize ich die Beine ein Stück weiter und hebe einen Fuß.

»Ja, das machst du gut.«

Ich verlagere das Geschehen jetzt zwischen meine Beine, wichse aber weiter und kümmere mich auch um seine Brustwarzen.

»Ja, steck ihn rein. Ich will, dass du ihn mir ganz tief reinsteckst.«

Ich und der Bolero werden jetzt auch intensiver. Meine Stimme ist laut und fordernd.

»Ja, fick mich mit deinem Finger. Ja steck ihn rein! Steck in rein! Fick mich, fick mich richtig durch.«

»Du fickst mich und ich wichs dir deinen geilen Schwanz. Oh, er ist so groß und fest.«

»Ja!«

»Das machst du richtig gut. Das machst du sehr gut.«

»Mach weiter, hör nicht auf. Mach weiter.«

»Fick mich! Los fick mich!«

Zur Erinnerung:

Ich sitze schräg neben ihm und wichs seinen Schwanz. Er liegt und hat mir einen seiner Finger in die Möse gesteckt und spielt mit ihm herum. Für ihn ist es aber so, als ob er mich ficken würde. Er guckt mir dabei mit seinen großen Augen ins Gesicht. Meine Stimme ist laut, als wenn ich ihm Befehle geben würde.

Noch habe ich ihm nicht seinen Schwanz geblasen. Also musste ich sehr aufpassen, dass er nicht abspritzt, denn um das Blasen will ich ihn nicht betrügen. Außerdem gab es noch eine Klippe, denn ich musste ihm vorher noch das Gummi überziehen.

»Ich bin deine kleine, geile Nachtschwester. Ich will, dass du mich jetzt fickst.«

»Bumms mich mit Deinem großen Schwanz!«

»Vögel mich!«

»Ja! Ja! Ich komme gleich. Fick weiter, hör nicht auf.«

Mein Stöhnen wird noch lauer und hysterischer. Ich bewege meinen Unterleib unruhig und schnell. Ich spiele mit meinem angehobenen Bein.

Jetzt höre ich mit dem Wichsen auf.

»Das war gut, das war so gut.«

Ich lasse meine Stimme jetzt erschöpft klingen.

»Das war so gut.«

»Angelo, du bist so gut.«

Ich streichle ihn ein wenig und nehme mir dann ein Gummi. Ich mache das nicht hektisch, aber schon gekonnt schnell, damit ich keine Zeit verliere und er geil bleibt. Von seiner Erregung soll kein noch so kleines Stückchen verloren gehen.

»So, jetzt wollen wir deinen kleinen Mann mal richtig einpacken.«

Ich ziehe ihm das Gummi straff über sein Glied. Ich kann das auch mit dem Mund, indem ich es zwischen die Lippen nehme. Das mache ich aber bei Angelo nicht und auch sonst nicht so gerne. Ich spanne es also mit der Hand über seinen Schwanz und kontrolliere noch mal alles. Es sitzt und hat vorne genug freien Raum für sein Sperma.

Ich nehme mir noch mal das Handtuch und wische mit der sauberen Seite zuerst meine Hände gründlich und dann den Bereich rund um seinen Schwanz.

»So, Angelo. Ich habe dich so schön geduscht und abgeseift, dann hast du mich so schön gefickt. Jetzt will ich, dass du mir in den Mund spritzt. Das ist deine Belohnung. Du darfst mir gleich alles in den Mund spritzen.«

Meine Stimme ist jetzt nicht mehr so laut, sondern wieder zärtlich und getragen. Ich beuge mich ganz zu ihm herab.

»Streichle meinen Busen. Knete mir die Titten richtig fest durch.«

Dann nehme ich mir seinen Schwanz und stecke ihn tief in meinen Mund. Mit meiner linken Hand halte ich seinen Schwanz an der Wurzel, ohne ihn zu wichsen und mit der rechten Hand massiere und kneife ich seine Brustwarze.

Ich habe seinen Schwanz tief im Mund und bearbeite

ihn fest und laut schmatzend mit Zunge und Lippen. Ich schaue ihn dabei intensiv an.

Zwischendurch nehme ich ihn kurz für Sekunden raus, um ihn verbal richtig anzufeuern. Ich rede laut, denn auch der Bolero ist jetzt laut und fast tosend.

»Los, spritz ab!«

Dann nehme ich ihn wieder in den Mund und blase schnell und fest. Ich weiß, dass er noch nicht abspritzt. Wie die meisten meiner Freier spritzt er erst ab, wenn ich ihm auch noch den Schwanz fest mit meiner Hand wichse.

»Spritz ab, spritz mir alles in den Mund!«

Erst jetzt fange ich mit dem Wichsen an. Dafür habe ich jetzt den Schwanz auch nicht mehr so tief im Mund, sondern nur noch den vorderen Teil zwischen den Lippen.

»Ja komm!«

»Spritz es ab! Spritz mir alles in meinen Mund!«

»Spritz es mir ganz tief rein!«

Der Bolero ist jetzt nur noch laut und tosend. Angelo stöhnt und atmet schwer. Er versucht etwas zu sagen.

Angelo:

»Anja!«

Jetzt ist es soweit. Er streckt sich und schießt eine volle Ladung Sperma in das Gummi. Mit den ersten Zuckungen nehme ich seinen Schwanz in voller Länge tief in den Mund und sauge kräftig am Gummi. Er stöhnt weiter und es kommen noch mehrere Schübe Sperma. Der vordere Teil des Gummis füllt sich mit seinem warmen Sperma.

Ich behalte seinen Schwanz noch im Mund und sauge weiter. Ich sauge und blase auch noch ein wenig weiter, nachdem er alles rausgespritzt hat.

Erst eine ganze Weile später nehme ich seinen Schwanz aus meinem Mund. Angelo hat beide Hände zu Fäusten geballt und noch ist der ganze Körper durchgestreckt und angespannt. Er hat sich tief in das Kissen fallen lassen und guckt mit geschlossenen Augen.

Angelo:

»Wunderbar. Es ist wunderbar.«

Erst langsam löst sich seine Spannung. Sein Gesicht, jeder einzelne Zug, wirkt ruhig und fast glücklich. Er liegt entspannt in sich versunken.

Ich schau mir das Gummi noch mal an.

»Puh. Das hat sich aber richtig gelohnt. Da hast du wirklich eine ganze Ladung reingespritzt.«

Der Bolero ist jetzt auch durch, und für das Nachspiel habe ich noch etwas Entspannendes, aber Flottes ausgewählt.

Angelos Schwanz verliert schnell seine Härte und hängt jetzt schlaf zwischen seinen Beinen. Ich nehme mir einige Papiertücher und ziehe das Gummi ganz vorsichtig ab. Ich bilde ein Knäul mit dem Gummi und drei oder vier Tüchern. Dann nehme ich mir noch das Handtuch und gehe ins Bad. Ich pfeife die Melodie aus dem Lautsprecher ein wenig und ganz dezent mit. Gummi und Papiertücher spüle ich das Klo herunter. Das soll ich zwar nicht machen und deswegen hatte ich auch schon öfter Ärger. Trotzdem mache ich das. Ich spüle solange nach, bis dann schließlich alles weg ist. Im Laufhaus und auch hier in der Wohnung stehen kleine Eimer mit Müllsäcken. Die sind extra für die vollgespritzten Gummis und die Papiertücher gedacht. Ich benutze diese Eimer nicht. Ich habe immer den Eindruck, dass die ganze Wichse, die sich im Laufe einer Schicht dort ansammelt, schnell anfängt zu riechen. Ich arbeite immer in warmen Räumen, lüfte aber häufig und achte stets auf frische Luft ohne den typischen, unangenehmen Puffgeruch. Damit bin ich aber wohl die Ausnahme. Bei den meisten Frauen riechen die Zimmer unangenehm nach Wichse, Schweiß und Nuttendiesel. Das Handtuch schmeiße ich zur schmutzigen Wäsche, die eigentlich nur aus Handtüchern besteht. Ich bin wohl auch eine der Frauen mit dem höchsten Handtuchverschleiß. Ich brauche pro Freier mindestens zwei frische Handtücher.

Ich nehme mir ein frisches Handtuch und mache es mit warmem Wasser zur Hälfte feucht. Damit gehe ich dann zurück zu Angelo. Vorher wasche ich mir noch gründlich die Hände. Wenn ich mit Angelo fertig bin, wasche ich mich dann noch mal und dann auch zwischen den Beinen. Wenn zwischen den Terminen mal Zeit ist, dann dusche ich auch gründlich. Ich bin aber im Moment sehr gut im Geschäft und habe kaum Zeit zwischen meinen Freiern. Dann muss das Waschen reichen. Gründlich, heiß und ausgiebig dusche ich dann nach so einem Tag. Ich ziehe dann auch andere Klamotten an.

Andere Freier würden schon wieder halb angezogen durch das Zimmer poltern oder zumindest wieder sitzen und vielleicht sogar rauchen oder im schlimmsten Fall reden wollen. Rauchen und reden nach dem Ficken ist natürlich bei mir nicht drin. Nach der Nummer läuft bei mir nur noch eine freundliche Verabschiedung und ein paar Worte auf den Weg. Ich will schnell »meine Tür wieder offen haben« und alles für den nächsten Freier vorbereiten, wenn die Termine eng sind.

Bei Angelo ist das alles ein bisschen anders. Wie von mir geplant ist die halbe Stunde noch nicht vorbei und es bleiben noch einige Minuten. Angelo guckt zwar selbst nicht auf die Uhr, kennt mich aber. Ich setze mich wieder zu ihm. Mit dem feuchten Handtuch wasche ich ihm den Schwanz und den gesamten Intimbereich. Anschließend trockne ich alles ab. Ich fasse ihn jetzt nicht mehr an.

Mit dem trockenen Teil des Handtuchs fahre ich ihm langsam über seinen Oberkörper.

»Das war schön, Angelo. War es auch für dich so schön?«

Angelo ist noch völlig in sich selbst versunken, nickt aber zustimmend.

Wir haben noch einige, wenige Minuten und ich streichle ihn weiter mit dem Handtuch. Manchmal richtet sich Angelo auf und versucht mich zu küssen. Das gefällt mir überhaupt nicht und ich lasse es auch nicht zu. Wenn es sein muss, stoße ich ihn sogar zurück.

Obwohl ich da ganz eindeutig bin, versucht er es immer wieder. Das ärgert mich und ich werde dann schon fast grob.

Auch heute versucht er es.

»Nein, lass es.«

Er will mich in den Arm nehmen, um mich zu sich runterzuziehen. Ich schüttle mich los und steh auf.

»Nein, dass will ich nicht. Ich kann dir einen Blasen und du kannst mich ficken. Aber hier wird nicht geküsst.«

Er versucht trotzdem noch, nach mir zu greifen, hat aber dazu keine Chance. Ich will ihn natürlich als Freier nicht verlieren, aber ihm trotzdem klar machen, dass ich für »Zärtlichkeit danach« nicht verfügbar bin.

»Lass uns das so nicht beenden. Du kannst gerne wiederkommen und du kannst mich auch mal in den Arsch ficken, aber küssen ist nicht!«

Das hat er wohl verstanden. Er lässt nach und versucht nicht mehr mich zu berühren.

Da ich jetzt schon mal stehe, ziehe ich mich auch gleich an, was nicht lange dauert. Angelo beobachtet mich, liegt aber sonst ganz still auf dem Bett.

»So, Angelo, das war wieder eine schöne Zeit mit dir. Ich wünsche dir noch einen entspannten Tag und eine schöne Woche. Und ich freue mich schon wieder auf dich.«

Er guckt zufrieden, entspannt und sogar ein bisschen glücklich lächelnd. Ich gehe noch mal zu ihm ans Bett, hocke mich hin und streichle ihm durch Haar und Gesicht.

»Du bist ja ganz verschwitzt.«

Die halbe Stunde ist rum. Ich werfe ihm noch einen Kussmund zu und gehe dann aus dem Zimmer in den Flur. Dort wartet Jan bereits. Wir grüßen uns und er geht ins Zimmer. Ich gehe in die Küche und trinke erst mal ein großes Glas Mineralwasser.

Bis zum nächsten Freier sind es keine 15 Minuten mehr.

Außerdem habe ich auf dem Handy einige Anrufe aus der letzten halben Stunde.

Jan beeilt sich und nach knapp zehn Minuten höre ich die beiden mit dem Rollstuhl durch den Flur poltern. An der Tür kommt ihnen schon mein nächster Freier entgegen.

Nervige Freier und mieser Abschaum

Das unangenehmste Publikum im Laufhaus gab es an den Wochenenden. Hier vor allem zu den späten Stunden in der Nacht. Zwischen 22:00 Uhr – 02:00 Uhr herrschte meistens Hochbetrieb auf den Gängen. Vor allem in den unteren beiden Stockwerken gab es auch mal Gedrängel.

Zudem wurden wir Frauen ständig von Typen angelabert. Dabei kamen die Freier sogar oft in kleinen Gruppen und sprachen die Frauen an. Erst gingen sie mit ihren »Opfern« die Preisliste durch, und anschließend versuchten sie auch noch, privat mit einem ins Gespräch zu kommen. Manche Typen probierten es sogar mit einer Anmache. War man mit dem Gelaber fertig und fragte:

»Na Süßer, willst du jetzt zu mir reinkommen?«, kam nur heiße Luft.

Die meisten zuckten dann nur mit den Schultern und kamen nicht ins Zimmer, sondern gingen weiter und knöpften sich die nächste Frau vor.

Das muss bei manchen Typen so was wie ein Ritual sein. Die gehen in den Puff und haben gar nicht die Absicht, eine der Frauen dort zu ficken. Die geilen sich schon an kleinen Gesprächen auf. Die sparen dann ihr Geld und besorgen es wahrscheinlich ihrer Freundin zu Hause. Gerade bei Männern zwischen 20 und 30 habe ich das öfter mitbekommen.

Du kannst die Typen aber nicht einfach wegschicken, sondern musst mit ihnen geduldig die Preise und Konditionen durchgehen. Nur, wenn sie versuchten mich anzufassen oder ein Foto mit ihrem Handy zu schießen, war Schluss für mich.

So konnte ein Gespräch dann mal ungefähr so verlaufen:

Nerviger Freier:

»Äh, was soll es dann kosten?«

Anja:
»Was willst du denn von mir haben, mein Süßer?«
Nerviger Freier:
»Naja, wo geht es dann los?«
Anja:
»Also, es geht bei 30 Euro los. Dafür gibt's französisch.«
Nerviger Freier:
»Mit Gummi?«
Anja:
»Ja, natürlich mit Gummi. Alles hier geht nur mit Gummi.«
Nerviger Freier:
»Und was gibt es bei dir für 50 Euro?«
Anja:
»Für 50 Euro kannst du mich ficken. Aber wenn du es besonders schön möchtest, dann solltest du noch etwas drauflegen.«
Nerviger Freier:
»Geht auch von hinten?«
Anja:
»Ja, du kannst mich auch von hinten ficken.«
Nerviger Freier:
»Gut. Ich überlege es mir noch mal. Ich komme dann gleich wieder.«
Anja:
»Ja, bis gleich.«

Von diesen Gesprächen habe ich an manchen Abenden duzende geführt. In über 90 Prozent der Fälle kamen die Typen natürlich nicht zurück. Einige gingen gleich an die nächste Tür und machten dort das Gleiche. Das war übrigens auch nur eine Kurzfassung. Solche Gespräche konnten auch mal viel ausführlicher werden. Manchen Typen reichten solche Gespräche scheinbar schon, um sich aufzugeilen.

Wie ich es auch schon sagte, konnte es vorkommen, dass solche Gespräche auch von kleineren Männergruppen mit einem geführt wurden. Einer von denen war dann der

Mutige und stellte die Fragen, während die anderen sabbernd und mit offenen Mündern zuhörten.

Das daraus mal ein Geschäft wurde, war wirklich die Ausnahme. Zum Glück gab es aber auch an den Wochenenden zahlende Kunden und nicht nur diese Sülzköpfe.

Im Verhältnis zu der Anzahl der Männer, die durch die Gänge schlichen, war das Geschäft trotzdem gar nicht so besonders. Natürlich waren die Umsätze durchweg höher als an den Abenden unter der Woche, aber es gab doch einen großen Anteil an Männern, die nur mal so durch das Laufhaus bummelten. Es herrschte also mehr Betrieb, als Umsatz schließlich bei uns Frauen hängen blieb.

Je später die Nacht dann wurde, umso unangenehmer wurde das Klientel. Zuerst waren es meistens junge Kerle, die zwar nervten, die aber auf ihre Art auch manchmal ganz lustig sein konnten. Nach Mitternacht nahm dann regelmäßig die Anzahl der alkoholisierten Männer zu. Mit denen gab es nicht nur Probleme für die Frauen im Zimmer. Oft fing der Ärger schon vor der Tür an. Einige Betrunkene versuchten die Frauen regelrecht in längere Gespräche zu verwickeln. Dabei gaben sie vor, Interesse zu haben, und eigentlich nur noch die Preise erfahren zu wollen. Solche Gespräche konnten einem schon den letzten Nerv kosten. Wenn die Typen zu betrunken waren, habe ich mir meistens einen der Zuhälter als weiteren Gesprächspartner hinzugeholt. Der hat dann kurz geprüft, ob bei dem Betrunkenen noch Geld zu holen war. Wenn das nicht der Fall war, dann verschwanden die beiden meistens nach draußen und plauderten noch ein wenig. An den Wochenenden kam es mit Betrunkenen regelmäßig zu derartigen Zwischenfällen.

Das alles bewegte sich aber stets noch im Bereich des Erträglichen. So was gehörte für uns Frauen im Laufhaus einfach mit zum Geschäft. Ich hatte mich schon längst nicht mehr über derartige Typen aufgeregt und wusste die meisten von ihnen zu nehmen.

Es gab aber auch noch wesentlich schlimmere Gestalten. Lassen sie uns gemeinsam die nervigsten und unangenehmsten Typen durchgehen. Ich habe versucht, sie in Gruppen zusammenzufassen. Diese Aufstellung ist jedoch nicht abschließend. Es gibt noch weitere Typen, die ich hier nicht unterbringen konnte. Außerdem gibt es Freier, die man gleich in mehreren Kategorien unterbringen kann.

Ich präsentiere ihnen also:

DIE HITLISTE DER NERVIGSTEN FREIER!

Platz 10
Der einsame Wolf

Dass einsame Männer in ein Bordell gehen, ist wahrscheinlich nicht außergewöhnlich. Einsame Männer bilden sogar eine der größten Kundengruppen. Die sind hier auch nicht gemeint. Ich vergebe den zehnten Platz vielmehr an die Typen, die regelmäßig durch die Bordelle schleichen und immer wieder versuchen, Frauen in lange Gespräche zu verwickeln. Diese Kerle kenne ich auch aus der Wohnung. Die kommen zwar nicht in die Wohnung, sondern rufen an und lassen sich alles ganz ausführlich erklären. Telefonisch vereinbaren die dann sogar häufig noch Termine, die sie dann nicht einhalten. (Darum haben wir niemals Gespräche mit Freiern am Telefon geführt, wenn die Rufnummer für uns nicht sichtbar war.)

Diese Kerle haben gar nicht die Absicht, Geld bei uns zu lassen. Die wollen den Frauen einfach nur die Zeit stehlen und sich im Gespräch aufgeilen.

Um mit diesen Typen klar zu kommen, sollte man denen eigentlich im Laufhaus Eintritt abnehmen oder ihnen nach wiederholtem Generve Hausverbot erteilen.

Platz 9
Der Weltverbesserer

Es gibt immer wieder Freier, die es sich scheinbar zur Aufgabe gemacht hatten, mich zu »retten«. Mit dummen Geschwätz und wertlosen Tipps wollten sie mich nach dem Fick davon überzeugen, dass es doch besser wäre, mit der Prostitution aufzuhören. Auf derartiges Geschwätz bin ich natürlich nie eingestiegen. Diese Typen droschen auch immer nur die gleichen inhaltslosen Phrasen. Ich habe mir bei solchen Kerlen immer die Frage gestellt, warum sie überhaupt in den Puff gehen. Wie soll das funktionieren? Erst ficken sie mich für kleines Geld und dann versuchen sie mich zu bequatschen auszusteigen? Also, logisch ist was anderes.

Platz 8
Die Bundis

Also ich habe nichts gegen Soldaten der Bundeswehr. Genauso wenig, wie mit den Angehörigen anderer Streitkräfte, habe ich mit ihnen meistens keine Probleme gehabt. Diese Gruppe gehörte bei uns sogar wesentlich zum Geschäft. Problematisch wurden sie nur, wenn sie angetrunken, in Gruppen und ohne Geld im Laufhaus aufschlugen. Die kamen dann auch noch mit der festen Absicht, ein wenig zu bleiben. Meistens waren die schon aus den Kneipen rausgeflogen, weil sie nichts mehr zu trinken bezahlen konnten. Das Laufhaus war daher ihre letzte Station nach einer durchzechten Nacht. Bei denen waren die Taschen schon längst leer und mit ihrem lauten und manchmal auch aggressiven Auftritt vergraulten die uns sogar die zahlende Kundschaft. Da mit ihnen kein Geld zu machen war, stellte sich eigentlich nur die Frage, wie man sie schnellstens wieder aus dem Haus bekam. Das konnte aber auch schwierig

sein, weil die durchaus auch mal Interesse an einer Prügelei hatten. Die Zuhälter mussten sich daher erst sammeln, um ihnen entsprechend entgegen treten zu können. So konnte es zu größeren Schlägereien kommen. Diese Schlägereien versauten uns Frauen dann das Geschäft vollends, vor allem, wenn auch noch die Polizei hinzukam.
Am schlimmsten waren übrigens Marinesoldaten, die nicht in der Stadt stationiert waren und sich mit ihren Schiffen nur für kurze Zeit im Hafen aufhielten. Bei vielen von denen gehörte Krawall und eine Schlägerei im Hafenviertel zum Landgang dazu.

Platz 7
Der Betrunkene

Betrunkene waren mir persönlich immer zuwider. Trotzdem kommst du als Frau im Milieu an denen einfach nicht vorbei. Ich schätze den Anteil angetrunkener Freier auf ca. 30 Prozent. Das Problem mit denen ist, dass alles einfach viel länger dauert als bei nüchternen Freiern. Das fängt schon mit dem Gespräch an der Tür an. Dann ziehen sie sich im Schneckentempo aus. Ficken ist auch problematisch. Sie kommen viel später in Stimmung und ziehen daher alles unnötig in die Länge. Dazu kommt dann noch dieser widerliche Alkoholgeruch.
Mir hatte damals zwar niemand von denen die Bude vollgekotzt, aber selbst das passierte damals einigen der anderen Frauen. Wenn ich nachts vom Gang mal aus dem Fenster auf den Hof guckte, sah ich häufig mal Männer, die zwischen den Abfallcontainern standen und dort pissten oder kotzten. Meistens standen die kaum noch auf ihren Beinen und schwankten. Ich habe es auch mal mitbekommen, dass ein Betrunkener bei uns auf den Gang gekotzt hat. In den oberen Stockwerken passierte das sogar häufiger.
Betrachtet man den ganzen Ärger, den wir Frauen im Lauf-

haus mit Betrunkenen hatten, dann ist der siebte Platz eine faire Beurteilung. Dabei habe ich berücksichtigt, dass einige von ihnen auch zu den gut zahlenden Kunden gehörten. Nicht immer freiwillig ließen einige der betrunkenen Freier viel Geld bei uns im Laufhaus.

Platz 6
Der Sparfuchs

Ich habe ihnen bereits die Preispolitik bei uns im Laufhaus vorgestellt. Kernelement waren die dreißig Euro, die nicht unterschritten werden durften. Darunter war nichts von den Frauen zu haben. Oberhalb dieser dreißig Euro gab es jedoch schon einen gewissen Verhandlungsspielraum. Aber auch hier galten Richtwerte. Bei mir ging das Ficken erst bei 50 Euro los. Darunter habe ich mich nie, wirklich nie, ficken lassen. Und selbst für 50 Euro musste es schnell gehen und es gab keinerlei Extras. Das habe ich auch so mit den Freiern ganz klar vorher vereinbart. Normalerweise verliefen die Verhandlungen kurz. Man wurde sich entweder einig oder eben nicht. Es gab aber auch Freier, die es darauf anlegten, zu feilschen und zu handeln. Das habe ich dann auch mal so erlebt:

Der Sparfuchs:
»Ich möchte einmal ficken. Aber davor sollst du ihn mir aber auch noch blasen. Was soll das kosten?«
Anja:
»Naja, weil du es bist, Süßer, 70 Euro.«
Der Sparfuchs:
»70 Euro? Und wenn wir das Blasen weglassen und dann eben nur wichsen?«
Anja:
»50 Euro.«
Der Sparfuchs:
»Und was bekomme ich für 60 Euro?«

Anja:
»Für 60 Euro geht ficken auch. Dann mache ich es dir sogar noch netter. Aber dazu blasen ist nicht mit drin. Das geht bei 70 Euro los.«
Der Sparfuchs:
»Aber bei 70 Euro, kann ich dann auch von hinten ficken?«
Anja:
»Ja, dann geht's auch von hinten. Aber natürlich nicht in den Arsch.«
Der Sparfuchs:
»Ja, ok. Ich muss dann nur noch Geld holen…«
Gut, ich habe nichts gegen Schnäppchenjäger, aber ich finde, alles sollte seine Grenzen haben. Bei diesen Typen war mir das alles zu nervig. Dabei konnten solche Gespräche sogar noch viel länger dauern. Ich möchte an dieser Stelle keine Diskussion über den Wert der Frau im Puff anfangen, aber dieses Geschachere hatte schon etwas von offensichtlicher Würdelosigkeit
Schlimm fand ich auch die Typen, die einen Blow Job für 30 Euro buchten, und dann versuchten, mit einem Haufen Münzen zu bezahlen. So was ging bei mir maximal bis zu einem Betrag von zehn Euro und auch dann nur, wenn es um ein-Euro oder zwei-Euro-Münzen ging. Den Rest wollte ich aber schon in Scheinen sehen. Hatte der Freier das Geld nicht in Scheinen, dann habe ich ihn meistens in die Automatenspielhalle zum Scheine holen geschickt. Auf keinen Fall habe ich mich aber jemals mit einem Freier hingesetzt und angefangen Kleingeld zu zählen.

Platz 5
Der Stinker

Die Freier der Plätze zehn bis sieben waren nervig und störend. Der fünfte Platz gehört einer Gruppe von Freiern, die nicht nervig waren, sondern eklig und in einigen Fällen sogar unerträglich widerlich. Von Beginn an war mir klar, dass die Männer nicht frisch geduscht und gut riechend ins Laufhaus kamen. Überhaupt waren es die hygienischen Bedingungen, die mich sehr störten und an die ich mich nie gewöhnt habe. Das betraf dabei nicht nur die Freier. Auch die Zimmer waren die reinsten Dreckslöcher. Von den Betten möchte ich gar nicht anfangen zu berichten. Hinzu kam, dass Handtücher ständig knapp waren. Schon aus Bequemlichkeit verzichteten darum einige der Frauen darauf, die Handtücher, die auf den Betten lagen, regelmäßig zu wechseln.

Die Zimmer waren ständig in rotes Licht getaucht. Bei hellem, weißem Licht, durfte man sich das gar nicht angucken. Ich für meinen Fall versuchte, zumindest einen gewissen hygienischen Standard zu halten. Das tat ich aber nicht den Freiern zuliebe, sondern aus reinem Selbstschutz. Ich achtete zumindest stets auf frische Handtücher.

Was mich an Männern über die Jahre so gefickt hat, war auch eine Auswahl von nicht besonders gepflegten Typen. Darunter waren aber auch einige wirklich ekelerregende Exemplare. Diese Mischung aus widerlichem Körpergeruch, schmutziger Unterwäsche und ungepflegtem bis verwahrlostem Allgemeinzustand machten es mir in einigen Fällen schwer bis unerträglich. Gerade, weil es mich dann eine enorme Portion Überwindung kostete, wenn ich von solchen Dreckschweinen gefickt wurde, landen sie auf dieser Liste auf dem fünften Platz.

Platz 4
Der Potenzprotz

Es ist gar nichts dagegen einzuwenden, dass Männer potent sind oder große Schwänze haben. Für mich wurde das in manchen Fällen aber zum Problem. Das waren Fälle, an die ich mich nur sehr ungerne erinnere. Dabei meine ich damit

nicht alle Männer, die potent sind und einen großen Schwanz haben. In diese Gruppe gehören nur die, die meinen, von Zeit zu Zeit mal in den Puff zu gehen und dort eine junge Frau mit aller Kraft und ohne Rücksicht zusammenficken zu müssen. Diese Typen sind immer auf der Suche nach möglichst jungen und »engen« Frauen. Sie legen es geradezu darauf an, den Frauen beim Ficken wehzutun. Für die ist es so was wie Sport. Anfangs stand ich solchen Typen ziemlich hilflos gegenüber. Ich wurde regelrecht wund gefickt. Mit der Zeit entwickelte ich aber Techniken, um das Schlimmste abwehren zu können.
Einige meiner Freier waren aber die reinsten Stiere und gerade weil sie mir absichtlich Schmerz zufügen wollten und sie ganz genau das auch befriedigte, landen sie so weit oben auf dieser Liste.
Unter meinen Freiern gab es auch einige Neger. Bei denen hatte ich anfangs Bedenken. Es war auch tatsächlich so, dass sie ziemlich lange Schwänze hatten. Mit den Negern habe ich aber nur gute Erfahrungen gemacht. Ich hatte immer den Eindruck, dass sie übermäßige Stöße beim Ficken aus Rücksicht auf mich vermieden.

Platz 3
Der Psychopath

Zu der Gruppe der Psychopathen zählen nicht nur nervige und eklige Exemplare. Darunter können auch gefährliche Typen sein. Ich selbst habe nie einen total Geisteskranken im Laufhaus erleben müssen. Ich hatte es aber mit einigen, vermeintlich leichteren, Fällen zu tun. Insgesamt hatte ich es aber in meinen Jahren, die ich im Laufhaus gearbeitet habe, nie mit einem richtig gefährlichen Fall zu tun gehabt. Ich kenne aber Frauen, die können zu diesem Thema ganz andere Dinge erzählen. Gefährlich können auch die Typen sein, die unter Drogeneinfluss zum Ficken kommen. In

jedem Fall kann ich jeder Frau im Verdachtsfall nur raten vorsichtig zu sein. Im Zweifelsfall sollte man sich schnell Hilfe holen und in Sicherheit bringen.
Frauen, die an der Straße arbeiten, können solchen Typen fast schutzlos ausgeliefert sein. Ich möchte gar nicht wissen, was sich da so in den Autos abspielt.

Platz 2
Der Gewalttätige

Es sind mir mehrere Fälle von Gewalt an Frauen im Laufhaus durch Freier bekannt. Dabei verfügte das Laufhaus über ein sehr gutes, schnelles und effektives Sicherheitssystem. Es kam daher nur sehr selten zu Übergriffen. Meistens entstanden diese Übergriffe, wenn es wegen der Bezahlung zu Problemen mit Freiern kam. Die meisten Übergriffe waren mehr oder weniger harmlos. Mir ist aus dem Laufhaus aber auch ein Fall bekannt, da wurde eine Frau krankenhausreif geschlagen.
Zudem kenne ich mehrere Fälle, bei denen Frauen mit Stichwaffen bedroht und auch angegriffen wurden.
Die von Freiern gegenüber den Frauen ausgeübte Gewalt hat sehr viele Gesichter. Sie beginnt mit verbaler Gewalt. Diese gehörte bei uns zur Tagesordnung und war für einige Freier notwendig, damit sie ihre Befriedigung fanden. Manche Freier mussten mich einfach beschimpfen, damit sie überhaupt abspritzen konnten.

Im Umgang mit derartigen Typen gilt höchste Vorsicht! Ich kann jeder Frau nur raten, keinerlei Risiko einzugehen!

Platz 1
Der Perverse

Perverse Typen tummeln sich geradezu im Milieu. Damit will ich nicht sagen, dass ein Freier immer auch ein Perverser ist. Viele Freier haben sogar mit derartigen Dingen nichts zu tun. Umgekehrt war es aber so, dass sich einige perverse Typen permanent an der Küste aufhielten. Bordelle scheinen auf viele Perverse geradezu wie Magneten zu wirken.

Unter den Perversen gab es harmlose, weniger harmlose, gefährliche und schwerverbrecherische Typen.

Zu den harmlosen Typen zählten die meisten Voyeure. Mit denen hatte ich es praktisch jeden Tag zu tun. Für die war das Laufhaus aber auch so etwas wie ein kleines Paradies. Gerade im Winter, wenn es draußen wenig zu sehen gab, weil die Frauen warm angezogen und dick eingepackt waren. Im Laufhaus gab es selbst bei minus zwanzig Grad Frauen in Miniröcken und Bikinis zu begaffen. Und einige von den Voyeuren taten das auch gerne und ausgiebig. Ich fühlte mich von einigen dieser Figuren regelrecht von deren Augen verschlungen. Sie gingen stets sehr langsam und guckten ganz unverstohlen und lechzend. Geld ließen die nur selten bei uns, weil denen das Anschauen wahrscheinlich schon reichte.

Ficken konnten die bei uns im Laufhaus nicht beobachten. Von den Fluren her bestand dazu keine Möglichkeit und durch die Fenster war das auch nicht möglich. Die Fenster waren mit Folien zugeklebt und außerdem gab es in jedem Zimmer dunkle Vorhänge.

Am Straßenstrich ging das aber ganz anders ab. Eine Frau, die eine Weile auf der Straße gearbeitet hatte, hatte mir darüber einmal einige Geschichten erzählt. Voyeure und Spanner sind bei denen auf der Straße eine permanente Erscheinung.

Das sind nicht nur die Typen, die in ihren Autos ständig

langsam den Strich auf und ab fahren. Es gibt Männer, die das Geschehen regelrecht ausspionieren. Diese Typen kennen alle Plätze, zu denen die Freier mit den Frauen fahren. Rund um diese Plätze beziehen sie dann ihre Positionen. Gerade am frühen Abend, wenn es noch hell genug ist, scheint dies üblich zu sein. Dann hocken rund um das Auto diese Typen in den Gebüschen und hinter Verschlägen und wichsen. Die Zuhälter versuchen dem natürlich Einhalt zu gebieten, aber diese Typen kommen immer wieder auf neue Ideen. Einige von denen hocken sogar in Bäumen oder beobachten aus sicherer Entfernung mit entsprechenden Ferngläsern.

Darum ist man auf der Straße auch immer bemüht, möglichst Plätze zu finden, von denen man das Spannerunwesen begrenzen kann.

Seitdem es diese ganz kleinen Kameras und vor allem Mobiltelefone mit Kameras gibt, ist es sogar noch viel schlimmer geworden.

Es war schon immer üblich, dass Prostituierte an der Straße oder auf dem Kontakthof von irgendwelchen Männern fotografiert wurden. In letzter Zeit hat das aber sprunghaft zugenommen. Mittlerweile wird von den Freiern sogar in den Fluren der Laufhäuser und Bordelle fotografiert und gefilmt. Ich habe sogar mehrere Fälle erlebt, da kamen Freier in mein Zimmer und versuchten mich bei der Preisverhandlung heimlich zu filmen.

Mit der Zeit hatte ich aber einen ganz guten Blick für diese Art von Fotografen entwickelt. Jeder Typ, der auch nur sein Handy in der Hand trug war mir bereits verdächtig. Für die Hobbyfotografen war es auch nicht ungefährlich. Einer der Zuhälter hatte mal einen von diesen Typen bei seiner »Arbeit« beobachtet. Zu dritt haben sie ihn dann auf das Fotografierverbot hingewiesen. (An den Eingängen hingen entsprechende Piktogramme und Schilder.) Die Angelegenheit wurde daher für ihn nicht nur peinlich und schmerzhaft, sondern zudem auch noch teuer. Das Handy war futsch und er musste auch noch einen Finderlohn zahlen.

Gegen Typen, die gerne anderen beim Ficken zuschauen, habe ich übrigens nichts einzuwenden. Das hätte ich mir gegen Bezahlung im Laufhaus sogar gefallen lassen. Solche Typen waren aber bei uns sehr selten. Wahrscheinlich halten die sich an Pornos und Webcams.

Dass es unter den Voyeuren auch weniger harmlose Kerle gibt, ist mir natürlich klar. Im Laufhaus waren sie für mich aber kein wirkliches Problem.

Die größte Gruppe unter den perversen Freiern im Laufhaus waren die Fetischisten. Die meisten von ihnen waren harmlose Spinner. Ich selbst hatte mit denen wenig zu schaffen. Es gab aber Frauen, die ihr Angebot ganz direkt auf bestimmte Fetischisten abgestimmt hatten. Meistens waren es die etwas älteren Frauen. Die hatten schon Erfahrung und glichen durch Lack, Leder oder Peitsche ihr etwas faltiges Äußeres aus. Unter den Fetischisten gab es die wundersamsten Typen. Bei den meisten Geschichten, die wir Frauen uns untereinander erzählten, ging es um solche Typen. Meistens waren die Geschichten zum Totlachen. Einige waren aber auch bizarr und eklig.

Die einzige ansatzweise fetischistische Vorliebe, die ich selbst bei Freiern festgestellt hatte, war das Ficken in High-Heels. Warum es so viele Männer anmacht, wenn die Frau beim Ficken ihre Schuhe anbehielt, ist mir nicht klar. Ich habe dieses Phänomen aber sehr häufig beobachtet. Ich habe meinen Freiern diesen Wunsch gerne erfüllt.

Es trieb auch immer mal wieder einen Exhibitionisten ins Laufhaus. Der kam dann zwar nicht völlig nackt, aber lustig war so was trotzdem. Wir hatten sogar einen Typen, der regelmäßig durchs Laufhaus schlich. Er trug nur einen Trenchcoat, Socken und Sandalen. Der Typ war bestimmt weit über fünfzig Jahre alt. Der Trenchcoat wurde nur sehr locker von einem Gürtel gehalten. Er verschaffte uns tiefe Einblicke!

Gestört hat der Typ aber niemanden. Er war sogar freundlich und ging auch ab und zu mit einer der älteren Frauen ins Zimmer. Wir alle hatten kein Problem mit ihm und er wurde sogar von den Zuhältern geduldet. Er störte das Geschäft nicht und wir alle hatten etwas zum Lachen.

Wenn solche Typen draußen halbnackt durch die Parkanlagen gehen und Frauen belästigen, dann finde ich das natürlich weniger komisch.

Mit Masochisten hatte ich es im Laufhaus nicht zu tun. Die hatten ganz bestimmte Frauen, die sich auf diese Figuren eingestellt hatten. Insgesamt waren sie aber nur eine Randerscheinung.

Waren die Perversen, die ich ihnen bisher vorgestellt habe, weitestgehend harmlose Vögel, so möchte ich noch ein paar Worte zu den gefährlichen Typen sagen. Ich meine damit vor allem Pädophile.

Mit diesem Abschaum hatten wir im Laufhaus nichts zu tun. Das lag nicht nur daran, dass es bei uns keine minderjährigen Frauen gab, sondern auch an unserer Einstellung diesen Typen gegenüber. Da waren wir uns alle einig: Wir hassten diese Typen. Für Pädophile war das Laufhaus und wahrscheinlich die gesamte Küste, ein hochgefährlicher Ort. Da sie das wahrscheinlich wussten, kamen die auch nicht hierher. Zumindest habe ich nie davon gehört und oder einen derartigen Fall miterlebt.

Freier bekamen bei uns schon Probleme, wenn sie sich nach einer minderjährigen Frau erkundigten. Da waren sich alle Frauen und die Zuhälter einig. Solche Typen wurden hart angefasst und das freute uns alles sogar!

Dabei ist mir natürlich klar, dass es auch dafür einen Markt gibt. Wie der funktioniert, weiß ich allerdings nicht. Damit hatte ich nie etwas zu tun. Ich persönlich hatte den Eindruck, dass die Polizei zumindest in unserer Stadt diese Szene ganz gut unter Kontrolle hatte. Die Typen trieben ihr verbrecherisches Geschäft wahrscheinlich mehr im Internet und im Ausland.

Verliebte Freier

Liebe und Prostitution sind Dinge, die einander gegenseitig ausschließen. Trotzdem ist Liebe bei den Frauen im Puff immer wieder ein Thema. Und tatsächlich gibt es auch immer wieder Freier, die sich in Huren verlieben oder zumindest meinen, sich in eine Hure verliebt zu haben.

Meistens, eigentlich fast immer, sind das jedoch Geschichten ohne ein Happy End. Und meistens sind es Freier, mit denen die Frauen hier im Milieu beim besten Willen nichts anfangen können.

Ich selbst bin mehrfach auch in derartige Geschichten geraten. Ich habe solchen Geschichten aber gleich zu Beginn einen Riegel vorgeschoben. Verliebte Freier passten nie in mein Geschäftsmodell. Es gab aber Frauen, die haben aus verliebten Freiern ein lukratives Geschäft gemacht.

Ich erzähle euch hier die Geschichte von Goscha aus Polen und Herrn Schucht. Dieser Herr Schucht meinte, sich unsterblich in Goscha verliebt zu haben. Goscha und ihr Zuhälter machten sich dann daran, diese Liebe bis auf den letzten Cent auszuschlachten.

Dabei kann ich in Goschas Verhalten überhaupt nichts Verwerfliches erkennen. Es war vielmehr Herr Schucht, der das alles allein zu verantworten hatte.

Liebe macht blind, sagt man ja und in diesem Fall war das wirklich geschehen. Da war auf der einen Seite Goscha. Eine neunzehnjährige bildhübsche Frau. Mit ihrer zarten Gestalt und ihren feinen Gesichtskonturen wirkte sie mädchenhaft und sogar noch jünger. Sie hatte kastanienbraunes Haar, ein makelloses Gesicht und eine top Figur. Zudem sprach sie hervorragend Deutsch und schien auch sonst über eine gute Bildung zu verfügen. Dementsprechend waren auch ihre Preise. Bei ihr ging es ab 100 Euro aufwärts und sie hatte keinen Mangel an Kundschaft.

In der Wohnung zählten sie und ihr Zuhälter zu den Topverdienern. Ihr Zuhälter hatte sie fest im Griff und sie machte ihm auch keinen Ärger. Sie war fleißig und arbeitete viel.

Schon gerade deswegen und weil sie noch jung war, hätte ihr Zuhälter sie gar nicht ohne Weiteres gehen lassen. Das hätte eigentlich auch Herr Schucht wissen müssen. Zumindest hätte er es bedenken sollen.

Herr Schucht war ein kleiner Herr mit Brille und schütterem Haar. Er trug einen ungepflegten Bart und war stets geschmacklos und billig gekleidet. Er schien auch nicht besonders gut bei Kasse zu sein, was mir schon zu Beginn aufgefallen war. Er war ledig und schon seit Jahrzehnten ein treuer Bordellbesucher.

Schon aus der Beschreibung muss klar werden, dass aus seiner Liebe nichts werden konnte. Er war kein schlechter Mensch und man konnte sich sogar ganz gut mit ihm unterhalten. Wie er sich aber anmaßen konnte, Goscha würde seine Liebe erwidern, ist mir bis heute unverständlich.

Ich meine damit, wenn er sich in eine Prostituierte verliebt hätte, die um die vierzig Jahre alt war und schon vom Leben gezeichnet, dann hätte ich mir ein Happy End sogar vorstellen können. Daraus hätte dann auch eine Beziehung werden können, die für beide schön gewesen wäre.

Aber Schuchty suchte ein junges Ding. Ich war damals 23 Jahre alt und für seinen Geschmack schon zu alt.

Hatte er sich damals wohl einmal gefragt, was ein Typ wie er einer Frau wie Goscha zu bieten hätte? Hat er sich mal gefragt, dass es doch eigentlich gänzlich unwahrscheinlich gewesen wäre, dass sie seine Liebe erwidert hätte? Diese Fragen schien er sich in seiner blinden Verliebtheit nicht gestellt zu haben. Erstmalig hatte er sich wahrscheinlich mit dieser Frage beschäftigt, als Goscha ihn bis zum letzten Cent ausgenommen und ihr Zuhälter ihn mit reichlich Prügel und Drohungen aus dem Haus gejagt hatte.

Die ganze Geschichte lief über mehrere Monate.

Goschas Zuhälter lenkte das Geschehen von Anfang an und sie tat, was er ihr sagte. Zusammen spielten sie Schuchty eine Schmierenkomödie vor. Dabei gaben sie sich noch nicht einmal besondere Mühe. Sie warteten mit dem Üblichen auf.

Es ging los damit, dass Goscha Geschenke von Schuchty verlangte und sich als das arme Hascherl aus dem Osten präsentierte. Ihre Wünsche und Geschenke wurden immer größer, ohne jedoch gleich unverschämt zu werden. Sie spürte genau, wie viel aus ihm herauszuholen war. Zu Anfang wollte sie ihn auch erst mal nur melken und nicht gleich schlachten. Das kam später.

Sie wünschte sich von Schuchty weder Blumen noch Parfüm. Auf dem Wunschzettel standen ein Handy, ein Laptop, eine sehr teure Markensonnenbrille und Ähnliches.

Es blieb aber nicht bei Wünschen und Geschenken. Schon bald ging es ihr ums Geld. Zuerst war es Geld, das sie für ihren Bruder brauchte, der studieren wollte. Dann ging es um die kranke Mutter daheim, die regelmäßig Geld bekam. Am Ende brauchte sie dann auch noch größere Beträge für eine Operation der Mutter. Von dieser Operation hing das Leben der Mutter ab.

Schuchty zahlte, solange er es irgendwie hinbekam. Goscha schaffte es aber, ihn einerseits weiter zu melken und andererseits ausreichend auf Distanz zu halten. Er bekam von ihr nie mehr als jeder andere zahlende Kunde. (Außer vielleicht die Krokodilstränen.)

Zum Finale verlangte sie dann noch eine größere Summe Geld, damit er sie von ihrem Zuhälter freikaufen könnte.

Dafür verschuldete sich der arme Kerl sogar bis über beide Ohren. Das tat er aber sehr gerne. Er freute sich schon auf das gemeinsame Leben mit Goscha in seiner ärmlichen Zwei-Zimmerwohnung und eine spätere Hochzeit.

Nach der Geldübergabe verschwand Goscha noch am

gleichen Abend. Ihr Zuhälter hatte sie in einem Etagenbordell in Berlin untergebracht. Dort stand sie schon am nächsten Tag wieder zur Verfügung. Herr Schucht wurde von ihrem Zuhälter versorgt und erhielt ein eindeutiges Hausverbot. Das war dann auch das Ende der Romanze. Ich glaube, Schuchty zahlt heute noch seine Schulden zurück.

Verliebte Huren

Dass sich Huren im Milieu verlieben ist auch nichts Besonderes. Nicht selten beginnt eine Karriere als Hure auch damit, dass eine Frau sich in einen Zuhälter verliebt und in der Folge für ihn aus Liebe anschafft. Es dauert dann in einigen Fällen lange, bis diese Frauen den Unterschied zwischen Liebe und dem einfach nur ausgenutzt werden, mitbekommen. Oft ist es dann schon viel zu spät. Wie ihr gesehen habt, ist es bei mir auch nicht anders gelaufen. Letztlich war die Liebe zu Matthias meine unsichtbare Fessel, die mich über Jahre im Laufhaus hielt. Dass ich diesen Zusammenhang selbst erst so spät erkannt habe, erstaunt und verärgert mich bis heute.

Es passiert Frauen aber auch, dass sie sich mal in einen Freier verlieben. Besonders bei älteren Huren habe ich solche Fälle mitbekommen. Ich kann aber leider nicht von wirklich schönen Geschichten erzählen und ich kenne auch keine einzige Geschichte mit einem Happy End.

Dabei ist es für die meisten Freier anfangs eine ganz bequeme Angelegenheit. Sie können den emotionalen Abstand zu der entsprechenden Frau bestimmen und halten. Außerdem sehen einige auch darin eine gute Möglichkeit Geld fürs Ficken zu sparen.

Es gibt dann natürlich auch den Fall, dass sich eine Hure in einen Mann außerhalb des Milieus verliebt. Das ist sogar gar nicht so selten. Am besten ist es dann, wenn dieser Mann auch überhaupt keinen Bezug zum Milieu hat. Wie immer, wenn es um Liebe geht, kann ich natürlich nicht sagen, wie solche Beziehungen verlaufen. Ich habe Freundinnen, bei denen eine derartige Liebesbeziehung der erfolgreiche Weg aus dem Milieu war. Ich kenne aber auch Frauen, die mit derartigen Beziehungen wenig Glück hatten.

Bei mir persönlich haben die Jahre in der Prostitution

dazu geführt, dass sich meine Einstellung zu Männern grundlegend geändert hat. Das hat aber nichts mit meiner sexuellen Orientierung zu tun. Ich bin im Puff weder zur Lesbe noch zur notorischen Männerhasserin geworden. Es ist vielmehr so, dass es mit außerordentlich schwer fällt, einem Mann zu vertrauen. Ich denke, ich habe auch ausreichend Grund misstrauisch zu sein. Außerdem lebe ich zurzeit mit einer völlig verkorksten Sexualität. Das hängt mit dem jahrelangen Geficktwerden zusammen.

Daher sind für mich persönlich Liebe und eine feste Partnerschaft keine Themen. Ich denke, es wird besser für mich sein, wenn ich mich die nächste Zeit erst mal auf mich konzentriere. Schließlich ist mein Ausstieg noch keine zwölf Monate her.

Mit der Zeit wird sich auch das entwickeln. Vielleicht sehe ich die Dinge in ein paar Jahren viel entspannter.

Mehr als ein Kondom

Frauen mögen es nicht, in den Arsch gefickt zu werden und Frauen mögen es nicht, wenn Männer ihnen in den Mund spritzen. Zumindest gilt das für mich und ich kenne auch keine Frau, die dazu eine andere Einstellung hat. Trotzdem gab es bei uns im Laufhaus Frauen, die sich darauf einließen.

Frauen arbeiten auch nicht gerne in einem Bordell oder auf dem Straßenstrich und viele Tausende tun es trotzdem. Ich selbst habe insgesamt sechs Jahre in einem Bordell verbracht. In der Zeit habe ich »gelernt«, Dinge zu tun, die ich eigentlich nicht mag.

Jetzt, mit etwas Abstand zu dieser Zeit, frage ich mich, wie es dazu kommen und ich das alles ertragen konnte. Dabei habe ich diese Zeit nicht nur glimpflich überstanden, sondern auch die schlimmsten Dinge gar nicht miterleben und ertragen müssen.

Ich habe versucht, in diesem Bericht ehrlich zu sein und mich weder als »Opfer« darzustellen noch als Prostituierte, die in freier Selbstbestimmung diesen »Beruf« gewählt hat und es nur mit sauberen, reichen und spendablen Männern zu tun hatte. Ich habe ihnen von den alltäglichen Dingen im Milieu berichtet und was das alles aus mir gemacht hat.

Ich bin jetzt 26 Jahre alt und auch nach den Jahren auf dem Strich keine gebrochene Frau, sondern habe es für mich geschafft, nicht nur auszusteigen, sondern auch einen wirklichen Neuanfang hinzulegen. Ich danke allen dafür, die mich dabei unterstützt haben.

In einer Frauenzeitschrift habe ich gelesen, dass die Pille ein Symbol für die sexuelle Befreiung der Frau sei. Das mag so sein, obwohl ich es nicht nachvollziehen kann. Für mich ist das Kondom in der Prostitution das eigentliche Mittel einer Frau, um zumindest ein Mindestmaß an sexueller

Selbstbestimmung realisieren zu können. Ficken und Blasen mit Kondom war für mich immer noch erträglich und mit Kondom hatte ich zudem immer einen Schutz, der weit über die tatsächlichen Eigenschaften eines Kondoms hinausging. Wenn es also etwas gab, was mich in den Jahren im Puff wirklich beschützt hat, dann war das nicht einer der Zuhälter, die mich »beschützt« und abkassiert haben, sondern dieses kleine Stück Gummi.

Ich erlaube es mir daher, an dieser Stelle einen Ratschlag zu erteilen. Mit diesem Rat richte ich mich an Frauen und Freier und sage ihnen: »Nie ohne Kondom!«

Nie ohne Kondom!

Mein Plan B war kein Plan B

Ich war jetzt 25 Jahre alt. Mehr, als ich es jemals erwartet hatte und mehr, als es mir recht war, hatte ich mich an das Leben ihm Milieu gewöhnt. Vieles war mir geradezu selbstverständlich geworden. Es gab sogar Dinge, die anfingen mir zu gefallen. So besaß ich ein gewisses Maß an finanzieller Unabhängigkeit, dass ich zu schätzen wusste. Ich wusste aber auch, dass ich außerhalb des Milieus keine realistische Möglichkeit hatte, annähernd soviel zu verdienen. Ich verfügte über keine Berufsausbildung und keinerlei berufliche Erfahrung außerhalb des Milieus. Auch, wenn es für Sie merkwürdig klingen sollte, das Milieu gab mir ein Gefühl von finanzieller Sicherheit. Heute sehe ich das alles ganz anders.

Trotzdem hatte ich die ganze Zeit die Absicht irgendwann auszusteigen. Das wollte ich bereits damals während meiner ersten Schicht im Laufhaus. Im Nachhinein weiß ich auch gar nicht, warum es dann doch diese vielen Jahre gedauert hat, bis ich es dann endlich in die Tat umsetzte.

Vielleicht war ein Grund meine Liebe zu Matthias. In der ersten Zeit dachte ich noch an eine gemeinsame, glückliche Zukunft mit ihm. Diese Träume waren schon längst zerplatzt. Jetzt empfand ich für ihn nur noch Verachtung.

Vielleicht war es aber auch mein Charakter. Ich neige dazu, große Entscheidungen immer wieder zu verschieben. Außerdem hatte ich damals Angst vor Veränderungen. Aus Bequemlichkeit ging ich vielen Dingen einfach aus dem Weg, die für mich mit Anstrengungen oder Risiko verbunden waren.

Irgendwann gelang es mir dann aber, mein ganz persönliches Ausstiegsprojekt anzugehen. Letztlich gab es gar keinen konkreten Anlass. Irgendwann war der Zeitpunkt gekommen, da hörte ich auf, nur so über einen vermeintlichen

Ausstieg nachzudenken. Ich fing an, es zu konkretisieren. Zum ersten Mal in meinem Leben plante ich etwas derartig Einschneidendes. Ins Milieu geraten war ich damals ohne Sinn und Verstand. Heraus ging es jetzt nur wieder mit Planung und Initiative. Es war eine Sache, die ich nur mit mir selbst ausmachen konnte. Obwohl ich später von zahlreichen Stellen Hilfe empfangen habe, war ich anfangs auf mich alleine gestellt. Das war für mich damals eine völlig neue Erfahrung. Ich neigte eigentlich dazu, immer passiv zu sein und alles auf mich zukommen zulassen. Damit wäre ich aber nicht aus dem Milieu herausgekommen.

Schon Monate bevor ich dann aus dem Milieu ausstieg befasste ich mich mit dem Thema. Ich redete aber mit niemandem darüber. Vor allem wäre ich nicht auf die Idee gekommen, mit jemandem aus dem Milieu darüber zu sprechen. Keine der Frauen aus dem Laufhaus wäre eine gute Beraterin für mich gewesen. Bei den Wirtschaftern und Zuhältern hätte ich sogar damit rechnen müssen, dass sie mir Steine in den Weg gelegt hätten. Auf Diskretion hätte ich bei niemandem im Milieu setzen können.

Matthias wollte ich überhaupt nicht an meinen Planungen beteiligen, sondern später mit den vollendeten Tatsachen konfrontieren. Von ihm hatte ich den meisten Widerstand zu erwarten. Von ihm ging sogar eine gewisse Gefahr für mich aus.

Zwar lebten wir schon eine Weile nicht mehr gemeinsam in einer Wohnung, die »geschäftliche« Beziehung bestand jedoch noch. Für Matthias hatte mein Ausstieg negative finanzielle Konsequenzen. Es war daher klar, dass er einen Grund hatte, mich an einem Ausstieg hindern zu wollen. Er erfuhr dann auch tatsächlich erst von meinem Ausstieg, als bereits alles in trockenen Tüchern und irreversibel war.

Vom ersten Gedanken, wirklich auszusteigen, bis zu dem Zeitpunkt, als ich wirklich draußen war, vergingen aber noch Monate.

Die erste Zeit verbrachte ich hauptsächlich damit, mir über meinen Ausstieg Gedanken zu machen. Die ersten Wochen plante ich weder noch machte ich Vorbereitung. Es war aber schon ein Gedankenspiel, bei dem ich sicher war, es konkret in die Tat umzusetzen.

Ich überlegte mir, wie ich vorgehen sollte und vor allem, wie mein Leben außerhalb des Milieus aussehen würde.

Dabei sah ich zuerst hauptsächlich scheinbar unüberwindliche Probleme und Schwierigkeiten aller Art. Das änderte sich aber von Woche zu Woche. Gedanklich fand ich Lösungen und Vieles, was mir anfangs als kompliziert erschien, verlor jeden Schrecken für mich.

Irgendwann war es dann tatsächlich soweit. Am **********absolvierte ich meine letzte Schicht im Laufhaus. Zu diesem Zeitpunkt hatte ich bereits alle Planungsmaßnahmen abgeschlossen und alle Notwendigkeiten für mein neues Leben eingeleitet. Ich ging damals aus dem Laufhaus und verabschiedete mich von allen, als würde ich nach meinem geplanten Urlaub wieder ganz normal zur Arbeit erscheinen. Ich gab die Schlüssel meines Zimmers ab, bezahlte meinen Block und ließ mir sogar eine Quittung geben. Erst später teilte ich allen mit, dass sie mit mir nicht mehr zu rechnen hätten. Matthias erfuhr es als erster von mir. Ihn informierte ich bereits am nächsten Tag telefonisch. Da war ich aber schon nicht mehr in der Stadt.

Mit der Prostitution ist es wie mit dem Rauchen, aussteigen ist schwer, lohnt sich aber immer und zu wirklich jedem Zeitpunkt. Auch nach sehr langem Überlegen wollte mir beim besten Willen nicht ein einziger Grund mehr einfallen, der gegen das Aussteigen sprach. Und dabei gilt: Je früher, desto besser und auch: Es ist nie zu spät. Ich schreibe das, obwohl es fast wie eine Binsenweisheit klingt. Ich kenne viele Frauen, die eigentlich schon längst aufhören wollten, es aber bis heute nicht getan haben. Sie meinen, dass der Zeitpunkt noch nicht passend wäre oder es Gründe gebe, die dagegen sprächen, schon jetzt aufzuhören. Das war bei mir lange Zeit nicht anders.

Wie beim Rauchen gilt aber auch, es gibt nur ein ganz oder gar nicht. Man kann nicht ein bisschen aufhören zu rauchen und du kannst nicht ein bisschen aussteigen. Wenn du raus willst, dann nur ganz und vollständig. Teilzeithuren sind nur ein Produkt der Männerfantasie. Das war mir zu diesem Zeitpunkt völlig klar. Es gab für mich keinen Plan B. Es gab für mich keine Option, die zurück ins Milieu geführt hätte. Ich war fest entschlossen, mich nicht mehr umzudrehen. Ich schwor mir selbst, nie wieder einen Schritt ins Milieu zu machen. Egal, was auf mich zukommen würde, ein Zurück gab es für mich nicht. Das war damals meine Hauptmotivation. Meine Entschlossenheit war meine Hauptkraftquelle. Auch das war eine völlig neue Erfahrung für mich. Was jetzt auch vor mir stand, tiefer als in Gottes Schoß würde ich nicht fallen können.

Mein Ausstieg

So schwer war es gar nicht, auszusteigen, kann ich im Rückblick zusammenfassend feststellen. Die Probleme kamen erst später und es waren ganz andere Probleme, als ich sie erwartet hatte.

Im Milieu sind Angst und Vorsicht deine ständigen Begleiter und das ist auch gut so und letztlich ein Teil eines Überlebensmechanismusses. Das änderte sich auch nicht nach meinem Ausstieg. Nach wie vor verhalte ich mich äußerst vorsichtig in speziellen Situationen und nach wie vor habe ich Angst vor und in speziellen Situationen.

Vorab muss ich eines allerdings klar stellen. Vielleicht in den ersten Tagen und Wochen nach meinem Ausstieg hatte ich eine gewisse Angst, Typen aus dem Milieu über den Weg zu laufen und ich hatte auch Angst, von denen ganz gezielt gesucht und gefunden zu werden.

Gerade weil ich diese Angst vorhergesehen habe, habe ich jedoch im Zusammenhang mit meinem Ausstieg entsprechende Sicherungsmaßnahmen ergriffen. Dabei hatte ich es allerdings noch nicht einmal besonders schwer.

Meine Vorrausetzungen waren dabei nahezu ideal. Zuerst einmal habe ich einen deutschen Pass und damit musste ich mich nicht um meinen Aufenthaltsstatus kümmern. Das ist mit Frauen aus dem Ausland, vor allem aus Osteuropa, schon etwas ganz anderes und kann mit zahlreichen Schwierigkeiten verbunden sein.

Dann war ich mir von vornherein im Klaren darüber, dass Arbeiten im Milieu nach dem Ausstieg für mich absolut tabu war und bleiben wird. Im Milieu kennt man sich und informiert sich auch gerne mal untereinander. Da hilft es auch wenig, nur die Stadt zu wechseln. Außerdem besteht dann immer die Gefahr, dass man vom Regen in die Traufe gelangt, also über kurz oder lang bei einem noch schlimmeren Zuhälter landet.

Als ich ausstieg, hatte ich keinerlei Schulden oder sonstige vertragliche Verpflichtungen bei jemandem aus dem Milieu oder sonst wo. Ich hatte keine Blockschulden und auch sonst keinerlei Verpflichtungen. Außerdem hatte ich etwas Bargeld für die erste Zeit nach meinem Ausstieg. Auf eine Beschäftigung im Milieu war ich nicht mehr angewiesen, wenn das auch damit verbunden war, dass ich meinen Lebensstandard stark einschränken und meinen Lebensstil gewaltig ändern musste.

Ich hatte damals auch niemanden, den ich in der Stadt zurückließ oder eine Familie, bei der man mich hätte suchen können. Ich habe die Stadt mit einer Sporttasche verlassen und noch nicht einmal einen Fußabdruck zurückgelassen.

Wichtig war es für mich, einen neuen Wohnsitz in einer anderen Stadt zu finden. Das war die Vorrausetzung für meinen Neustart. Die Wohnungssuche gestaltete sich anfangs sehr schwierig. Ich wollte die Sache mit der Wohnung aber vor meinem Ausstieg geklärt haben.

Die richtige Wohnung und vor allem einen geeigneten Wohnort zu finden, war schon ein etwas aufwendigeres Projekt. Am Anfang dachte ich, dass es sehr schwer sein würde, eine passende Wohnung zu finden. Für mich war klar, dass Untermiete oder eine Wohngemeinschaft für mich nicht in Betracht kämen. Außerdem wollte ich nicht in einem für das Milieu typischen Apartment wohnen. Die erkennt man an den hohen Mieten und das sie meistens möbliert vermietet werden. Eine derartige Wohnung war für mich noch nicht einmal als erste Übergangslösung denkbar.

Ich wollte eine eigene Wohnung, in einem ganz normalen Wohnblock, auch wenn sie noch so klein war. Ich konzentrierte mich bei meiner Suche auf die Ballungsgebiete. Ich dachte, dass ich dann von den Möglichkeiten der Großstadt profitieren könnte. Andererseits wünschte ich einen Wohnort, der ein hohes Maß an Anonymität gewährleistete.

Beides schien mir nur in der Zentrumsnäher großer Städte möglich.

Gänzlich ausgeschlossen war es für mich, aufs Land zu ziehen. In einem Dorf zu leben war für mich eine Horrorvorstellung.

Es war dann auch so, dass ich mich auf verschiedene Wohnungsangebote aus dem Internet beworben habe. Viele Vermieter haben gar nicht auf meine Emails geantwortet. Bei anderen scheiterte es an den gewünschten Unterlagen. Ich konnte keine Verdienstbescheinigungen und Ähnliches vorlegen. Und dann gab es auch Wohnungen, die schlicht unerschwinglich für mich waren.

Dabei war ich noch nicht einmal wählerisch. Mir war die Stadt sogar ziemlich egal. Ich hatte nirgendwo familiäre Bindungen und wollte eigentlich nur raus aus dieser Stadt, die mir soviel Unglück gebracht hatte. Ob Frankfurt, Berlin, Köln oder München, für mich zählte nur, dass mein neuer Wohnort weit genug weg war!

Ein Ausstieg ohne eine eigene Wohnung war für mich aber nicht vorstellbar. Ich wollte meine Pläne aber nicht an einer Wohnung scheitern lassen und fand tatsächlich eine Lösung.

Ich hatte bei der Wohnungssuche keine Unterstützung. Natürlich habe ich mit niemandem aus dem Milieu darüber gesprochen, denn Mitwisser konnte ich am wenigsten gebrauchen. Einen Makler einzuschalten kam auch überhaupt nicht in Betracht.

Dass ich letztlich doch erfolgreich bei der Wohnungssuche war, war einem grundlegenden Gedankenwechsel bei mir zu verdanken. Ich stellte fest, dass ich die Wohnungssuche völlig falsch angepackt hatte und änderte meine Strategie.

Ich hatte mich anfangs auf die großen deutschen Städte konzentriert und bei der Suche überhaupt keinen Erfolg gehabt. Ich plante für die Zeit nach dem Ausstieg mit einem niedrigen Budget und suchte daher etwas Günstiges. Anfangs konzentrierte ich mich, wie beschrieben, auf die großen Städte. Ich merkte aber schnell, dass ich chancenlos war. Es war dann auch mehr ein Zufall, der mir die richtige Richtung wies.

Ich hatte im Fernsehen einen Bericht über die Wohnungsnot in Deutschland gesehen. Dabei ging es um die katastrophalen Verhältnisse in den Ballungsgebieten und Großstädten. Der Bericht stellte aber auch dar, dass die Wohnungsnot kein bundesweit einheitliches Problem war. Es gab sogar Städte und ganze Regionen, in denen es ein Überangebot und damit günstige Mietmöglichkeiten gab. Das waren nicht nur ländliche Regionen, sondern auch viele kleine und mittelgroße Städte. Ich beschloss daher, einen solchen Ort zu finden. Solange ich nicht in ein Dorf ziehen müsste, war mir mein neues Ziel egal. Hauptsache weg aus dieser Stadt. Unter diesen neuen Prämissen fand ich innerhalb kürzester Zeit meine ideale Wohnung.

Der Vermieter war eine regionale Wohnungsbaugesellschaft. Meine Ansprechpartnerin bei dieser Wohnungsbaugesellschaft gab mir das Gefühl, dass ich dort willkommen sei. Ich musste nicht um eine überteuerte und heruntergekommene Wohnung betteln, sondern bekam sogar mehrere Angebote. Ich entschied mich schließlich für eine frisch renovierte Zweizimmerwohnung mit Einbauküche und Wannenbad. Die Warmmiete lag bei sensationellen 340 Euro. Alle Formalitäten waren innerhalb von 48 Stunden geklärt. Mietvertrag und Schlüsselübergabe wurden postalisch erledigt. Damit war ich meine größte Sorge los.

Ich hatte diese Wohnung angemietet, ohne sie jemals besichtigt zu haben. Ich kannte noch nicht mal die Stadt, in der sich die Wohnung befand. Ich gebe zu, anfangs sogar Schwierigkeiten gehabt zu haben, diese Stadt auf der Landkarte zu finden. Das alles spielte aber keine Rolle für mich.

Später sollte sich meine Wahl als absoluter Glücksgriff herausstellen. Diese Stadt bot mir nicht nur diese Wohnung, sondern sogar berufliche Möglichkeiten, die ich mir gar nicht erträumt hätte. Außerdem lief ich dort niemandem mehr aus dem Milieu über den Weg.

Noch heute lebe ich sehr glücklich in dieser Stadt. Sie befindet sich im östlichen Teil von Mecklenburg-Vorpommern.

Vom Tag meines Ausstiegs an war ich für niemanden mehr zu erreichen. Die Prepaid Karte meines Handys habe ich noch am Bahnhof geknickt und weggeschmissen. Bei meiner neuen Karte habe ich sofort die Rufnummer-Unterdrückung aktiviert.

Meine Reise in das neue Leben führte mich über mehrere Stationen in eine Kleinstadt ganz im Osten von Mecklenburg-Vorpommern. Ich fuhr nicht auf dem kürzesten Weg, sondern nahm einen Umweg, so dass sich meine »Flucht« über insgesamt zwei Tage hinzog. Es ging über Hamburg zuerst nach Berlin. Dort übernachtete ich in einem Hotel und checkte ein, ohne meinen Personalausweis vorzuzeigen. Dann fuhr ich am nächsten Morgen mit der S-Bahn nach Bernau und von dort mit einem Regionalzug nach Pasewalk. Die letzten Kilometer legte ich dann mit dem Bus zurück.

Ich wählte diese Umwege und Unterbrechungen, weil ich wohl doch meine Spur irgendwie verwischen wollte. Außerdem hatte ich dann durch das viele Umsteigen, die langsamen Züge und die Übernachtung in Berlin, das Gefühl, viel weiter weg zu sein, als es tatsächlich der Fall war.

Unterwegs wechselte ich auch mein Äußeres. So war ich an dem Vormittag in Berlin insgesamt drei Mal bei verschiedenen Friseuren. Beim ersten Friseurbesuch ließ ich mir die Haare ziemlich kurz schneiden. Beim zweiten Friseur ließ ich mir nur eine Stunde später die Haare dunkelblond, fast sogar bräunlich, färben. Beim dritten Friseur im Bahnhof Friedrichstraße ließ ich mir dann die Kurzhaarfrisur noch einmal durchstylen. Ich schminkte mich nur noch sehr dezent und war froh, dass ich nicht durch irgendwelche dieser unsäglichen Tätowierungen gezeichnet war, wie es außer mir praktisch alle anderen Frauen im Puff waren.

In Berlin kaufte ich mir auch noch neue Klamotten und schmiss alles, was ich in meiner Sporttasche an Kleidung mitgenommen hatte, in einen Mülleimer.

Als ich mich dann in Bernau auf dem Bahnhofsklo zum ersten Mal im Spiegel sah, konnte ich ein Dauergrinsen gar nicht vermeiden. Ich gefiel mir! So sportlich elegant durchgestylt begann mein neues Leben! Von allen Äußerlichkeiten, die mich an die zurückliegenden sieben Jahre erinnerten, nahm ich nichts mehr mit in den Zug nach Pasewalk.

Das alles war wahrscheinlich ziemlich übertrieben von mir inszeniert. Es wäre wahrscheinlich gar nicht nötig gewesen, derart konspirativ vorzugehen. So bin ich aber, ich neige zum Theatralischen. Außerdem war ich mir über die Reichweite meiner Entscheidung im Klaren und wollte alles ein wenig zelebrieren. Ich hatte ja auch niemanden, mit dem ich meinen Ausstieg hätte feiern können. So war ich mein eigenes Publikum.

Ich landete schließlich in einer »zwei-Raum-Platte« am Stadtrand und damit begannen für mich großartige Monate, in denen ich sogar richtig glücklich war. Das fing schon mit meinen Mitbewohnerinnen und Mitbewohnern auf dem Flur an. Selbstverständlich hatte ich meine eigene Wohnung, die ich auch allein bewohnte, aber auf dem Gang im dritten Stock kannte man sich und war freundlich und hilfsbereit. Ich erzählte niemandem konkret von meiner Vergangenheit im Milieu. Ich hatte mir eine Legende zurecht gelegt. An die hielt ich mich strikt und ausnahmslos. Trotzdem war ich sehr zurückhaltend mit allem, was ich über mich preisgab. Ich schloss in meinem Wohnhaus keine neuen Freundschaften und auch an Bekanntschaft mit Männern zeigte ich keinerlei Interesse. Mir reichte eine nette Nachbarschaft vollkommen aus.

In der ersten Zeit kam ich sehr gut mit mir klar. Da ich außerdem sehr viel zu erledigen hatte, gab es für mich wenig Zeit zum Grübeln oder Einsamkeit.

Ich telefonierte sogar einige Male mit Matthias, ohne ihm jedoch meine Rufnummer zu geben. Ich sagte ihm auch nicht, wo ich wohnte. Er fragte mich aber auch nicht danach. Ich machte ihm schon im ersten Gespräch klar, dass er mit mir nicht mehr rechnen könnte. Er schien meine Entschlossenheit gespürt zu haben und er gab mir nicht den Eindruck, versuchen zu wollen, mich zurückzuholen.

Dabei hätte er mich ausfindig machen können, wenn er es nur gewollt hätte. Schließlich hatte ich mich schon in der ersten Woche nach meiner Ankunft polizeilich gemeldet. Ich hatte ihm aber auch klargemacht, dass ich erst mal zu ihm keinerlei Kontakt wünschte.

In der ersten Zeit nach meinem Ausstieg kümmerte ich mich sofort um die organisatorischen Dinge. Dabei ließ ich mich professionell beraten. Ich fand schnell eine entsprechende Anlaufstelle und eine engagierte Mitarbeiterin im Jobcenter.

Sogar bei den Formalitäten wurde ich unterstützt. Ich bekam Hilfe bei meiner beruflichen Neuorientierung. Von den Möglichkeiten, die mir hier offen standen, hätte ich nie zu träumen gewagt. Natürlich wurden mir keine interessanten und gut bezahlten Jobs angeboten. Derartige Jobs gibt es in dieser Region kaum. Außerdem verfügte ich damals weder über einen vernünftigen Schulabschluss noch über eine Ausbildung.

Mir standen aber einige Möglichkeiten zur beruflichen Qualifikation offen. Alle diese Maßnahmen wurden nicht nur vom Jobcenter finanziert, für die Dauer der Teilnahme war sogar mein Lebensunterhalt gesichert. Für mich in meiner damaligen Situation und mit den Erfahrungen, die ich bis dahin gesammelt hatte, waren das fast traumhafte Zustände. Ich war fünfundzwanzig Jahre alt und hatte eine echte Chance in ein neues Leben zu starten. Ich war fest entschlossen, diese Chance auch zu ergreifen.

Ich schaute mir die verschiedenen Möglichkeiten genau an. Ich entschied mich dann für eine zwei jährige Umschulung zur Krankenschwester. Anfangs wollte man mir diese Umschulung nicht gewähren. Mir wurde gesagt, dass eigentlich ein Realschulabschluss Bedingung wäre. Anders als in der Vergangenheit, blieb ich aber stur und hartnäckig. Ich ließ mir immer wieder Termine geben und schrieb lange Briefe. Das Jobcenter ging schließlich auf meinen Wunsch ein. Den Träger hatte ich schon vorher überzeugen können.

Seit knapp einem Jahr befinde ich mich jetzt in dieser Umschulung. Ich arbeite im Schichtdienst und muss zudem viel lernen. Das alles fällt mir noch heute schwer. Trotzdem mache ich es gerne und sogar mit Erfolg. Im Moment lebe ich praktisch nur für meine Arbeit. Ich übernehme sogar Extrawachen in der Nacht. An den Weihnachtstagen habe ich jeden Tag Dienst gehabt. Am Heiligabend hatte ich sogar Nachtschicht.

Obwohl ich es noch mit vielen Problemen zu tun hatte und habe, fühle ich mich doch äußerst wohl. Mein neues Leben war und ist wunderbar, obwohl ich mit dem auskommen muss, was Behörden Existenzminimum nennen. Ob ich mich als glücklich bezeichnen kann, weiß ich nicht. In jedem Fall und mit fester Überzeugung fühle ich mich jedoch zufrieden. Diese Zufriedenheit schätze ich. Jeden Tag meines Lebens bin ich mir dieser Zufriedenheit bewusst. In meinem Leben ist nichts mehr, wie es einmal war. Ich habe meine Art zu leben verändert, weil ich mich verändert habe!

Die Zeit im Milieu hat aber auch ihre Spuren hinterlassen. Manchmal ist es, als wäre ich regelrecht traumatisiert. Ich fühle mich in solchen Momenten verletzlich und als ob ich jahrelang missbraucht und vergewaltigt worden wäre. Ein Stück weit entspricht das sogar der Realität. Ich nehme die Sache nicht auf die leichte Schulter. Einmal in der Woche fahre ich nach Neubrandenburg zu einem Psychotherapeuten. Ich befinde mich in einer ambulanten Gesprächstherapie.

Diese Therapie wird sich noch über mehrere Monate

hinziehen. Sie zeigt jedoch schon heute deutliche Erfolge.

Ob ich jemals wieder eine Beziehung zu einem Mann eingehen kann oder sogar eine Familie gründen werde, kann ich heute nicht sagen. Im Moment erscheint mir beides unvorstellbar. Ich denke aber, dass sich das ändern kann.

Mit meinen fünfundzwanzig Lebensjahren bin ich noch jung und habe noch einiges vor mir.

Vieles was es über meinen Ausstieg noch zu sagen gäbe, kommt an dieser Stelle zu kurz. Es gibt auch noch viele Dinge, die ich Ihnen aus meinem Leben im Milieu berichten möchte. Sie können daher fest mit einem zweiten Teil rechnen. Jetzt muss ich aber erst mal zum Nachtdienst in die Klinik.

- Ende –

Teil II

Dieses Buch endet hier. Ich bin aber noch längst nicht fertig. Es gibt noch viele Geschichten, die ich ihnen erzählen möchte. Es wird daher einen zweiten Teil geben. Ich möchte ihnen dann berichten, wie es mir in meinem neuen Leben ergangen ist. Außerdem habe ich noch einige Geschichten aus dem Milieu, die ich ihnen auch noch erzählen möchte.

Anja

Impressum

Wenn Sie weitere Informationen wünschen, dann schicken Sie uns eine Email. Anfragen leiten wir für Sie gerne an die Autorin weiter.

Verlag
Euklido Life Sciences GmbH
13125 Berlin Am Hohen Feld 98
info@euklido.de

44874040R00181

Printed in Poland
by Amazon Fulfillment
Poland Sp. z o.o., Wrocław